殡葬管理服务专题研究

王杰秀 主编

中国社会科学出版社

图书在版编目(CIP)数据

殡葬管理服务专题研究 / 王杰秀主编. —北京：中国社会科学出版社，2021.7（2024.8重印）
ISBN 978-7-5203-8562-6

Ⅰ.①殡… Ⅱ.①王… Ⅲ.①葬礼—服务业—管理—研究—中国 Ⅳ.①D632.9

中国版本图书馆 CIP 数据核字（2021）第 110032 号

出 版 人	赵剑英
责任编辑	王莎莎
责任校对	张爱华
责任印制	张雪娇

出　　版	中国社会科学出版社
社　　址	北京鼓楼西大街甲 158 号
邮　　编	100720
网　　址	http://www.csspw.cn
发 行 部	010-84083685
门 市 部	010-84029450
经　　销	新华书店及其他书店
印　　刷	北京明恒达印务有限公司
装　　订	廊坊市广阳区广增装订厂
版　　次	2021 年 7 月第 1 版
印　　次	2024 年 8 月第 3 次印刷
开　　本	710×1000 1/16
印　　张	14.75
插　　页	2
字　　数	211 千字
定　　价	89.00 元

凡购买中国社会科学出版社图书，如有质量问题请与本社营销中心联系调换
电话：010-84083683
版权所有　侵权必究

编 委 会

主　编：王杰秀
副主编：付长良
成　员：(按姓氏拼音排序)
　　　　安　超　丁　朋　江治强　韩　恒
　　　　刘振杰　林福同　马金生　孙树仁
　　　　徐　莉　肖成龙　肖晓琳　杨宝祥
　　　　杨根来　张　静

前　言

现代殡葬是在生命文化关照下，为了实现人与自然和谐永续发展，通过"殡、葬、祭、传"等丧事活动，科学文明地服务人类生命死亡，启发生命智慧的民生事业。殡葬事业既是文化事业，更是服务于人类生命死亡的民生事业。

我国传统的丧葬习俗源远流长、内容丰富，既有诸多优点，但也不乏缺点，因此在传承丧葬文化的过程中，如何做到"取其精华，去其糟粕"，不仅一直困扰着殡葬服务从业者，同时也困扰着政府有关部门。殡葬改革是对几千年来封建丧葬陋俗的直接挑战，是新时期意识形态领域触及人们世界观、人生观、价值观和生死观的一场深刻变革。

改革开放以来，我国的殡葬改革不断深入，殡葬法制建设不断加强，殡葬基础设施显著改善，殡仪服务水平明显提高，火化率大幅提升，生态葬法得以推广，丧俗改革取得突破性进展，为节约土地资源、建设生态文明、破除丧葬陋习、倡导文明新风做出了重要贡献。但是，在深化殡葬改革的过程中，我们依然步履维艰、困难重重、任重道远。思想认识不统一、服务保障不到位、体制机制不健全、监管执法难跟进等问题仍然较为突出，殡葬服务发展水平与人民群众期待、与经济社会发展要求还有不小差距。因此，必须进一步强化顶层设计，促进殡葬法规转型升级；进一步树立科学理念，突破改革发展瓶颈；进一步拓展人文因素，维护生命价值尊严，提升殡葬生命文化教育功能。

在殡葬公共服务领域，随着以救助性和保障性为基本内容的基本殡葬公共服务均等化进程不断加快，殡葬公共服务呈现出整体性全面推进的态势。以"惠民殡葬""生态殡葬""人文殡葬"为主要抓手，加快布局合理、功能齐全的殡葬设施体系建设，不断完善现代殡葬公共服务体系的供给模式，逐步满足人民群众"逝有所安"的朴素愿望。

同时，要加快殡葬管理体制改革。深入推进管办分离，厘清政府、殡仪服务单位、社会之间的权责关系，构建三者良性互动机制，促进政府职能转变；进一步提高政府效能，激发殡葬市场活力，调动各方面工作积极性；加强殡葬领域的法治化、信息化、规范化建设及人才队伍建设；着力培育殡葬新理念新文化、新风尚，完善法规政策体系，健全管理服务执法等体制机制，优化高质量服务供给，满足人民群众多层次、多元化殡葬需求。

为了系统研究新时代中国殡葬服务体系建设情况，民政部政策研究中心在全国范围内组织专家进行深入调查，采取问卷加个案访谈的方式，取得了丰富的一手资料。在借鉴该领域有关文献资料的基础上，编撰了该部成果。在此，谨对参与本项研究及书稿撰写的所有人员表示感谢！

书中尚有诸多不足之处，敬请批评指正。

目　　录

第一章　殡葬概念与殡葬文化 …………………………………（1）
　　一　殡葬与现代殡葬的概念 ………………………………（1）
　　二　殡葬文化 ………………………………………………（6）

第二章　殡葬习俗演变 …………………………………………（11）
　　一　新中国成立至改革开放时期殡葬习俗的演变 ………（12）
　　二　改革开放后殡葬习俗的嬗变 …………………………（16）
　　三　当代少数民族殡葬习俗的变迁 ………………………（23）

第三章　殡葬改革历程和经验 …………………………………（30）
　　一　殡葬改革的内涵与意义 ………………………………（30）
　　二　殡葬改革的历程与成就 ………………………………（33）
　　三　殡葬改革的经验与启示 ………………………………（42）

第四章　现代殡葬公共服务体系建设 …………………………（48）
　　一　殡葬公共服务的内涵与特征 …………………………（48）
　　二　殡葬公共服务的发展现状 ……………………………（50）
　　三　推动殡葬公共服务体系发展的路径 …………………（55）

第五章　现代殡仪服务的改革与发展 …………………………（58）
　　一　现代殡仪服务的概念和内容 …………………………（58）

1

二　现代殡仪服务的发展现状 …………………………………（65）
　　三　现代殡仪服务的发展路径 …………………………………（69）

第六章　安葬祭祀服务的发展演变 ………………………………（76）
　　一　安葬服务变革 ………………………………………………（78）
　　二　新时代的安葬服务 …………………………………………（87）
　　三　祭祀服务的发展 ……………………………………………（93）

第七章　殡葬设施建设与管理 ……………………………………（97）
　　一　殡葬设施的内涵 ……………………………………………（97）
　　二　我国殡葬设施的规划建设历程 ……………………………（103）
　　三　殡葬设施发展方向与趋势 …………………………………（113）

第八章　殡葬产品开发与应用 ……………………………………（124）
　　一　殡葬设备开发与应用 ………………………………………（124）
　　二　殡葬用品开发与应用 ………………………………………（139）

第九章　殡葬管理体系建设 ………………………………………（150）
　　一　殡葬管理体制及其改革的历程 ……………………………（150）
　　二　殡葬管理体制存在的问题及原因分析 ……………………（160）
　　三　殡葬管理体制机制的改革与创新 …………………………（165）

第十章　现代殡葬支撑体系建设 …………………………………（177）
　　一　现代殡葬法制化建设 ………………………………………（177）
　　二　现代殡葬信息化建设 ………………………………………（184）
　　三　现代殡葬标准化建设 ………………………………………（193）
　　四　现代殡葬专业化建设 ………………………………………（207）

第十一章 殡葬事业改革发展展望 (215)
  一 培育殡葬新理念新文化 (215)
  二 完善法规政策和标准体系 (217)
  三 推动殡葬服务高质量供给 (218)
  四 健全殡葬服务管理制度机制 (220)
  五 加强人才队伍建设 (221)
  六 有效防范化解重大风险 (221)
  七 充分发挥党员干部、基层组织等作用 (222)

参考文献 (224)

第一章　殡葬概念与殡葬文化

一　殡葬与现代殡葬的概念

（一）殡葬的概念

殡葬又称"丧葬"，是指人们对逝者遗体的处置方法和对逝者的哀悼形式。"殡"一作"停柩"解，是指遗体入殓（把逝者装入棺材）到埋葬之前的停放灵柩（装着遗体的棺材）阶段，引申为人们对逝者的哀悼和举丧形式，如《礼记》记载："夏后氏殡于东阶之上，则犹在阼也；殷人殡于两楹之间，则与宾主夹之也；周人殡于西阶之上，则犹宾之也。""殡"的另一解为"葬"，原意指处置和掩埋逝者遗体，后引申为处置尸体的方式，如土葬、火葬、水葬等。《荀子》有载："三月之殡"；《礼记》有载："葬也者，藏也；藏也者，欲人之弗得见也。是故，衣足为饰身，棺周于衣，椁周于棺，土周于椁。"葬作为对逝者遗体处置方式的含义一直延续至今。

1992年林勇山在《殡葬礼俗大全》中，较早地提出了殡葬概念，即"殡葬是人类自然的淘汰，是对死者遗体进行处理的文明形式，是社会发展的产物，也是文化传统的组成部分"[1]。2001年杨宝祥等著的《殡葬园林文化学》[2]《殡葬学概论》中沿用了这一概念。这是能见到的较早的关于殡葬概念的阐述。这一概念基本上认为殡葬是对死

---

[1] 林勇山：《殡葬礼俗大全》，黑龙江人民出版社1992年版，第1页。
[2] 杨宝祥等：《殡葬园林文化学》，河北科技出版社2001年版，第8页。

殡葬管理服务专题研究

者遗体进行处理的文明形式。

随着殡葬教育的诞生和发展，为满足殡葬专业教学的需要，1996年孙树仁主编的《殡葬管理》教材对殡葬概念做了新的定义："在我国文化史上和现代社会生活中，殡葬是指人们对死者遗体的处理方法和对死者的哀悼形式。殡葬这一概念是由殡和葬，两个既有着联系又相互区别的概念组成。"① 此后，2001年杨根来主编的《殡葬管理教程》② 和《中国殡葬业指南》也沿用了这一概念。2008年朱金龙编著的《殡葬学导论》中也讲道："殡葬就是与死者有一定关系的人，通过一定的形式，有目的地对死者进行遗体处理和精神悼念的一种活动。"③《现代汉语词典》对殡葬一词的解释为"出殡和埋葬"。

从以上的简要讨论可以看出，我们对殡葬概念的认知，基本上是建立在对"殡"与"葬"这一社会活动的直观感性认知的基础之上的。殡葬概念的原生含义就是人们处理死者遗体的方式，但是作为人类特有的、对已失去自然生命的同类所采取的、意味深长的告别活动，人们又对"殡葬"的内涵赋予了丰富的情感和文化意义，从而使殡葬成为一定文化的特定存在形态。

（二）现代殡葬的概念

1. 现代殡葬的内涵

在以往感性层面认知殡葬概念的基础上，我们结合近年来殡葬理论研究及殡葬事业发展进步的实际，从理论与实践相结合的角度，对现代殡葬给出以下定义：所谓"现代殡葬"，就是以生命文化观为指引，通过"殡、葬、祭、传"等丧事活动，科学文明地服务于人类与死者告别，促进社会文明进步和人与自然和谐发展的现代民生事业。这一定义围绕着人类生命死亡事业，包含着"服务、文化教育和民

---

① 孙树仁主编：《殡葬管理》，中国社会出版社1996年版，第1页。
② 杨根来主编：《殡葬管理教程》，中国三峡出版社2001年版，第1页。
③ 朱金龙编著：《殡葬学导论》，中国社会出版社2008年版，第2页。

第一章 殡葬概念与殡葬文化

生"三个关键词,也是殡葬概念内涵或者说"质"的三个规定性,回答了在现代社会语境下,殡葬是什么、为什么、怎么做的三个基本概念问题。

现代殡葬是服务人类生命死亡的事业。殡葬是一种特殊服务,特殊在其系服务于人类生命的死亡。服务就成为殡葬的重要属性之一。殡葬的服务,主要是通过"殡、葬、祭、传"四个前后接续的丧事活动,服务于人类的死亡。殡葬从业者的工作就是为服务生命死亡而出殡、为服务生命死亡而安葬、为服务生命死亡而祭祀,为死亡所蕴含的生命意义的纪念与弘扬而传承。在对寄托哀思"殡"的服务、对入土为安"葬"的服务、对慎终追远"祭"的服务等一系列服务中,服务于人的生命死亡,让往生者不失尊严、让现世者得到慰藉、让家道亲情薪火相传、让社会文明永续传承,这才是殡葬的核心要义,更是殡葬事业永恒的主题。

现代殡葬是服务人类生命死亡的文化教育事业。在生命文化观视角下,文化是殡葬的重要属性之一。崇拜天地和崇拜祖先是中华传统文化的一大特点。在文化属性上,殡葬祭提倡孝道文化,注重"慎终追远、民德归厚",一方面追远祖先,对逝去的上代要缅怀,"死,葬之以礼,祭之以礼";另一方面,要通过殡、葬、祭等活动来传承家风、教育子孙后代,促进代际和谐。殡葬服务于人类的死亡,既凝结着人们对死亡的敬畏,又透过服务于生命的死亡传递"孝""礼"以及哀思等情感,因而殡葬是逝去的先祖与子孙超越时空的共同家园,是人们接受生命教育民德归厚的生动课堂。在这个意义上,殡葬是文化、生命文化,它包含着生命教育的丰富内涵。

现代殡葬是服务人类生命死亡的民生事业。生是偶然的,死是必然的,圣贤愚顽皆有一死,人类个体生命的死亡是绝对平等的。作为服务人类生命死亡的殡葬,就成为任何人在走完人生最后一段旅途后不可避免的、或简朴或隆重的一个谢幕式,人经过了这个仪式,便永久地与世间告别。在这个意义上,殡葬是任何人都必经的最后一站,也是人们最基本的民生需求。生老病死是生命的自然规律,每一个人

3

都要面对死亡。因此，服务人类生命死亡的事业是最基本的民生事业。2018年，我国死亡人口达993万人，按照每送别1位逝者平均有20位亲友计算，全年大约有2亿人次参与殡葬活动。殡葬服务的文明程度和质量如何，不仅直接关系到逝者亲属的情感和哀思，也直接关系到我们现代社会的民生福祉水平。

2. 现代殡葬的外延

殡葬的外延，是由殡葬概念的内涵所派生出来的范畴，与殡葬概念内涵有着直接的内在联系。简而言之，殡葬是人类送别亡者的文明行为，在人类长河中，殡葬承载着悠久而丰富的文化内涵、行为内涵、器物内涵，因而殡葬概念的外延十分宽泛。从文化属性上来看，殡葬的外延主要涉及生死哲学、生命文化、生命教育、人文关怀等观念理念。从殡葬行为上看，殡葬的外延主要与"殡、葬、祭、传"等服务人类生命死亡的主要活动有关，主要包括守灵、吊唁、告别、遗体防腐整容、遗体火化、骨灰安放、安葬（骨灰或遗体、遗骸的安葬）等殡葬行为和活动。从现代殡葬的管理活动看，殡葬的外延主要与服务生命死亡而设置的殡葬机构、设施设备以及各种管理活动有关，其涉及殡葬制度、殡葬管理、殡葬技术、殡葬场所等殡葬管理服务。

3. 现代殡葬的主要特征

现代殡葬的自然属性与社会属性相统一。人类生命的死亡既是人类生命的自然淘汰，同时又是人类社会的新陈代谢。因此，服务人类生命死亡的殡葬既具有自然属性，也具有社会属性。按照恩格斯在《家庭、私有制和国家的起源》一书中对人类时代的划分，在人类蒙昧时代，人的生命死亡后"死而不葬"，这个时候的生命死亡是一种自然属性，还不具有社会意义。随着人类进入农业社会和家庭生活的出现，人的生命死亡后，"孝子不忍其亲暴露，故殓而葬之"的殡葬产生了。从殡葬产生初始，殡葬就具有自然属性与社会属性相统一的特征。殡葬要尊重生命赖以存在和归属的自然属性，又要尊重生命的社会价值和人文意义。

4

第一章 殡葬概念与殡葬文化

生态殡葬与人文殡葬的统一。人类离不开大自然,人类尊重自然、维护自然生态,大自然就造福于人类。生态殡葬就是让逝去的生命回归自然。因此,现代意义上的殡葬首先是生态殡葬,从自然属性上促进人与自然、促进社会代际和谐。人文殡葬,在于体现对生命和死亡的尊重。人类生命是生物界进化程度最高的生灵,它与动物类生命的根本区别在于人有思想情感,人的一生安身立命、成家立业,上孝父母、下育子孙,才有血缘的承续、社会的繁衍。一个人的生命是一个家庭的,也是属于所生活的那个社会的。即便是黎民百姓,生前他们为家庭、为社会,在平凡的工作岗位上兢兢业业、勤奋劳作;因而在死后也应该得到起码的尊重,死得要有尊严。人文殡葬就是人类尊重生命、维护生命死亡尊严的重要体现。

传承弘扬传统殡葬文化与创新发展优秀殡葬文化相统一。中国殡葬有着优秀的文化传统,从文化层面上的孝道文化、社会治理层面上的"以礼统法",到行为层面上的殡俗葬仪,殡葬领域中蕴藏着丰富的中国传统的思想观念、人文精神、道德规范,这些都值得不断传承与弘扬。同时,殡葬又体现着一个社会文明进步的程度,在继承和发扬传统殡葬文化精髓的同时,还要弃其糟粕、取其精华,让殡葬文化在与时俱进中不断融入新的时代文化,特别是社会主义核心价值观,从而展现出中华优秀文化的魅力,实现传统文化与时代文化的有机统一。

慎终追远与永续发展相统一。"殡、葬、祭、传"等丧事活动,其功能之一就是"慎终追远,民德归厚"。现代殡葬的追远包含着"上远"与"下远"两个指向,"上远"就是通过祭祀等丧事活动不忘祖先,追思感恩祖先;"下远"就是通过殡葬将先祖优秀的家风、传统、血脉向下传递给后世子孙,让香火代代流传。在现代殡葬的语境下,要实现慎终追远与永续发展的统一,就需要深化殡葬改革,完善殡葬管理,丰富和传承殡葬文化。

殡葬管理服务专题研究

二 殡葬文化

（一）殡葬文化的内涵

通过上文对殡葬概念的理解，可以得出殡葬文化的概念。所谓"殡葬文化"，本质上就是尊重人类生命的生与死的文化。"殡葬文化"不只是"殡"的文化和"葬"的文化，而是通过服务人类生命死亡的活动，进而服务人类更好地"活"的文化。离开了对生的研究和服务于生的价值取向，这样的殡葬文化就不是现代殡葬语境下的殡葬文化。根据何晓明等对中国文化结构理论的分析①，殡葬文化包含着物态文化、制度文化、行为文化、心态文化、意识文化等不同形态。

1. 殡葬物态文化

殡葬物态文化泛指具有物质实体形态的文化。与殡葬有关的器物是殡葬文化的载体，它们的设计、制造乃至使用，都被赋予了相应的文化含义。如传统殡葬活动中的丧服制，规定了不同辈分的亲属各着具有不同标志的孝服，由此严格而又明确地区别出长幼尊卑及与逝者的亲疏远近。现在保存完整的帝王陵寝中，宝顶、明楼、神道、石象生等，既是一定民族的、时代的、政治的、经济的、地域的文化在丧事活动上的特定存在形式，也是古老殡葬文化的体现。在现实的殡葬社会生活里，我们看到的寿衣、灵棚、灵车、棺材、骨灰盒、墓碑、墓穴、墓志铭、哀乐等都属于殡葬物态文化。殡葬的物态文化，还包括殡仪馆、墓园等建筑设施的风格布局、特点、品位，这些都反映出一定社会阶段上的殡葬文化形态。

2. 殡葬制度文化

人类与动物的区别在于创造物质财富的同时，又创造了一个规范化的社会环境，创造出处理人与自然关系的、处理人与人之间相互关

---

① 何晓明、曹流：《中国文化概论》，首都经济贸易大学出版社2019年版。

系的准则,并将它们规范化为社会经济制度、婚姻家庭制度、政治法律制度等。殡葬制度源于人们的殡葬习惯行为,在一定历史时期内,当某种殡葬活动被广为接受,进而形成人们的共识从而达到理性时,便固化为制度,在制度的规范下又使这些行为升华为行为文化。因此,殡葬行为文化是殡葬制度文化的来源,殡葬制度文化又规范和影响着殡葬行为文化。在当代社会,殡葬制度文化主要体现为国家的殡葬法律法规、殡葬标准、殡葬办事程序的规范、殡葬组织体系及其运行机制等。殡葬制度文化表明,各种殡葬制度不是一种简单的政治行为或经济行为,而是一种殡葬文化的制度设计。

3. 殡葬行为文化

人们在殡葬活动中长期约定俗成的习惯性定式,构成殡葬行为文化层。它以礼俗、民俗、风俗等形态出现,具有鲜明的民族、地域特色。"百里不同风,千里不同俗""一方水土养一方人"等俗语,便是对人类不同群体的行为模式、风俗习惯与其所处自然地理环境之间存在密切关系的描述和总结。以民风、民俗形态出现的殡葬行为文化,是由个别到一般、由个体到集体、由一般行为到长期习俗的一个过程。殡葬行为文化"首先,社会的、集体的,它不是个人有意无意的创作。即便有的原来是个人或少数人创立和发起的,但是它们也必须经过集体的同意和反复履行,才能成为民俗。其次,跟集体性密切相关。这种现象的存在,不是个性的,而是类型的或模式的。它们在时间上是传承的,在空间上是播布的"[①]。因此,要在殡葬领域中破除旧俗、倡导新风,不是朝夕之功,必须尊重殡葬行为文化的这一基本特性。

4. 殡葬心态文化

殡葬心态文化属于社会心态在殡葬领域的反映,主要是人们对殡葬的认知、料理丧事的情感以及体现出的心理状态。殡葬心态是人们

---

① 钟敬文:《民俗学》,载《白山黑水》创刊号,东北师范大学中文系民俗学社编印1984年版。

在一定的社会环境和文化影响下,在从事殡葬活动中多数社会成员表现出的普遍的、一致的心理特点和行为模式。如在殡葬认知和情感心理上,民众对生命死亡的尊重,哀悼不舍的情感,对殡葬服务的满意甚至感恩等;在殡葬心理上,是否能够自觉抵制丧葬陋俗,是否理性接受殡葬改革政策等,这些都属于殡葬心态文化。

5. 殡葬意识文化

意识形态是人们对事物的观念、观点、概念、思想、价值观等要素的总和。殡葬意识文化,主要是指人们对生与死的看法,包含生死观、信仰、观念、伦理、道德等意识文化形态。生与死是每一个自然人都必须面对的问题,面对生死就会有许多不同的生死观。折射到殡葬文化上,就有着不同殡葬意识文化形态。殡葬意识文化形态还包括信仰、宗教、道德与伦理等意识形态。如汉族地区对土地的崇拜和信仰就有着"入土为安"的文化;藏族受藏传佛教生命轮回和积德行善理念的影响,信奉"天葬"文化等。中国儒家文化中"孝"的文化,是强调生命延续过程中后代对给予自己生命并把自己养育成人的血亲的尊敬与尊重。当这种合理的理性认识被纳入宗法制、家长制之中,就成为殡葬道德、殡葬伦理的重要组成部分。殡葬意识文化形态像一只"无形之手",对殡葬行为活动产生着或明或暗的重要影响。

(二)殡葬文化的人文性特征

人文殡葬是人文精神与殡葬社会事务活动相结合的结果,就是以尊重生命为核心价值的生命文化理念,以促进生命个体死亡与自身和谐、与社会和谐、与自然和谐的现代殡葬事务实践活动。人文殡葬是一种关于生命文化的理念,又是一种具有生命文化理念的殡葬事务实践活动。

1. 人文殡葬的人性

人是自然的产物,人性即人直接得自自然("天之就")的素质;人又是社会的产物,因而人性一定是超越的价值存在。人性对人类的行为起着根本的规定性。人文殡葬的人性是人文殡葬最基本的属性,

第一章 殡葬概念与殡葬文化

具体体现在两个方面：一是人文殡葬的人性是人类殡葬行为的天性，"殡"就是指"停灵柩与哀悼举丧的地方"，"葬者藏也，孝子不忍其亲暴露，故殓而藏之"，可见殡葬的产生是人类行为的天性。人文殡葬的人性属性，旨在生命得到尊重，使得死亡具有尊严。二是人文殡葬的人性还体现在人类殡葬的社会性上。傅伟勋先生说：现代人天天讲求所谓的生活品质，却常常忘了"生活品质必须包含'死亡（的尊严）品质'在内"①。生与死构成人的生命全部，逝者的尊严是无价的。人文殡葬崇尚对人最基本的尊重，所有人都应该有尊严地离开人间；人文殡葬强调殡葬在维护社会伦理、规范社会秩序、塑造人文情怀等方面的重要功能。

2. 人文殡葬的理性

所谓"人文殡葬的理性"，就是理性地对待和服务生命死亡。人文殡葬的理性体现在，一是"理性"地向死而生，使人的有限生命更富有意义，让存在的生命彰显出"置之死地而后生"的境界，由此可以产生出一种不卑不亢的人文自然主义精神。② 这种人生境界就是人文殡葬的理性精神。二是"理性"地走向死亡，既包括有准备、有交代地死亡，也包括让艰难痛苦的死亡变得更轻松些、更温馨些，让人从对死亡的恐惧中超脱出来，坦然地面对死亡。三是理性地组织殡葬活动，既让逝者得到尊重、具有尊严，也让生者的情感和心灵得到安顿。

3. 人文殡葬的超越性

所谓"人文殡葬的超越性"，是指探寻超出生命生存意义以上的生命文化的价值和意义。"从人文生命的角度而言，死亡是人生活的结束，而非生命的终结"③，生命和殡葬活动赋予的文化意义就具有了超越性。具体而言，人文殡葬的超越性体现在，一是超越自然属性的

---

① 傅伟勋：《死亡的尊严预备生命的尊严》，北京大学出版社2006年版，第7页。
② 钮则诚：《生命的学问》，杨智文化事业股份有限公司2010年版。
③ 郑晓江：《生命与死亡》，北京大学出版社2011年版，第41页。

生物生命，传承生命的精神价值，使得个体生命得到尊重、死亡品质得到提升。二是人文殡葬超越个体生命的社会属性，而将个体生命的价值与社会整体生命的价值相结合，促进整个社会的和谐。三是人文殡葬超越殡葬文化，将殡葬文化寓于生命文化之中，促进生命文化的繁荣和创新。

总之，"人性"是人文殡葬的基本属性，没有人性，人文殡葬就无从谈起。"理性"是人文殡葬的科学性，没有"理性"，人文殡葬就称不上是一种科学的社会活动。人文殡葬的"超越性"，则是超越生命个体死亡和殡葬活动而去探寻人的生命价值和意义。

第二章 殡葬习俗演变

殡葬习俗，是人类社会发展到一定历史阶段后出现的一种文化形态，"它将人类原本属于自然死亡的现象，通过文化规定的形式加以处理，从而符合不同民族、国家和地区的需要，使人类在独特的信仰支配下，完成自然死亡的文化过程"①。由于受地理环境、地区经济、民族文化、宗教信仰、国家权力等方面的影响，不同国家、民族和地区之间的殡葬习俗差异很大。同其他习俗一样，殡葬习俗具有鲜明的地域性、集体性、扩布性特征，同时还有着很强的传承性、稳定性和变异性等特点。②我国传统的丧葬习俗源远流长，内容丰富，不仅有着包括初死、告丧与奔丧、入殓、铭旌、作佛事、出殡等程序在内的一套繁缛的殡葬仪式，同时也有着依据血缘亲疏而制定的一套等级有差的丧服和守孝制度。此外，还有着火葬、水葬、树葬、天葬、悬棺葬等形式多样的安葬方式，以及一套制度详备、影响深远的祭祀仪式。③由于受到灵魂不灭、儒家、孝道以及先人庇佑等观念的影响，我国传统的殡葬习俗具有事死如事生、奉行儒家礼仪、讲求等级观念、推崇隆丧厚葬等显著特征。随着历史和时代的变迁，我国传统殡葬习俗不断发展演变，特别是到新中国成立和改革开放以来，传统殡葬习俗发生了深刻变革。

---

① 参见陈淑君、陈华文《民间丧葬习俗》，中国社会出版社2006年版，第1页。
② 参见钟敬文《民俗学概论》，上海文艺出版社2009年版，第11—27页。
③ 参见周苏平《中国古代丧葬习俗》，陕西人民出版社1990年版。

一 新中国成立至改革开放时期殡葬习俗的演变

在解放战争时期，中国共产党曾在革命根据地设立烈士陵园，倡导火葬和简朴的追悼仪式；在我国东部地区的一些大城市，特别是沿海城市中，西式的殡葬仪式和殡葬设施已经比较常见；在广大内陆农村地区，传统的殡葬习俗则依然占据主导地位。中西并举、新旧杂糅，构成了新中国成立之前殡葬习俗的基本特征。随着新中国成立，特别是1956年殡葬改革的启动和深入开展，当代中国殡葬习俗发生了巨大变化。

（一）火葬的逐渐推开

传统丧葬方式的虚靡浪费和仪式的繁缛虚伪，一直是社会进步当中的批判和改革对象。相比于土葬，火葬以其经济、卫生、文明的特点被广为推崇。① 其实，这样的一种丧葬观念，一直延续到了新中国成立之后。这在1956年4月27日毛泽东等国家领导人签名的《倡议实行火葬》的倡议书上有着集中体现。倡议书指出，土葬是我国传统的安葬方式，这种方式占用耕地，浪费木材。加之在我国历史上，"历代封建统治阶级把厚葬久丧定作礼法，常使许多家庭因为安葬死者而陷于破产的境地"。因此，"实行火葬，不占用耕地，不需要棺木，可以节省装殓和埋葬的费用，也无碍于对死者的纪念"。从倡议书可以看出，提倡火葬就是从经济、节俭的原则出发的。与此同时，倡议书还明确了火葬的推广方案——"在人民中推行火葬的办法，必须是逐步的；必须完全按照自愿的原则，不要有任何的勉强。中国的绝大多数人有土葬的长期习惯。在人们还愿意继续实行土葬的时候，国家是不能加以干涉的；对现存的坟墓，也不能粗暴处理的。对于先

---

① 参见马金生、冯志阳、姜海龙《中国殡葬史》"民国卷"，第32、226—230页。

第二章 殡葬习俗演变

烈的坟墓以及已经成为历史纪念物的古墓都应当注意保护。对于有主的普通坟墓，在需要迁移的时候，应当得到家属的同意。"① 由此可见，毛泽东等党和国家领导人主张用和平的、自愿的方式提倡火葬，从而使火葬的葬法逐渐深入人心。

从全国各个地区推广火葬的情况来看，火葬的推行时间有着很大差异。有的地区在20世纪50年代即已实行火葬，有的地区则要到20世纪六七十年代甚至更晚的时候才开始推行。然而，随着火葬场（殡仪馆）的逐步建立，以往遗体最初在家中处理的做法，也逐步发生了改变，这就在很大程度上改变了逝者家属利用家庭空间对遗体的控制权和料理权。由于火葬场（殡仪馆）主要由国家投资建设或控制，因此在殡仪馆中料理丧事，只能按照国家的有关规定进行，这对传统丧葬习俗的改革产生了重要影响。

以上海市为例，1959年，上海市殡葬管理所对市属各殡仪馆（火葬场）中从事封建迷信殡葬活动的人员进行了整顿，并制定了诸多限制措施。如不得随意兜揽生意，而应在丧家需要时有组织地接洽业务；做仪式时要听从工作人员的指导，遵守丧葬改革的政策，仪式结束须立即离馆。此外，管理所对殡仪馆内部进行封建丧葬仪式的设备和商品也做出了限制和处理：拆除了殡仪馆摆设的土地菩萨，限制租用麻白衣的服务项目和禁止销售有迷信色彩的香烛、锡箔。据统计，1959年至1960年6月，上海市各殡仪馆共废除迷信设备20余项，很多传统的丧葬习俗，一并消失不见。② 上海市的个案非常清楚地反映出殡仪馆（火葬场）的建立，是在国家政治权力的控制和介入下对传统习俗所产生的影响。这种影响是立竿见影的；但也有一些地区推行火葬的时间较晚，如陕西省汉中地区直到20世纪70年代才开始在城市中实行火葬。人死后在家中停丧二三日后，即被送往火葬场

---

① 《建国以来毛泽东文稿》第6册，中央文献出版社1992年版，第110—111页。
② 《上海民政志》编纂委员会：《上海民政志》第17章"殡葬管理"，上海社会科学院2000年版。

13

火化。在那个狂飙激进的年代,由于公墓多数遭到平毁,因此亲属只能自行保管骨灰盒,或将骨灰盒于野外挖坑深埋。① 这跟传统丧葬习俗相比,显然有了相当大的变化。

其实,不仅是火葬场、殡仪馆的建设在相当大的程度上改变了传统的死亡处理空间,从而对传统的殡葬习俗构成了冲击,公墓的建设同样也起到了类似的作用。以安徽省为例,安徽省合肥、安庆等城市自1952年开始建立公墓或利用原有公墓对城市居民墓葬进行管理。在1955年至1956年开展的农业合作化运动中,农村大部地区平坟造田。1958年,合肥、蚌埠、淮南、芜湖、安庆、马鞍山等城市均已建立公墓,部分市人民委员会通过制定公墓管理办法或墓葬改革宣传措施,结合园田化建设,大都平地深埋、移坟上山或集中埋葬,不少地方建立了集体墓园。到1959年,安徽省铁路和公路沿线的坟地已然少见。②

上述事例表明,火葬的推行及现代殡葬设施的建设,对传统殡葬习俗的影响是至关重要的。但是,各地在推行火葬和在殡仪馆(火葬场)、公墓等殡葬设施的建设时间上有先有后,由此也导致了相关地区殡葬习俗的变化有着时间上的不同。相对来看,在殡葬设施建设比较完备的火葬区,传统的殡葬习俗变化比较大;相反,传统习俗的变化则较小。这种不同一直到今天都有鲜明的体现。

(二) 追悼会从城市到乡村的推广

由于火葬在全国各地区和城市中推行的时间不同,因此在20世纪五六十年代,传统的丧葬习俗一度占据主流。不过,在这一时期,追悼会得到了普遍推广。1950年代中期前后,国家有关部门已经制定了一套治丧办法,其中,追悼会的有组织召开便是一项重要的内容。③

---

① 郭鹏:《汉中地区志》卷32,三秦出版社2005年版,第1923—1927页。
② 安徽省地方志编委会:《安徽省志·民政志》,安徽人民出版社1993年版,第269—275页。
③ 马金生:《追悼会在当代中国:一项丧葬制度的历史浮沉(1949—2013)》,"首届尼山礼乐文明论坛"参会论文,2017年11月25—26日。

第二章 殡葬习俗演变

为了方便群众明了推广追悼会的意义，1960年代初，上海人民出版社编辑出版了《破除迷信问答》一书。书中专门设置了"既然不应该相信鬼神，为什么人死后要开追悼会，有时候要去扫墓"一条。针对一般人可能存在的对召开追悼会是否是迷信活动的困惑，该书明确指出，党和政府为一些人开追悼会，这与"为死人请和尚做佛事，请道士做道场、烧纸钱锡箔等迷信活动"有着本质区别。中国共产党党员是相信马克思主义，主张无神论的，绝对不相信世界上有鬼神，但是有功于人民的人死了以后，"他们的先进思想和先进事迹却永远活在人们的心里"，开追悼会"无非是通过这些纪念形式，一方面表示我们对他们逝世的哀悼，化悲痛为力量；另一方面号召人民群众继承他们的遗志，学习他们的榜样"①。

20世纪60年代，在浙江、北京等地的乡村中开始出现追悼会这种告别逝者的形式，并被作为移风易俗的手段受到党和政府的肯定。1965年，原内务部发布《关于殡葬改革的工作意见》，号召改革旧的殡葬习俗，提倡"以开追悼会的方式代替发丧送葬，以鲜花代替摆供，以戴黑纱或白纱花代替披麻戴孝。在追悼会上，还可介绍死者生平一些好的事迹，勉励大家向他学习。这样既庄严又朴素，又富有追悼意义"②。国家政府部门的明文提倡，对于追悼会这一丧葬形式在民间的推广起到了重要的推动作用。进入20世纪70年代，在农村中为老干部、老党员、老劳模召开追悼会的事例也逐渐增多。如据魏宏运先生对20世纪华北农村所做的调查，在20世纪70年代的华北农村追悼会已很常见。为了不影响农忙，农村的追悼会一般在中午召开，时间为半小时左右。追悼会一般由村党委书记或生产队长主持。群众对这一新式的殡葬仪式充满了好奇。由于参加追悼会也算工分，与出工相比自然省力省心，所以一般群众也乐于参加追悼会。相关仪式尽

---

① 上海人民出版社编：《破除迷信问答》，上海人民出版社1964年版，第26—27页。
② 民政部档案馆藏：《关于殡葬改革的工作意见》，1965年；民政部一零一研究所编：《殡葬工作文件汇编》（内部资料），2001年。

殡葬管理服务专题研究

管并不如城市中那般正规,但对于参加追悼会的人员来说,也是农村政治生活中的一部分。①

(三) 传统丧葬习俗的弱化

在"文化大革命"时期,改革旧的殡葬习俗、推行火葬被认为是思想文化领域的一场社会主义革命。殡葬改革,被各级政府部门作为一项重要的政治工作来看待。但是在"极左"思潮的冲击下,除烈士、华侨、外侨的坟墓外,城市的公墓大多遭到平毁,部分公墓被挪作他用。佩戴黑纱、陈设花圈、召开追悼会,成为这一时期殡葬活动的标准形式。传统的披麻戴孝、烧纸摆供等旧式习俗几近绝迹。不过随着"文化大革命"的结束,特别是随着社会主义市场经济的发展,当代中国殡葬习俗的发展又呈现出了更为复杂的境况。

二 改革开放后殡葬习俗的嬗变

(一) 传统殡葬习俗的回潮

随着"文化大革命"的结束,传统的殡葬习俗在一些地区开始回潮。1979年,据河北、河南、辽宁、四川、上海等省市和地区反映,旧的封建习俗在当地已有抬头的迹象,这主要表现为"有些人请神鬼、挂家堂、供神祭鬼。有些人办丧事,披麻戴孝、烧纸摆供;还有一些人大办宴席、动用一批劳力、车辆出殡送行"②。封建习俗的抬头,不可避免地带来了火化率下降、土坟头增多的趋势。有关资料显示,1979年以来,辽宁省"铁路、公路沿线坟头增多,有的连成片";另据河北省石家庄地区九个县的不完全统计,"早已平掉的老坟,现又重新堆起来的有一万九千六百多个"。在不少地区,丧事活

---

① 魏宏运、三谷孝主编:《二十世纪华北农村调查记录》第3卷,社会科学文献出版社2012年版,第105页。
② 《旧的殡葬习俗抬头》,《民政司简报》第十二期,1979年8月2日。

动中的封建迷信活动又死灰复燃，大有愈演愈烈之势。

在1981年召开的全国第一次殡葬改革工作会议上，时任民政部副部长张邦英指出："在许多城市，特别是农村，旧的丧葬习俗抬头。披麻戴孝、扬幡招魂、烧纸化钱、看风水、扎纸活、请和尚道士念经等封建迷信活动相当严重。不少地方讲排场、摆阔气、铺张浪费大办丧事之风盛行。有些单位在为死去的干部办理丧事时，调人调车，停工停产，滥发讣告，受礼请客，追悼会越开越大，花圈越送越多，任意挥霍国家财物，以示'隆重'。"① 传统丧葬习俗的回归与火化率的下降，意味着殡葬改革遭到了严峻的困难。为此，第一次全国殡葬改革工作会议明确指出要"大力提倡文明、简朴、节俭办丧事，反对搞封建迷信和铺张浪费"。会议同时明确了有关举措，"殡葬管理服务单位对丧主租用花圈的数量要加以适当限制，严格制止在殡葬管理服务场所搞封建迷信活动。要会同有关部门，禁止制作和出售用于丧葬的迷信用品"②。与此同时，号召共产党员响应国家火葬政策，在实行火葬中带头做表率。1985年2月，国务院发布《关于殡葬管理的暂行规定》，确定了"积极地、有步骤地推行火葬、改革土葬，破除封建迷信的丧葬习俗，积极提倡节俭、文明办丧事"的殡葬管理工作方针。此后，1988年民政部颁布《关于加强公墓管理的报告》，明确了公墓有经营性公墓和公益性公墓两种。在政府部门的积极推动下，传统殡葬习俗回归不仅得到了明显遏制，全国的火化率还达到了38%的最高水平。③ 进入20世纪90年代，公墓建设进入大发展的时期。1997年7月，国务院颁布《殡葬管理条例》，殡葬改革的法制化建设进一步加强，这对殡葬习俗改革产生了积极的推动作用。

---

① 《民政部副部长李金德在全国殡葬改革工作会议闭幕会上的讲话》，载民政部一零一研究所编《中华人民共和国殡葬工作文件汇编》，廊坊市新兴彩印厂2001年版，第30页。

② 《民政部副部长张邦英在全国殡葬改革工作会议上的报告》，载民政部一零一研究所编《中华人民共和国殡葬工作文件汇编》，第20—21页。

③ 民政部101所编：《中华人民共和国殡葬工作文件汇编》（内部资料），2001年，第70、280页。

(二) 殡葬礼俗的简化

自 20 世纪 80 年代以来，在有关部门的积极引导下，殡葬礼俗呈现出简化的趋势。其中，对曾一度被提倡和推广的追悼会进行了简化改革。1983 年 12 月 9 日，中共中央办公厅转发了《民政部党组关于共产党员应简办丧事、带头实行火葬的报告》，报告建议共产党员要节简办丧，要求除党和国家领导人以及在国际国内有重大影响的同志外，共产党员逝世后一般不成立治丧机构，不举行遗体告别仪式，不开追悼会。如因特殊情况确属必须开追悼会的，规模要加以控制、会场力求简朴。此外，报告还建议党员干部的治丧活动，除直系亲属外不邀请外地人员参加。家属或本人生前有丧事从简要求或遗嘱的，应当积极支持。如果有共产党员干扰殡葬改革，为其亲属或他人大办丧事、搞封建迷信活动，在群众中造成很坏影响的，应给予纪律处分。《民政部党组关于共产党员应简办丧事、带头实行火葬的报告》面向所有共产党员提出不开追悼会的要求，对追悼会在当代中国"由盛转衰"发挥了不小推动作用。1991 年 6 月 26 日，中共中央办公厅下发《中共中央关于党和国家高级干部逝世后丧事改革的通知》，要求党和国家领导干部在坚持丧事改革上作全党和全社会的表率，规定党和国家高级领导干部逝世后，要本着丧事从简的原则办理，不举行遗体告别仪式，不开追悼会。除个别领导干部经中央批准按有关民族、宗教礼仪办理丧事外，均实行火葬，骨灰安葬在当地公墓，不另建骨灰存放点，不修墓建碑。[①] 2013 年 12 月，中共中央办公厅、国务院办公厅联合下发《关于党员干部带头推动殡葬改革的意见》，再次向广大党员干部发出号召，呼吁党员干部带头实行火葬和生态葬，推行文明祭扫，并再次重申"除国家另有规定外，党员、干部去世后一般不成立治丧机构，不召开追悼会。举行遗体送别仪式的，要严格控制规

---

① 中共中央组织部老干部局、人事部工资福利与离退休司编：《老干部工作文件汇编 (1978—2002)》，当代中国出版社 2002 年版，第 757—758 页。

第二章 殡葬习俗演变

模，力求节约简朴"。从1983年到2013年的30年间，在党和国家的大力提倡下，新中国的历史上曾经扮演重要角色的追悼会基本退出了历史舞台，除了国家特殊批准的外，当下现实生活中一般群众去世后已很少召开追悼会，遗体告别仪式也非常简朴。

除了国家曾经大力提倡的新式殡葬礼仪呈现出简化的特征外，传统的殡葬礼俗更是日益简化。如前所述，传统的殡葬礼俗一般包括初终（弥留）、设床、沐浴更衣、报丧、大殓、出殡、安葬、周年祭等众多环节。这些传统殡葬礼俗到了近代便开始出现一定的简化，但到改革开放之后，这种简化的速度更快，有些传统丧俗环节已经销声匿迹。如据高志勇对改革开放后河北省大名县卫东地区殡葬习俗的调查，传统的丧葬过程有招魂、吊唁、路祭、出殡、下葬等几十道程序，随着时代的发展以及人们工作生活节奏的加快，大名县的殡葬程序呈现出鲜明的简化特征，原有的叫魂、摔老盆等环节被逐渐摒弃。① 尽管多数农村地区仍然按照与逝者血缘关系的亲疏制作和穿戴丧服，但丧服的布料早已不再遵循古代的"五服"制度，一些地区的路祭等仪式也一并简化，守孝时间大大缩短，办理丧事的费用支出也大大减少。应该说，改革开放以来，殡葬习俗的简化不是发生局部地区，而是一个全国性的现象，这体现了时代的变迁和人民群众文明素质的提高。

此外，节日习俗的淡化，亦是殡葬习俗简化的重要表现。如每年农历七月十五日的中元节，又称"鬼节"，是中国传统的祭祀祖先的节日之一。传统的中元节，往往举行放河灯、"放焰口"等民俗活动。在当下华北地区的大小城市中，中元节的节日氛围已大大减弱，除了一些南方地区还留有制作孔明灯、放河灯等习俗外，放焰口等宗教习俗已很难见到。②

---

① 高志勇：《改革开放后大名县卫东地区丧葬习俗的变迁》，《邯郸职业技术学院学报》2015年第2期。

② 受中国传统文化的影响，今天在日本等东亚、东南亚国家，中元节的习俗依然有着较为完善的保留。从这些国家的中元节仪式中，可以联想到传统中国这一节日的盛况。

殡葬习俗简化的原因有很多，除了政府部门的积极改革和社会经济的发展以及人们生死观念的变化外，还有一些现实原因。如，对于抬棺进入墓地的习俗来说，在以往讲究"八人杠""十六人杠"和"三十二人杠"等多种形式。抬棺的人越多，于丧家而言越有地位，也越体面。不过，随着城市化的发展，农村大量青壮年劳力外出务工，留守的多为老人、妇女和儿童，因此为逝者"抬杠"的习俗在不少农村地区已再难见到。

（三）殡葬习俗的文明化

改革开放以来，殡葬习俗发展的另一个显著特征，就是城市中传统殡葬习俗几近绝迹，现代文明化的殡葬方式普遍流行。在大城市，由于人们一般在医院离世，此后便被运往殡仪馆。在殡仪馆举行告别仪式，一切都要按照殡仪馆的有关要求进行。逝者的亲属一般胳膊上佩戴黑纱，追悼者敬送花圈、挽联或手持白花前往悼念。传统的殡葬习俗，几乎失去了存在的空间。进入21世纪以来，随着国家有关规定的颁布以及科学技术的发展，当代殡葬礼俗更被增添了许多新的时代内涵。

清明节成为法定假日。清明节是我国传统的祭祀节日，人们在这一天祭祖、扫墓，在我国传统的节日文化中占有重要位置。2008年，清明节与端午节、中秋节一起成为国家的法定节假日，这对于传承民风民俗、强化孝道观念、敦睦亲情友情等都具有非常重要的意义。不过，自清明节成为假日以来，相关殡葬服务单位在清明节前后要应对巨大的祭祀人流高峰。如2019年清明节三天假期间，全国共接待祭扫群众977.7万人次，疏导车辆161.8万辆，共有10.7万人次参与服务保障工作。[1] 由此可见祭祀压力之大。

---

[1] 民政部清明工作办公室：《清明节假期第三天各地祭扫活动情况通报》，民政部网站：http://mzzt.mca.gov.cn/article/zt_2019qm/qmyw/201904/20190400016441.shtml，2019年8月10日查阅。

第二章 殡葬习俗演变

公祭日的设立。祭祀英勇牺牲的革命先烈和在战争、自然灾害中的死难者是国家公祭的重要内容。新中国成立后，公祭战争中死难的民众，最具影响的莫过于对南京大屠杀死难者的国家公祭。2014年2月27日，第十二届全国人大常委会第七次会议确定12月13日为"南京大屠杀死难者国家公祭日"。同年12月13日，党和国家最高领导人在南京举行了首次国家公祭仪式，主要程序有奏唱国歌、默哀鸣笛、敬献花圈、宣读和平宣言、揭幕公祭鼎、领导人讲话、撞响和平钟、放飞和平鸽。在国家公祭仪式完毕后，参与公祭仪式的人员还参观了南京大屠杀史实展。在这些公祭活动中，大多采用献鲜花、点蜡烛默哀等祭奠方式，以此寄托人们的哀思。

随着社会的发展，城市中的殡葬习俗也出现了许多新特点。仅从祭祀的方面观之，当前出现了网络祭祀、鲜花祭祀、追思会等多种合乎时代潮流的新方式，处处体现着生态、文明的现代气息。比如，网络祭祀便是一种结合现代互联网技术而出现的一种新的祭祀方式。网络祭祀一般将逝者的遗像、遗体告别仪式、挽联、唁电、唁函、悼文等录入电脑，在网络上建立"墓地"，并予以祭祀的形式。目前，网络祭祀的专门网站已有很多，如中华英烈网、中国清明网和天堂纪念网等。以中国清明网[①]和天堂纪念网[②]为例，截至2012年12月，在中国清明网开通不到两年的时间中，注册个人会员已达到20万人，企业会员6000多家；天堂纪念网的注册用户超过105万人，除自行注册供社会大众祭祀的公共名人外，社会注册用户也达到了70多万，并且呈迅速扩大势头。[③] 作为一种新型的殡葬方式，网络祭祀之所以备受推崇，其原因除了通常所说的节约资源、安全环保之外，还在于其本身能够传承历史文明，并在某些方面实现了对传统文化的发

---

① http://www.tsingming.com.
② http://www.waheaven.com.
③ 参见马金生、徐瑛《我国网络祭祀的发展现状、成因与对策研究》，载《中国殡葬事业发展报告（2012—2013）》，社会科学文献出版社2013年版。

展与突破。①

鲜花祭奠。作为一种现代文明祭祀方式,鲜花祭祀是指用鲜花(一般是白、黄菊花)来祭奠亡者、缅怀亲人、追思逝者的方式。在北京、上海、广州、深圳、武汉等大中型城市,近年来,有关部门在清明节等重要节日都在积极提倡文明祭扫、生态祭扫,提倡通过鲜花代替纸钱、香烛,引导群众放弃烧纸、吹打念经等传统丧葬陋俗,倡导文明祭祀新风,取得了显著效果。如在山西太原,即便是"鲜花价格在清明节前夕有了大幅增长,尤其是祭奠用的黄色和白色菊花,价格上涨更是明显。不过,这并没有阻挡市民用鲜花祭奠的热情"②。这也说明以鲜花代替纸钱祭祀逐渐成为趋势,反映了人们生命观念的变化,同时也与人们对生态环保理念的接受有着非常密切的关系。

此外,一些地区的墓园中还设立了天堂信箱、天堂电话厅等设备。生者通过写信或者在电话亭这一较为私密且具有一定仪式感的空间中,对逝者说上一些心里话寄托哀思,缅怀亲人。这种祭祀新形式也受到了人们的普遍欢迎。③

(四)殡葬习俗的异化

在殡葬改革的推动下,当下中国殡葬习俗已经扬弃了传统习俗中不少低俗陋俗庸俗的成分,正在向现代生态绿色的方向加快转变,但是也要看到,要彻底破除千年旧俗不是朝夕之功,在"事死如事生"观念的影响下,近年来随着"土豪"越来越多,"厚葬"风气再度兴盛,"豪华墓""活人墓"又登上了新闻舆论的头条,有些地方的豪华墓地价格直逼商品房价格;一些陋俗习惯打着"民俗文化"复兴的

---

① 网葬具有跨越时空限制、延续历史记忆等诸多优势,关于网葬在传承传统丧葬文化方面的详细讨论,可参见马金生《网葬与殡葬文化传承研究》,《中国民政》2010年第7期。

② 白伟、李杰华、齐向真:《绿色祭奠打造"低碳清明"》,《太原日报》2010年4月6日第1版。

③ 天堂电话亭只是一种泛称,现实中类似设施的称呼不一,如宁波的某处公墓称之为"思念吧",在2016年前后推出后,备受人们的欢迎。参见《宁波墓园中建了"思念吧"进去的几乎各个泪奔》,http://n.cztv.com/news/11988617.html。

旗帜，再度回归日常生活，不少人只能被动接受这种落后的殡葬方式。不仅在城市中如此，在一些农村地区更甚。"有些人借给死者办丧事之机来显示自己的身份和阔气，送葬队伍一大串，个个手拿哭丧棒，呼天抢地，焚烧大量纸制的童男童女、马车，甚至用'轿车''三陪女'等陪葬。更有甚者，有的人还焚烧真钞陪葬。那些不富裕的家庭为了充门面也纷纷效仿，甚至借钱'讲排场'，以致背上债务。"① 不仅某些汉族地区有此现象，即使在一些少数民族地区也有类似问题。如学者杨甫旺对云南某村的研究发现②，过去人们重视丧葬仪式是迷信"鬼神"，现在铺张讲排场，很大程度上是给活人看的，是炫耀家族、家庭的经济实力。

当前依然存在的各类殡葬陋俗表明，尽管我国殡葬改革已经走过六十多个年头，但某些封建迷信思想观念和陈规陋俗并未被彻底根除。究其原因，一方面是几千年来积累形成的封建丧葬陋俗具有很强的顽固性，一些人仍然有一些旧风陋俗观念；另一方面受市场经济当中一些负面因素影响，拜金主义、享乐主义等思潮在一部分群众中滋长蔓延。因此，殡葬改革本身不可能一步到位，尤其是社会观念问题需要很长时间才能实现焕然一新，殡葬习俗改革依然任重而道远。

三　当代少数民族殡葬习俗的变迁

我国境内有55个少数民族，在独特的地理环境和宗教文化等影响下，各少数民族的丧葬习俗差异很大。新中国成立后，我国少数民族的丧葬习俗经历了汉化、简化的演变，除了信仰伊斯兰教的维吾尔族、回族、哈萨克族、塔吉克族、乌孜别克族、柯尔克孜族、

---

①　吴黎宏：《新农民新观念》，江西人民出版社2005年版，第122页。
②　参见杨甫旺《民族学视野中的勐连彝村：变迁与发展》，云南大学出版社2008年版，第162页。

东乡族、塔塔儿族、保安族、撒拉族这十个少数民族外,其他少数民族地区也程度不同地推行了火葬,少数民族的殡葬习俗也随之出现了许多新的变化。本章仅以我国少数民族中人口最多的壮族为例,梳理壮族的殡葬习俗的演变情形,以此透视少数民族丧葬习俗的整体变迁。

(一)新中国成立至改革开放时期壮族的丧葬习俗

1. 道公等神职人员的遭际与殡葬习俗的变化

对于壮族的殡葬习俗来说,道公、师公、魔公、巫婆(仙婆)等神职人员是名副其实的仪式掌控者。可以说,没有这些神职人员的参与,壮族的丧葬活动将陷入无序,同时也会失去其传统的民族特征。在20世纪50年代,政府部门结合政治运动对群众进行破除迷信的教育,宣传科学文明知识。壮族中的道公、师公、魔公、巫婆等神职人员,成为被改造的主要对象。进入20世纪60年代,国家对宗教神职人员的活动管制逐渐趋严,并最终对相关人员予以取缔。在整个"文化大革命"时期,由于特殊的政治环境,师公、道公等人员的活动基本绝迹。道公、师公、巫婆等神职人员成为政府改造的对象,并最终被取缔,这对当时壮族传统丧葬习俗的影响是巨大的,但是却破除了一些封建迷信,一些繁杂的殡葬仪式越来越趋于简化,直至相关的仪式在特定的历史时期消失不见。

2. 火葬的推广助推殡葬习俗改变

对于壮族传统的丧葬习俗来说,新中国成立后所进行的殡葬改革更是昭示着一种新的殡葬模式的出现。召开追悼会、向遗体告别和火化成为现代殡葬活动的核心内容,在城市中这种变化尤其明显。以南宁市为例,20世纪60年代,南宁市开始推行火葬,对于数百年来已经习惯了土葬的汉族和壮族市民来说,这显然是不容易接受的,但是火葬的推行改变了过去遗体处理的方式,与此同时,这对传统丧葬习俗的影响也是巨大的。

（二）20世纪80年代以来壮族的丧葬习俗

1. 传统殡葬习俗的回潮

从"文化大革命"期间对民间丧葬活动的强制干预，到"文化大革命"结束后的大幅度放宽，带来了一个必然的后果，那就是传统的丧葬习俗在20世纪80年代初期开始复苏。民间社会不仅重新请道公为逝者做丧事，同时一种专门为"文化大革命"期间过世且没有举行殡礼的人做"旧丧堂"的行为也开始出现。只要逝者家属家庭不顺，或者有小病小灾，便会请来道公、师公展演仪式来安慰逝者。这一现象一直持续到了20世纪90年代初。

2. 现代殡葬设施对壮族丧葬习俗的影响

殡葬服务设施的规划与建设，对于改变传统的殡葬习俗具有重要的作用。特别是在新中国成立之后，殡仪馆、公墓等现代殡葬设施被纳入国家的社会管理范畴之内的背景下，国家和政府部门在殡葬礼仪方面的意志，在殡仪馆和公墓中最能得到有效的贯彻与执行。治丧空间由传统的家庭转移到殡仪馆之中，这在很大程度上为殡葬改革的推行提供了便利。在城市之中，这种变化尤其大。

现代殡葬设施对于民间丧葬习俗的影响，至今依然缺乏具体的研究。不过，其对壮族传统殡葬习俗的影响显然是不容忽视的。无论是殡仪馆还是公墓，在很大程度上体现的是国家的改革意志。尽管殡仪馆和公墓相关的殡葬仪式，是在参照民间习俗的基础上形成的，但与传统的民俗习俗之间是有着很大距离的。现代殡葬设施的建设，很大程度上在改变着传统的民间习俗。与此同时，随着民众经济文化生活水平的提升，殡葬活动和服务的多元化、个性化趋势越来越明显。

（1）殡仪馆对丧葬习俗的影响

如上所述，殡仪馆的建设对于城市丧葬习俗的变革来说，具有非常巨大的影响。治丧空间从传统的家庭到现代殡仪馆的转换，使得国家殡葬改革的精神和意志得到了贯彻执行。在20世纪六七十年代，追悼会和火葬成为城市居民的主要治丧模式。到了80年代，尽管传统的丧葬习俗有所回潮，但是国家对现代殡葬设施的投入力度也在逐渐增强。特别是在20世纪90年代以来，在市场经济大潮的震荡下，为了扭转殡仪馆长期亏损的现状，殡仪馆的自主经营权越来越大，许多殡葬服务得到开发，并逐渐形成一套现代的殡葬服务流程。殡仪馆经营的"公司化"特征日益凸显。

仍以南宁市殡仪馆为例，自90年代以来，馆内已逐渐形成了一套殡葬服务项目，殡葬的专业化水平得到了迅速的提升。从接运遗体、保管防腐、遗体化妆整容、举行告别仪式到遗体火化，形成了"一条龙"的流程。无论是汉族还是壮族，都依此办理。进入21世纪以来，随着民众经济收入的提高，对于殡葬服务种类的需求也越来越强劲。因此，多元化、个性化的殡葬服务项目也越来越受到民众的欢迎。比如，依据丧属的需求，南宁市殡仪馆可以提供定时定点接灵；殡仪车也有高、中、低等档次。此外，在灵堂的布设、挽联的书写、告别厅的布置、哀乐的选择等诸多方面，丧户也有着多元的选择。

当下，殡仪馆中壮族传统的丧葬习俗已趋于绝迹。当然，壮族的丧葬习俗并不是一点传统的痕迹都没有，传统的影响依然在若明若隐地影响着当下的壮族民众。众所周知，土葬自此成了壮族主要的安葬方式。特别是"二次葬"，可谓影响广泛。为了进一步推动殡葬改革，特别是结合民众的丧葬心理需求，近年来，南宁市殡仪馆在火化时总是有意保留大块的骸骨，以便丧家将其装入金坛之中。在传统观念的影响下，丧家通常也会将金坛存放上一段时间，在寻觅好合适的墓穴后再行安葬。

在从事相关业务中，殡仪馆发现，亡者被保留下来的骨骸有时难以被装入金坛，并且数量也很多。于是，为了进一步推动殡葬改革，并且满足民众的安葬需求，南宁市殡仪馆在推动殡葬改革和满足民众需求上逐渐摸索出一项颇具个性化的服务。在壮族的传统观念中，通过较为复杂的系列技术操控，火化工人将亡者的后头骨部位烧制成一块类似"佛像"般的存留物。与此同时，逐渐引导丧家放弃其他的骨骸（灰）。相关残留物的烧制，并不是件容易的事情，有时候也会失败。不过，这一行为大大满足了壮族民众的心理需求，近些年来已有越来越多的民众选择了这一服务。选取这一服务时，殡仪馆和丧家还要签署相关协议。政府部门也专门出台了相关服务的收费标准，在南宁市这样的一项服务收费标准在400元。不难发现，一种新的、独特的处理遗骸的方式和习俗也正在慢慢成型。

（2）公墓对丧葬习俗的影响

广西壮族自治区批建公墓的时间要明显晚于其他地区。据有关资料来看，广西壮族自治区从1991年才开始批建公墓。截至1999年10月份，全区共兴建经营性公墓21个。其中，民政部门独资兴建的有13个，民政部门和其他部门联营的有8个。事实表明，经营性公墓的修建，在很大程度上缓解了部分地区骨灰寄存难、乱埋乱葬的问题。与此同时，也带来了比较可观的经济效益。不过，广西壮族自治区的公墓建设也存在缺乏总体规划、发展不平衡、公墓建设环境简陋等方面的问题。特别是公墓发展失衡，土葬区遗体公墓和公益性公墓发展严重滞后。[①] 对于壮族的丧葬习俗来说，现代殡葬设施的建设和分布状态所产生的影响是很大的。在城市之中，在现代殡葬设施的建设下，"二次葬"的习俗早已消失不见。进入公墓之后，绝大多数的亡者被"一次葬"，不再进行迁葬。

对于现代公墓在移风易俗中所具有的不可替代的作用，政府部门有着非常清晰的认知。比如，广西壮族自治区政府在21世纪第一个公墓发展规划中，便曾有过以下的论说：

> 公墓的建设要与殡葬改革结合起来，与推行火葬，改革土葬，引导群众文明节俭办丧事结合起来。土葬区的县、市，兴建公墓可与兴建为土葬服务的殡仪馆结合起来，为群众提供遗体告别、悼念仪式与遗体入葬"一条龙"服务，实现丧葬活动社会

---

① 《广西壮族自治区公墓发展规划（2000—2005年）》，载肖芳佐主编《殡葬管理工作指南》（广西壮族自治区民政厅内部资料），2000年5月，第299—304页。

化，引导群众适应丧葬改革，杜绝乱埋乱葬。[①]

广西壮族自治区政府在《广西壮族自治区公墓发展规划（2000—2005年）》（以下简称《规划》）中便指出："公墓的建设要与殡葬改革结合起来，与推行火葬，改革土葬，引导群众文明节俭办丧事结合起来。"也正是在这一指导思想的指引下，广西壮族自治区政府为弥补现有公墓的短缺，进一步推动殡葬改革，提出了"2000—2005年的公墓建设的任务和目标"。均衡建设殡葬服务设施、提高殡葬服务设施数量、提升殡葬服务设施的总体质量，成为《规划》所要达到的重要目标。由上述公墓规划来看，广西壮族自治区政府显然要大大加快在各市、县的公墓建设步伐。在城市中加快兴建经营性公墓的同时，也在乡镇建设公益性公墓。在非火葬区，同时拟建公益性公墓。这一规划的出台，对于推动广西壮族自治区政府的殡葬改革来说，显然意义重大。但是，从落实情况来看，由于缺乏配套资金的支持，相关规划内容现今仍并没有完全实现。

3. 城镇化与壮族丧葬习俗的发展

城镇化的发展与殡葬习俗的演变之间的关系，同样是一个值得深入探讨的问题。随着城市化区域的扩大，以及城市人口的迅速增加，使得城市殡葬设施的需求会持续加大。这种城市社会的急剧扩张与现代殡葬设施建设总体迟滞之间的矛盾，在广西壮族自治区是存在着的。

总之，城乡之间的殡葬习俗一直存在较大差距。新中国的城乡二元结构，在相当长的时间内，在城市和乡村之间搭建了一道壁垒，在很大程度上强化了这种习俗上的差异。一直到今天，壮族城乡之间的差异还是非常明显。

梳理当代中国殡葬习俗的演变轨迹，可以明显看到，随着科学技

[①]《广西壮族自治区公墓发展规划（2000—2005年）》，载肖芳佐主编《殡葬管理工作指南》（广西壮族自治区民政厅内部资料），2000年5月，第299—304页。

术的进步，我国对于遗体和骨灰处理的技术日益先进，然而却对殡葬内含的文化属性未给予足够的重视，尤其是殡葬礼仪严重缺失，削弱了殡葬本能起到的德育和教化功能。在社会主义现代化建设的新时期，如何构建一套符合时代潮流的殡葬礼仪是一个重要课题。同时，作为殡葬文化的一部分，应该如何在传承传统优秀文化中建设和引领优良的丧葬习俗，也是一个非常急迫的问题。这些问题的有效解决，必将有力促进殡葬改革"破千年旧俗，树一代新风"。

第三章 殡葬改革历程和经验

在我国，殡葬事业是一个古老而又全新的行业。说它古老，是说自古至今一直都存在殡葬活动；说它全新，是因为现代殡葬不仅仅包含着遗体和骨灰的处理方式，它还承载着诸多社会、文化和生态文明建设的丰富内涵。从20世纪50年代党和国家领导人签名倡导火葬，经过1965年原内务部出台《关于殡葬改革工作的意见》，新中国的殡葬改革已经走过半个多世纪，改革的历程充满艰辛，但也取得了显著进步，积累了丰富经验。

一 殡葬改革的内涵与意义

(一) 殡葬改革的内涵

所谓"殡葬改革"，是指在社会主义制度下，党和政府为解决殡葬领域存在的几千年落后陋俗和封建迷信等问题，积极倡导并大力推行的一系列移风易俗的革新行动。其含义是指对旧的丧葬制度、落后的遗体处理方式和对逝者哀悼形式中的铺张浪费、封建迷信等旧丧葬习俗进行改革，建立起适应社会主义制度和文明社会需要的科学葬法和殡葬礼俗。

殡葬改革包括对遗体处理的落后方式和对死者哀悼过程中的旧习俗的"破"和建立适应社会进步发展的科学葬法和文明节俭的丧葬礼俗的"立"。它是党和政府一贯提倡的一项社会改革。其主要任务是推进火葬，坚决改革土葬，制止乱埋乱葬，促进移风易俗，做到葬法改革和葬礼改革并重，遗体处理和骨灰处理并重。

（二）殡葬改革的社会功能

1. 行为导向功能

行为导向，是指为人们提供正确的思想观念和模式，通过权利义务来确定个人在社会中的角色，以达到社会正常有序运行的目的。在全面深化改革的过程中，殡葬改革也有着十分重要的行为导向作用。随着社会经济文化的发展，传统殡葬习俗中有一些不合乎现代社会要求的陈规陋俗，甚至有一些封建迷信活动与社会主义精神文明建设格格不入，需要进行批判和舍弃；同时，传统殡葬习俗中也有一些有助于传承家风道德和促进家庭和谐的积极因素，需要继承和发扬。因此，通过殡葬改革，在遗体处理、公墓管理、行风建设等方面依法建立起一整套规范性制度，一方面将国家的殡葬管理活动纳入法治化轨道；另一方面引导和组织群众自觉抵制丧葬活动中的歪风陋俗，树立科学健康文明的丧俗礼仪，这对于社会行为的引导和规范具有重要导向意义。

2. 社会整合功能

社会整合是一个社会学概念，一般来说，社会整合就是人们在文化、制度和各种社会规范的约束下形成合力。殡葬作为一种源于祖先崇拜的集会活动，它是一种具有象征意义的仪式活动，实际上具有强化血缘、亲缘关系的功能。殡葬改革将人们不同的丧葬观整合起来，形成一系列的制度法规，使得殡葬活动的方方面面都有章可循，从业者也会根据规范约束自身行为和服务，由此引导社会个体趋向正确的价值观和行动方式，在现有社会制度的基础上不断扬弃发展，从而形成更加顺应当前社会进步的殡葬意识和行为模式方式。

3. 文化传递功能

殡葬改革不仅是对制度法规的改革，更是思想文化上的变革。为了响应国家提倡举办简朴型、节约型、生态型殡葬的政策，现代的很多殡葬方式都是对传统殡葬形式的传承和发展；同时继承并发扬中国传统孝道和厚养薄葬等观念，敦厚人心，提升人们生的质量与死的尊严，以理性的死亡观和简朴的墓葬传统达到简化殡葬方式，增强"慎终追远"的实质意义，在全社会传递优秀文化价值。

（三）殡葬改革的意义

党和政府倡导推动殡葬改革，有利于促进移风易俗，建立科学文明健康的生活方式，促进社会风气好转；有利于保护生态环境，实现人与自然协调可持续发展。

1. 殡葬改革是思想意识领域的一场深刻革命

殡葬改革是对几千年封建丧葬陋俗的直接挑战，就是要通过推行火葬、改革土葬、倡导文明祭扫方式，来帮助人民群众厘清哪些是传统殡葬习俗中的积极因素，哪些是愚昧落后成分，应当树立怎样的殡葬观、采取怎样的祭奠方式，增强广大人民群众革除千百年来"入土为安""入木为贵"等传统殡葬观念的自觉性，涤荡思想意识残渣余孽，营造符合时代和社会主义核心价值要求的殡葬思想观念和理念，动员人民群众广泛参与殡葬改革的实践。因此，殡葬改革直接触及人们的世界观、人生观、价值观和生死观，是新时期意识形态领域的一场深刻革命。

2. 殡葬改革是社会文明进步的重要标志

殡葬是重大民生事项，体现着一个社会的文明程度。殡葬改革引导群众厚养薄葬、丧事俭办，反对大操大办、铺张浪费，倡导树葬、海葬、格位存放等不占地或少占土地、少耗资源、少使用不可降解材料等方式安葬骨灰或遗体，引导人们通过敬献鲜花、植树绿化、网络祭祀等形式代替封建迷信缅怀故人，这些改革不仅仅是新时代实现"逝有所安"的举措，从更深层次上来说，也是我国精神文明建设的重要内容，对于树立全新社会风尚、净化党风政风民风，促进社会文明进步具有至关重要的作用。

3. 殡葬改革是节约资源和保护生态环境的重要措施

殡葬改革涉及保护土地、森林资源，保护生态环境，是提高人类生存质量，实现人口资源环境可持续发展的大事。我国人口多，耕地少，森林等资源严重不足，在人口老龄化进一步加剧、年均死亡人口规模十分巨大的背景下，如果仍采用旧的丧葬方法处理遗体，置棺木而砍伐树木，竖碑林而乱采山石，占用耕地、破坏生态，不仅会严重影响今天人们的生活改善，也会破坏子孙后代的生存环境和生存条件。长此下去，土地、森林等资源将遭到不可恢复性破坏。推行殡葬改革，坚持节约资源和保护环境的价值导向，尊重和保护生态，减少安葬活动对资源的消耗和对环境的不当破坏，把有限的自然资源用于发展经济、改善人民生活，有利于促进生态文明建设、造福当代和子孙后代。

二　殡葬改革的历程与成就

（一）殡葬改革的历程

我国传统上有厚葬和土葬的风俗，新中国成立后殡葬改革作为政府的一项行政管理工作，强调改革旧的丧葬方式，推行"礼俗"改革。1956年4月27日，毛泽东、朱德等151位老一辈党和国家领导人联名倡议火葬，不留遗体，简化殡葬方式，不建坟墓，由此拉开了我国殡葬改革的序幕。

1. 殡葬改革的倡导阶段（1949—1979年）

1956年，党和国家领导人倡导实行火葬后，我国殡葬改革围绕以推行火葬为核心，确立了积极稳妥、循序渐进、先党内后党外、从城市到农村的改革路径。原内务部提出了墓葬改革，主要内容包括平毁和迁移坟墓、规划并建设公用墓地，有计划地建立火葬场，并根据各地人口、耕地的规模和交通便利情况划分火葬区和土葬区。1965年原内务部印发《关于殡葬改革工作的意见》，进一步阐述了殡葬改革的指导思想，包括大力推行火葬、坚持改革土葬、不断改革旧的殡葬习俗，不仅提到了葬式的改革，也要求重视殡葬领域移风易俗的重要性。在对工业和资本主义工商业的社会主义改造中，各地对"杠业"

和棺材铺等进行了改造，从过去一些殡葬从业者中吸收一部分初步建立了殡葬职工队伍。截至1965年，全国100万人口以上的16个大城市全部建立了火葬场，50万至100万人口的31个市中有23个建起火葬场，20万至50万人口的75个市中建立火葬场的有26个。据《民政统计历史资料汇编》统计，截至1979年，全国建立火葬场1608个、殡葬从业人员17753人、殡葬专用车辆2132辆，年火化遗体102万具。"火葬"和"从简"成为这一时期殡葬改革的重要内容，尤其是"火葬"由此成为殡葬改革的核心任务。

2. 殡葬改革的曲折发展阶段（1979—1985年）

1978年后，由于经济体制转型带来对意识形态领域的冲击，导致殡葬改革发展一度有所停滞。有些地区火化率下降、土葬之风再次冒头，在部分农村地区，已经平掉的土坟头又被重新堆起。披麻戴孝、烧纸钱、念经招魂等封建迷信风俗死灰复燃，攀比摆阔的风气盛行，对社会精神文明造成很大的负面影响。由于管理不善和火化率的下降，殡葬服务行业的经营陷入了困境。1981年，在殡葬改革开展25年之际，"全国殡葬工作会议"总结之前改革的初步成效和不足之处，对我国下一步殡葬改革的制度和具体措施进行讨论分析，确定了此后一段时期殡葬改革的方向和目标，为殡葬改革的法制化和规范化建设奠定了基础。1982年民政部印发《关于进一步加强殡葬改革工作的报告》和1983年《关于共产党员应简办丧事、带头实行火葬的报告》，为殡葬改革注入了新的动力。报告发布后，各地积极推动殡葬改革政策的落实，火葬率有了进一步提高，从党内到党外再次掀起殡葬改革的高潮，移风易俗工作取得新成效。

3. 殡葬改革迈上法制化规范化阶段（1985—1997年）

1985年2月8日，国务院颁布新中国成立后首个殡葬管理法规《国务院关于殡葬管理的暂行规定》，将"殡葬改革工作方针"更名为"殡葬管理方针"，各地进一步按人口、耕地面积和交通等情况，分别划定了火葬区和土葬改革区，标志着我国的殡葬改革工作转向规范化、法制化阶段。1985年5月，民政部、公安部等联合下发《关于制止丧葬中的封建迷信活动的通知》，进一步简化丧葬形式、真正做到移风易俗，对殡葬风俗改革方面进行合理规划、正确引导。1989年中国殡葬协会成立，殡葬管理体系逐步健全，为殡葬管理的行业化和规范化提供了重要保障。1990年3月，民政部制订并颁布了《殡仪馆等级标准（试行）》《殡仪馆等级评定办法》，各地据此结合实际对殡仪馆的选址、规划、场地布置、系列服务等方面做了具体规定，加强对殡葬场所设施进行有效监督和规范管理。同时，随着社会主义市场经济体制的建立，各地殡葬事业单位由传统的行政管理型向经营服务型转变，一些殡葬事业单位扭转了亏损状态，实现了社会效益和经济效益持续增长。据统计，这一时期火化率从1986年的26.2%提高到1997年的36.8%。但是殡葬改革进展很不平衡，多数地区尚未将土葬列入改革日程，旧的丧葬习俗在一些地方还有所抬头。

4. 殡葬改革的全面深化阶段（1997—2012年）

这段时期我国殡葬改革和殡葬事业进入全面深化阶段。1997年国务院颁布《殡葬管理条例》（国务院令第225号），取代了1985的《国务院关于殡葬管理的暂行规定》，各地据此结合当地情况制定相应的实施细则。2009年，民政部印发《民政部关于清理整顿公墓有关问题的通知》，推动解决公墓建设管理中存在的非法建设、滥占土地、违规销售等问题；出台《民政部关于进一步深化殡葬改革促进殡葬事业科学发展的指导意见》，对遏制火化率下滑和乱埋乱葬问题、倡导节地生态葬、健全殡葬服务网络、完善殡葬管理体制和运行机制、推进惠民殡葬政策等重要工作做出部署。2010民政部下发《民政部关于在全国开展殡葬改革示范活动的通知》，在全国范围内地、县民政部门和有关殡葬服务机构开展殡葬改革示范活动。2012年民政部印发《关于全面推行惠民殡葬政策的指导意见》，提出到"十二五"末，在全国火葬区全面建立基本殡葬服务保障制度、基本实现殡葬基本公共服务均等化的目标。这一时期，加大了殡葬改革和公墓清理整顿工作力度，殡葬管理和殡仪服务水平不断提高，火化率从1997年的36.8%提高到2012年的49.5%。

5. 殡葬改革的新时代发展阶段（2012年至今）

党的十八大以来，党中央、国务院高度重视生态文明建设，将其纳入"五位一体"总体布局中统筹推进。2013年12月10日，中国中央办公厅、国务院办公厅发布《关于党员干部带头推动殡葬改革的意见》（中办发〔2013〕23号），为深化殡葬改革注入了强大动力。2014年3月27日，第四次全国殡葬工作会议在北京召开，提出了深化殡葬改革的整体部署，确定了我国现阶段殡葬工作的总目标和主要任务。党的十八届五中全会提出了绿色发展理念，要求"坚持绿色富国、绿色惠民，为人民提供更多优质生态产品"。为贯彻五中全会精神，2016年2月民政部等九部门印发《关于推行节地生态安葬的指导意见》，要求进一步深化殡葬改革，推行节地生态安葬，保障群众基本安葬需求，保护生态环境，促进生态文明建设，促进人与自然和谐相处。这是国家在殡葬领域推进生态文明建设的首个专门性文件，也无形中给新时代殡葬改革定下"双核"之调，也就是在巩固并继续推行火葬这个殡葬改革的核心的同时，增进"节地生态安葬"的发展。2016年12月26日，殡葬"互联网+"论坛在浙江召开，将前沿信息技术与传统殡葬文化、行业相融合，为行业提供了一个崭新的视野。

根据《关于推行节地生态安葬的指导意见》的文件精神，各地结合实际，多部门联合出台相应的实施意见，要求全面贯彻党的十八大、十九大精神，以习近平新时代中国特色社会主义思想为指导，认真贯彻落实党中央、国务院决策部署，坚持以人民为中心的发展思想，践行"创新、协调、绿色、开放、共享"的发展理念，围绕建设惠民、绿色、文明殡葬，以推动殡葬改革为牵引，以满足人民群众殡葬需求为导向，以提升殡葬服务能力和水平为保障，以创新殡葬管理体制机制为动力，整合资源、规范管理、优化服务、深化改革，推动殡葬改革和殡葬事业更好地服务于保障和改善民生、促进精神文明和生态文明建设。按照上述文件精神要求，各地殡葬服务单位积极响应，以高度认识和高度自觉践行殡葬改革主旨，积极推进殡葬改革深入开展。

（二）殡葬改革的成就

改革开放以来，我国殡葬改革不断深入，殡葬法制建设不断加强，殡葬基础设施显著改善，殡仪服务水平明显提高，火化率大幅提升，生态葬法得以推广，丧俗改革取得突破性进展，殡葬事业取得了长足进步，为节约土地资源、建设生态文明、破除殡葬陋习、倡导节俭文明新风做出了重要贡献。

1. 殡葬改革氛围良好

我国的殡葬改革自1956年开始，在各级党委、政府高度重视，党员干部带头推动下，形成了改革不断深化的良好氛围。各级政府对于殡葬工作给予了前所未有的关注，抓殡葬改革措施的出台和殡葬管理服务的工作力度不断加大，推动火葬逐步由党内发展到党外、由城市发展到农村，逐渐成为全社会广泛认可和接受的丧葬方式。遗体火化后，各地积极探索骨灰处理方式多样化，一方面通过建立骨灰堂、楼、廊、塔、墙、亭等骨灰存放设施，将骨灰寄存作为主要处理方式；另一方面积极创新并推广树葬、草坪葬、花葬、海葬等生态葬法，起到了美化环境、节约资源和丧葬成本等作用；土葬改革区加快了殡仪馆、殡仪服务站、公益性墓地、遗体公墓等基础设施建设，逐步实现了遗体安葬公墓化，大力倡导平地深埋、不留坟头的生态土葬方式。自2008年清明节节日化后，"平安清明"的工作机制不断完善。城市社区、农村红白理事会等基层社会组织积极主动参与殡葬改革的宣传与实施。各地党委、政府认真贯彻落实《关于党员干部带头推动殡葬改革的意见》，制定了相应的具体措施，一些地方将党员干部的治丧情况和工作绩效考核挂钩，对考核不合格的党员同志实行严格处分。在党员干部的带头下，殡葬的铺张浪费现象有所收敛，现代殡葬的新观念、新风尚得以进一步倡导和践行，逐步形成了全社会自觉参与和推动殡葬改革的良好局面，进一步促进了殡葬事业健康发展。

2. 殡葬法治不断健全

1985年国务院颁布《国务院关于殡葬管理的暂行规定》，标志着我国殡葬改革工作由倡导阶段进入依法管理阶段。1997年国务院颁布施行《殡葬管理条例》，进一步推进了我国殡葬管理工作的法制化进程，强化了国家对殡葬行为和习俗的行政干预；各级地方政府结合当地实际情况，制定地方性配套法规、规章和规范性文件；基层政权和基层群众自治组织把殡葬改革内容列入了乡（村）规民约，有力地推动了殡葬改革的深入发展。殡葬法规执行方面，各地广泛制定适合当地殡葬发展的规划和实施方案，科学拓展火化改革区，将殡葬设施建设纳入当地经济社会发展的总体规划以及城市建设规划，使殡葬设施建设得到有序发展。严格控制基本殡葬服务项目的收费殡葬，并出台相应系列的惠民政策，让利于民，使群众切实感受并真正享有殡葬改革带来的红利。加强对社会资本经营的殡葬服务单位的监管与督导，使其与事业性殡葬服务单位同轨并行，与殡葬改革相向而行。"管办合一"局面逐步打破，殡葬监管与殡葬服务各负其责，使殡葬事务监管职能的发挥更加有效。在公墓建设和发展方面，大力扶持公益性骨灰安放设施建设，对经营性公墓发展实行严格控制、从严审批、规范经营，引导公墓逐步走上现代化、人文化、生态化的可持续发展之路。

3. 行业建设投入加大

近年来，随着经济社会发展和新型城镇化对殡葬公共服务需求的增长，各级政府及殡葬行政主管部门高度重视殡葬行业投入，包括殡葬基础设施建设、殡葬设备和惠民殡葬的投入力度逐年增大。据不完全统计，近十年间约有50%的建造时间久、设施陈旧的殡仪馆进行了更新改造，各地普遍引进了一大批科技含量高、节能环保的殡葬火化设备。在公墓的规划、审批、建设、经营等各环节加强了规范和监管，公益性骨灰存放设施数量明显增加，经营性公墓的发展在总量控制的基础上不断丰富人文内涵，社会责任意识明显增强。惠民殡葬政策在全国范围普遍建立，各地完善了丧葬补助金的专项安排与付发方式，增加了惠民殡葬服务项目，扩大了服务对象惠及范围，人民群众在本地殡葬服务项目范围内基本实现服务费用部分减免乃至全免，殡葬服务公益性均等性初步实现。截至2018年年底，全国殡葬服务机构共计4043个，其中殡仪馆1730个，殡葬管理机构946个，民政部门管理的公墓1367个。

4. 殡葬服务体系逐步完善

在国家"注重民生、以人为本、和谐发展"理念指导下，各地坚持以发展公益性基本殡葬服务为首要任务，积极探索创新殡葬服务方式，大力推进基本殡葬服务均等化，使惠民政策落到实处、取得实效。各地殡葬服务单位在贯彻落实基本殡葬服务公益性的同时，紧密围绕丧、葬、祭等相关服务，认真落实行业规范和服务标准，不断创新服务模式，拓展全程陪同、交通保障、悲伤抚慰等服务项目，强化人文关怀，提升服务内涵，基本实现了由单一服务向多层次服务、由粗放型向集约型的转变，逐步建立了多层次的服务体系，基本满足了不同层次的丧葬消费需求，增强了群众对殡葬改革的获得感和满意度。各地着力深化农村殡葬改革，探索创新农村殡葬服务新模式，积极指导、充分发挥村（居）民委员会及红白理事会、老年人协会等社会组织的特殊作用，以多种方式向农民群众提供及时便捷健康向上的丧、葬、祭服务。

5. 丧俗改革稳步推进

殡葬礼俗改革一直是殡葬改革的重要组成部分，也是社会主义精神文明建设的重要内容。为了制止丧葬活动中封建迷信活动和大操大办现象，各地高度重视对丧俗改革的宣传引导，每年利用清明节等传统祭祀节日，通过制定规范性政策、强化祭祀服务场所管理、加强文明祭祀宣传引导等措施，积极倡导文明新风尚，有力破除了传统薄养厚葬和封建迷信的陈规陋俗，减轻了人民群众的殡葬经济负担，促进了人们思想观念的转变和社会文明程度的提高。各地殡葬行业协会和群众自治组织也充分利用自身优势，广泛参与葬俗改革宣传，取得良好的社会反响。诸多现代祭祀方式如居家祭祀、网上祭祀、代理祭祀、社区公祭、电视公祭、集体公祭等得到推广，"时空邮局""孝心漂流"等新颖独特的做法成为媒体竞相报道的亮点,对群众文明健康祭祀起到了很好的引导作用。

6. 生态殡葬取得新进展

随着社会文明进步和生态文明建设的推进,公民的绿色殡葬意识不断增强,越来越多的人选择从简办丧,用生态节地的葬法埋葬先人骨灰,用低碳环保的方式悼念故人。如在江苏无锡,近年来每年平均有35%的亡者选择了生态葬;沿海省份选择骨灰撒海的亡者数量,每年均呈递增状态,平均增长率超15%。[①] 生态殡葬管理持续加强,2016年2月19日民政部等九部委联合印发《关于推行节地生态安葬的指导意见》,对推行新型葬式、倡导生态葬法提出明确要求,各地采取费用免除、奖励和补助等增强惠民力度的方式,引导鼓励群众积极参与节地生态安葬。生态殡葬科技大有进步,各地殡葬服务单位及设备生产厂家在节能降耗、减排降污等方面取得一系列技术性突破,殡葬自然科学和殡葬服务标准方面的研究取得新的进展,殡葬科技逐渐实现了由技术引进到自主创新的转变。如2014年福建省民政厅筹集资金6250万元对全省46家公办殡仪馆进行技改,大大减少了遗体火化所造成的环境污染。同时,结合生态殡葬的要求,各地墓地服务单位将园林艺术运用在墓地设计之中,改变传统墓地阴森恐怖的境况,实现了墓地生态化公园化。

7. 行风建设实施新举措

殡葬与人民群众利益息息相关,属"窗口"行业。近年来,各级殡葬管理部门狠抓行风建设,加大对殡葬管理服务漏洞和侵害群众利益行为的查处力度。民政部于2011年4月下发关于严肃查处违反殡葬管理法规侵害群众合法权益事件的通知,2015年5月印发《开展殡葬管理服务专项整治活动工作方案》,在全国部署开展殡葬管理服务专项整治活动。各地普遍建立目标考核机制,层层传导压力,对殡

---

① 江苏新闻网:《江苏无锡每年约有35%的逝者进行"生态葬"》,http://www.js.chinanews.com/news/2012/0316/36350.html。

葬行业行风建设起到了重要推动作用。各地民政部门在行风建设薄弱环节和人民反映的热点问题上积极回应，对收费和服务流程环节进行透明化管理，不断提高行业素质，创新服务方式，建立相应的问责机制，切实纠正损害群众利益的不正之风。各地殡葬服务单位按照国家或行业标准规范的要求，向殡葬服务对象公示工作流程、收费项目及标准，增强工作透明度，自觉接受社会监督，同时按照标准规范提供高效优质服务，进一步提升了殡葬受众对殡葬服务的获得感和满意度，树立了殡葬行业的良好形象。

8. 殡葬教科研能力明显增强

一是在殡葬专业教育方面，长沙民政职业技术学院、北京社会管理职业学院从1995年开始最先设立现代殡仪服务技术与管理专业，专门培养殡葬管理服务人才，之后河南省民政学校、重庆城市管理职业学院、武汉民政职业技术学院、福建省民政学校、黑龙江民政职业技术学校等陆续增设该专业，殡葬专业设置为我国现代殡葬事业发展培育了一大批专业技术人才。二是在殡葬业务培训方面，2005年殡葬行业职业技能鉴定工作启动，2007年我国社会工作者职业水平评价制度正式建立，对于进一步优化殡葬从业人员结构，加快殡葬工作人才队伍建设起到了巨大推动作用；各地民政部门及殡葬服务单位、殡葬行业协会等也经常开展殡葬从业人员岗位培训，有效地提高了殡葬职工的综合素质和服务技能。三是在殡葬科研方面，殡葬科研机构及殡葬设备生产企业广泛开展殡葬基础理论研究、产品研制与开发、学术交流和标准化工作，火化机从最初的"土炉"被最新等离子火化机替代，殡仪车改装技术日趋完善，冷藏棺、遗物祭品焚烧炉的科技含量和环保水平明显增强，殡葬科技的发展日新月异。中国殡葬协会举办了数届殡葬设备用品博览会，殡葬校企合作模式不断创新，教、学、研、产等实行全方位融通。此外，殡葬行业的标准化建设取得新进展，殡葬行业的基础标准、产品技术标准、环保标准、卫生标准和殡葬服务规范等一系列标准陆续发布实施，殡葬行业标准化体系日趋完善，为提高殡葬管理服务水平提供了有力的标准支撑。

三 殡葬改革的经验与启示

(一) 殡葬改革的经验

我国的殡葬改革事业在党和政府的重视和领导下，经过不懈努力和实践，不但取得了辉煌的成绩，而且还创造和积累了丰富经验。

1. 党政重视，合力推进

殡葬改革是一场"破千年旧俗、树一代新风"的社会变革。殡葬改革的成与败，关键在于党委政府重视与否。各级党委、政府将殡葬改革列入本地区深化改革的重点内容，摆上重要议事日程，高位推进，殡葬工作才能够得到相关部门、社会各界和广大人民群众的重视、支持和配合，才能产生强大合力，各项殡葬改革措施也才能顺利推进。目前，殡葬改革进程在全国各地参差不齐，一些地方火化率达到100%，有些地方则长期徘徊不前。实践证明，殡葬改革工作只要党政重视，建立健全党委领导、政府负责、民政牵头、部门协作、社会参与、群众支持的工作机制，殡葬主管部门自觉把殡葬改革同党和政府的中心任务、同社会主义精神文明建设和社会可持续发展战略紧密联系起来，找准殡葬改革同党和政府中心工作的连接点和切入点，选好殡葬改革的难点和突破点，做好党员干部带头和发动群众相结合、行政措施和宣传教育相结合、依法管理和群众自治相结合、改革葬法葬礼和搞好殡仪服务相结合，实行综合治理、源头治理、靶向治理、依法治理，殡葬改革就能保持有序推进的良好势头。

2. 建章立制，依法推进

殡葬改革是一项深刻的社会变革，对于这样一项扭转人们思想观念乃至民族风俗习惯的改革，一开始推行注定会遇到较大阻力，要让人民群众自觉接受、自愿参与，必须在尊重传统文化基础上，在法律上强化保障，在政策上强化引导，在管理上强化从严，在服务上强化创新。新中国成立以来，我国殡葬改革总体上取得了显著成效，其中一个十分重要的经验就是必须遵循有法可依的原则，将实行火葬、推行生态绿色葬法和健康文明祭扫方式纳入社会主义法制建设的总体框架，从制度上确立殡葬改革的目标任务，从管理上严把殡葬公共服务属性，使殡葬改革的过程成为推动社会主义精神文明建设、减轻群众丧葬负担、惠及民生的过程。只有在实践的基础上，不断总结殡葬法规制度建设的经验，进一步构建殡葬法律、法规、政府规章和规范性文件等不同层次的殡葬法规体系，才能使殡葬改革中的成功经验从制度上固定下来，为人民群众自觉参与殡葬改革提供稳定预期，也才能使殡葬行政管理部门依法行政、殡葬服务机构规范服务，确保殡葬改革沿着健康的道路顺利推进。

3. 党员带头，全民推进

党员、干部带头是殡葬改革的关键。只有党员、干部以身作则，才能增进共识、减少阻力、激发动力，赢得群众对殡葬改革的信任、理解和支持。在殡葬改革工作推进中，广大党员干部充分发挥先锋模范作用，在殡葬改革中以身作则、率先垂范，在办理丧事中不搞特殊化、不搞封建迷信活动、不做违反殡葬政策法规的事、不传播与殡葬改革相悖的言论，全力支持并积极参与殡葬改革，带头丧事简办，积极做好亲属和周围群众的思想工作，积极影响和带动身边群众进行文明祭祀，形成正党风、抓政风、促民风的良好态势，营造了风清气正的文明新风。殡葬改革事关全民，也离不开群众的广泛参与和推动。在农村，各地充分发挥村"两委"、老年协会、红白事理事会等群众自治组织的作用，引导群众破除旧的丧葬陋俗，自觉进行殡葬改革，倡导和鼓励群众采用节地生态葬法。在城市，各地充分发挥街道办事处、社区居委会的作用，通过喜闻乐见的宣传载体和渠道，让殡葬改革法规走进社区、进入寻常百姓家，使广大群众理性认识死亡，树立正确的丧葬观和消费观。各地殡葬改革经验表明，只要认真做好群众的宣传教育和发动工作，就能调动其支持并参与殡葬改革的自觉性、积极性，殡葬改革有了强大的群众基础，改革才能得到群众的支持和拥护。

4. 严格考核，监督跟进

殡葬改革难度大，在基层建立严格的监督考核机制是推进殡葬改革落地落实的关键所在。近年来，一些地区坚持把殡葬改革列为县区、乡镇（街道）党政"一把手"工程，构建了县区、乡镇（街道）、村（社区）和小组四级工作网络，实行领导联系乡镇（街道），干部职工包村到户，殡葬信息员全覆盖等制度；组建殡葬执法队伍，依托殡葬管理信息员，及时掌握逝者遗体的处置情况、火化后骨灰的去向，把违规殡葬行为消灭在萌芽阶段。一些地方建立了工作进展月督查制，市、县（区）、乡镇（街道）领导分级约谈制和联系负责制、工作进展信息定期通报制，对工作落实不到位的，按"落实事故"约谈整改和问责；发挥新闻媒体的监督作用，对移风易俗活动中涌现出来的先进典型，广泛宣传，典型引路、示范带动；对违法违纪案件予以公开曝光；发挥纪检监察部门的监督作用，对殡葬改革工作成员单位的工作效能、工作纪律等方面全程跟踪督查，发现工作不到位、有令不行、有禁不止的严肃查处；发挥人民群众的监督作用，扩大群众的参与权和监督权。通过上述监督机制的建立和实施，进一步压实了殡葬改革法规政策贯彻落实责任，推动殡葬改革深入开展。

5. **倡导新风，宣传促进**

殡葬改革不仅要规范人们的殡葬行为，更重要的是转变人们对几千年承续的传统丧葬观念的认识。人民群众是殡葬改革的主体，革除陈规陋习、树立丧葬新风，最终要通过提高人民群众的素质，转变群众的思想观念来完成。在殡葬改革过程中，各地针对当地民情习俗及其存在的问题，通过电视、广播、报纸、多媒体信息平台以及群众喜闻乐见的宣传形式，开展主题鲜明的殡葬改革典型示范、教育宣传等活动，宣传殡葬改革在节约土地、保护生态环境、促进社会进步等方面的重要作用，宣传殡葬改革的方针政策、法律法规，宣传殡葬的科学知识和文明的祭祀形式，宣传骨灰撒海、以树代墓等生态节地的新葬法，宣传殡葬改革对国家、对群众的好处和改革中涌现出来的先进典型，同时揭示封建迷信的丧葬活动、丧事大操大办等的危害性。通过做好移风易俗的引导、劝导工作，逐步消除人们对殡葬改革的疑虑，增强群众参与殡葬改革的自觉性，全方位积聚殡葬改革的正能量，使文明、节俭、科学、环保的理念在殡葬改革中得到群众广泛认可和自觉实践。

6. 强化服务，保障促进

不断提高殡葬服务的水平与质量，满足广大群众多样化多层次殡葬服务需求，对于提升殡葬改革在移风易俗中的引领具有重要作用。各地殡葬服务单位重视职工服务意识的培育，重视殡葬文化、政策及业务技能的培训、学习，鼓励职工积极参与业务技能提升，着力提升职工的综合素养，提高了对群众殡葬需求的满足能力。殡葬管理工作寓管理于服务，在工作过程中注重增强人性化来赢取群众的由衷支持，将殡葬改革监管工作落到实处。各地积极引入殡葬文化策划、环保、建筑等方面的专业力量，加快殡葬服务及设施设备的标准化建设，做好殡葬改革方案的规划、设计和论证工作，着力研究解决殡葬改革遇到的实际问题，完善相关政策措施，为殡葬改革的推进提供了重要保障。

（二）殡葬改革的启示

殡葬改革如逆水行舟，不进则退。适合中国国情的社会主义殡葬制度和丧葬习俗，只有在不断革弊鼎新的改革中才能日臻成熟。新时代殡葬改革的深入发展必须承前启后，在总结之前改革成功经验的基础上，结合当前的任务要求，扬长避短、继往开来，才能取得更好、更多的成就。

1. 必须进一步加强组织领导，增强殡葬改革施行力度

目前，殡葬治理模式已从过去单纯的行政管理转向依法治理、源头治理、系统根治、多元参与、综合整治相结合的跨部门综合治理阶段。各地殡葬管理主管部门及其所属殡葬事业管理单位要根据宪法、法律以及新的执法理念要求，尽快转变自身的监管理念和方式，以提高自身的适应力和贯彻实施殡葬改革的效果。要积极争取本级党委、政府的重视，将生态文明殡葬建设作为深化殡葬改革的重要内容，纳入当地基本建设规划，摆上议事日程。要强化殡葬改革领导机制的组

织引导能力，加强政府相关部门之间的协调联动，建立健全相应的工作机制，统一管理口径，加强目标管理和绩效考核，确保政策措施落到实处。注重发挥乡镇、街道、城乡社区的独特优势，建立健全基层殡葬信息员制度及殡葬信息源采集、报告和预警机制，加大对乱埋乱葬、骨灰装棺再葬、违规建墓的事前预防和源头治理力度。加快监管与服务双轨制进程，使管理与经营分开、监督与经办分离，扭转政企不分、管办不分的局面。

2. 必须进一步强化顶层设计，促进殡葬法规制度转型升级

法律是治国之重器，制度是善治的前提。过去70余年我国殡葬改革靠的是党内共识和法规政策的规范与保障。随着社会主义法治国家建设的推进，跟其他领域改革一样，殡葬改革需要在法治的框架之内运行，使殡葬管理服务全面纳入法制轨道。要通过相关殡葬法规制度建设，进一步增强改革的顶层设计，重点解决体制性深层次问题。进一步强化殡葬改革的集成性和协同性，完善各项配套性改革，统筹制度改革和制度运行，处理好顶层设计和分层对接的关系，使各项改革相得益彰，协同推进。

3. 必须进一步树立新发展理念，突破殡葬改革发展瓶颈

理念是行动的先导，一定的改革实践是由一定的发展理念引领的；发展理念从根本上决定着改革的成败。回顾我国殡葬改革的历程，改革在破旧的基础上立新，在传承的同时创新，在推行火葬、改革土葬、倡导移风易俗的同时保护耕地和生态环境、促进人与自然和谐相处，这些理念集中反映了我们对经济社会发展规律、对殡葬改革规律的认识。当前及未来一段时期，面对殡葬改革中管理体制不顺、法制不健全、公共服务不均衡、市场主体良莠不齐等问题，必须在实践基础上不断坚持和创新理念，以理念的先导性作用拓宽改革视野和工作思路，破解改革中的难点堵点问题，推动殡葬改革不断深化、殡葬公共服务高质量发展。

4. 必须进一步将公益殡葬落到实处，取得人民群众的拥护

"生老病死"是人之生活常态，殡葬本身就是一桩看得见、摸得

着的民生实事。推行殡葬改革的目的是让最广大的人民群众得实惠，有直观真切的获得感；殡葬改革会触及一些人的眼前利益、局部利益，甚至会与一些人的思想观念相冲突，但只要符合社会整体利益和长远利益，就能获得人民群众的支持与拥护。殡葬改革之所以能够推进，就是因为各级党委政府坚持以人民为中心，不断完善和实施惠民殡葬政策，不断完善殡葬公共服务体系，增强了群众的获得感。深化殡葬改革必须从人民群众的需求出发，进一步完善公益殡葬政策体系、服务体系，不断创新服务模式、优化服务流程，为群众提供方便、带来实惠，将惠及民生的政策措施落到实处，改革才能保持强大动力。

5. 必须进一步拓展人文因素，提升殡葬教育功能

殡葬是最基础最普惠的民生事业，也是社会主义精神文明工程。从遗体处理方式的革新，到倡导绿色低碳文明方式缅怀逝者，殡葬改革在不同阶段一直注重人文精神的传承和改革所起到的教育引导功能。新时代，推进殡葬改革更加需要重视文化建设，要正确处理"继承"与"创新"、"转化"与"发展"的关系，通过加强现代殡葬文化设施建设、挖掘殡葬文化内涵和生命教育意义，充分发挥殡葬改革在传承中华优秀传统文化、革命文化和社会主义先进文化中的宣传、教育、载体作用，使殡葬改革的过程成为萃取传统文化精华、弘扬革命文化精髓、彰显时代文化精神的过程，成为涵养中国特色社会主义核心价值观的重要源泉。

6. 必须进一步加强标准体系建设，提升殡葬服务质量

殡葬服务标准化是殡葬工作发展的必然，是提升殡葬服务质量、树立殡葬职业形象、实现殡葬工作健康有序发展的重要保障。殡葬服务具有"情感消费"的特点，必须以高质量为价值导向，不断提升品质标准，要将殡葬服务纳入质量管理体系，特别是坚持以民政行业职业技能标准为指针，将硬件设施和软件服务紧密结合，从制度规范、服务标准、技能标准等入手，把服务的专业性和群众的满意度有机统一起来，提高全员全过程全方位质量控制水平，以规范优质的服务促进群众积极支持、参与殡葬改革。

第四章　现代殡葬公共服务体系建设

殡葬公共服务是由政府主导、保障全体公民基本殡葬服务需求，并且与经济社会发展水平相适应、与社会主义先进文化相协调的公共服务。完善殡葬公共服务体系，让全体公民都能公平可及地获得均等的殡葬公共服务，实现"逝有所安"，是政府的重要职责和全面建成小康社会的应有之义，对于增进人民福祉、增强全体人民的获得感幸福感具有十分重要的意义。

一　殡葬公共服务的内涵与特征

（一）殡葬公共服务的内涵

"公共服务"这一概念最早由法国公法学派代表莱昂·狄骥在1912年提出，此后伴随着"公共物品"概念的演变而"成长"。美国经济学家保罗·A.萨缪尔森从物品的非竞争性和非排他性出发认为，公共物品是社会中每个个体对它消费后不会影响其他人消费的物品。《科林斯经济学词典》对公共物品下的定义是"由国家提供的，为所有或大多数百姓的利益服务（教育、卫生、住房等）的物品和服务"。

对于公共服务的内涵，归纳起来有以下观点：一是政府在行使职能的过程中就是在提供公共服务。二是公共服务是公共物品的一部分，即是无形的公共物品。三是公共服务是与低层次消费需要有直接关联的、无消费需求差别的服务。综合这些观点，公共服务就是由政府主导、保障全体公民生存和发展基本需要、与经济社会发展水平相适应的服务。

根据对公共服务的理解，殡葬公共服务是指由政府向全体社会成员提供的以满足社会公众公共殡葬需求的殡葬产品和殡葬服务。殡葬公共服务，可分为困难群体受益的救助型殡葬公共服务、全体公民受益的保障型殡葬公共服务、满足公民提高殡葬生活质量需求的改善型殡葬公共服务三个层次，其中，救助型殡葬公共服务与保障型殡葬公共服务又合称为"基本殡葬公共服务"。

（二）殡葬公共服务的基本特征

殡葬公共服务作为公共服务的一个分支，与一般的殡葬服务有着不同的特征。

一是殡葬公共服务具有现代性的特征。之所以称之为"殡葬公共服务"，就在于它是基于现代社会公共服务理论及其价值观的服务，是服务于现代社会人们对殡葬公共服务需求的公共服务，它是整个国家公共服务体系中的重要组成部分。

二是殡葬公共服务具有多元供给的特征。政府提供公共服务是政府的基本责任，公民享有公共服务是公民的基本权利，这是现代社会的一种理念。政府及公办殡葬服务机构设施是殡葬公共服务的重要提供者，同时，殡葬公共服务不可缺失社会层面供给的服务。殡葬公共服务是一种政府主导、社会协同、市场参与的多元供给模式。

三是殡葬公共服务具有多层次性。殡葬公共服务是向全体公民提供的满足"逝有所安"需求的公共服务，在内容上包含不同的层次，在现阶段上殡葬公共服务主要包括满足公民火化遗体需求，如遗体接运、遗体保护、遗体火化、骨灰暂存等服务；满足倡导现代文明殡葬礼仪需求，如提供遗体告别服务、丧葬产品用品等服务；满足节地生态安葬需求，如提供海撒、深埋等生态葬式的服务等。

除了殡葬公共服务之外，我国现阶段还有一些由市场主体提供的选择性殡葬服务，如遗体整容、防腐、告别、骨灰安葬、丧葬用品及其他殡葬特需服务等。这些市场化服务对于满足人民群众多样化、多层次殡葬需求起着重要补充作用，也是我国殡葬行政管理部门依法予以规范监管的重要方面。

二 殡葬公共服务的发展现状

（一）殡葬公共服务体系的基本框架

我国的殡葬公共服务体系经历了从小到大、从不完善到相对完善的发展过程。最早出现的具有殡葬公共服务性质的制度性规定，是农村"五保"供养制度中"保葬"的规定。1956年国务院下发的《一九五六年到一九六七年全国农业发展纲要》第三十条规定"农业合作社对于社内缺少劳动力、生活没有依靠的鳏寡孤独的社员，应当统一筹划……在生活上给以适当的照顾，做到保吃、保穿、保烧（燃料）、保教（儿童和少年）、保葬，使他们的生养死葬都有指靠"①，显然，这一"保葬"制度具有救助性殡葬公共服务的性质。1985年，国务院《关于殡葬管理的暂行规定》中第四条中规定："建立火葬设施和殡仪馆的费用，列入地方基本建设计划。"这一规定将殡葬服务设施列为基本殡葬公共服务范围。1997年国务院颁布的《殡葬管理条例》中又规定"农村为村民设置公益性墓地"，这样又进一步丰富了基本殡葬公共服务的内容。

随着殡葬事业由传统殡葬向现代殡葬的转型，我国殡葬公共服务体系逐步健全。2009年12月，民政部印发《关于进一步深化殡葬改革促进殡葬事业科学发展的指导意见》（以下简称《指导意见》），第一次提出"基本殡葬公共服务均等化"的概念，《指导意见》提出要"加快建立和完善殡葬救助保障制度"。2012年12月，民政部颁布了《关于全面推行惠民殡葬政策的指导意见》，该《指导意见》提出的殡葬惠民政策具有鲜明的保障性、公共服务性特征，提出殡葬服务的对象要由生前困难的群体拓展到所有人群；要统筹城乡殡葬公共服务发展，打破城乡

---

① 《1956年到1967年全国农业发展纲要（修正案）》人民出版社出版1956年版。

二元分割的公共服务体制，缩小了城乡公共服务的距离和差别；要适应现代社会人口流动的需要，制订农村居民、流动人口、外来务工人员等群体的惠民殡葬政策；提出到"十二五"末，在全国火葬区全面建立基本殡葬服务保障制度，基本实现殡葬基本公共服务均等化。

2016年2月，民政部等九部委联合发布了《关于推行节地生态安葬的指导意见》，该文件的出台弥补了基本殡葬公共服务中有关"葬"的公共服务的缺失，提出要坚持"殡、葬、祭"三位一体，推动节地生态安葬与绿色殡葬、人文殡葬、惠民殡葬相结合，葬法改革与丧礼改革相衔接，统筹推进殡葬改革，要求到"十三五"末，在巩固和提高全国年均火化率的基础上，较大幅度提高节地生态安葬比例，建成一批具有示范效应的节地生态安葬设施，初步形成覆盖城乡的节地生态安葬公共服务网络，全面实行奖补激励政策。

2018年1月，民政部联合中央文明办等16个部门制定印发《关于进一步推动殡葬改革促进殡葬事业发展的指导意见》，明确指出坚持以人民为中心、满足群众殡葬需求作为出发点和落脚点，建立基本殡葬服务制度，确保实现人人享有公益性基本殡葬服务，让人民群众成为殡葬改革的最大受益者；要强化政府主体责任，建立健全基本殡葬公共服务体系；要积极推进殡葬服务供给侧结构性改革，引导社会力量有序参与，满足群众多样化殡葬服务需求。与此同时，提出了"建立健全殡葬公共服务体系"的具体举措，包括优化殡葬服务资源布局，建立基本殡葬服务制度；制定基本殡葬服务清单；丰富和完善殡葬服务供给；要妥善处理基本殡葬服务与非基本殡葬服务的关系，保障和改善基本殡葬服务，丰富和拓展非基本殡葬服务，满足群众多样化、多层次的殡葬服务需求。规划到2020年，公益性节地生态安葬设施覆盖到乡镇，逐步建立基本殡葬服务制度和节地生态安葬奖补制度，基本建立起覆盖城乡居民的殡葬公共服务体系。

上述一系列政策文件的出台，确立了我国殡葬公共服务体系的基本框架。这一体系坚持"殡、葬、祭"三位一体，以涵盖遗体接运和存放、遗体火化、骨灰处理、安葬服务等公共服务清单为核心，以基本殡葬公共服务事项全民免费、经济贫困群体发放补贴、生态安葬给予奖励等为主要内容，以各类殡葬公共服务机构设施为依托，以政府主导、财力保障、多元供给、监督评估等机制为支撑，基本实现了服务均等化、普惠化发展。

（二）殡葬公共服务体系发展现状

目前，我国殡葬公共服务体系正处于发展初级阶段，一方面取得了很大的进展；另一方面也还存在不少短板和问题。

1. 殡葬公共服务呈现整体全面推进态势

进入21世纪，各级政府以"惠民殡葬""生态殡葬"为主要抓手，出台了一系列殡葬公共服务政策措施，推动殡葬公共服务整体迈入全面发展新格局。如2009年民政部要求各地制定实施惠民殡葬政策的文件下发后，截至2010年3月，全国共有6个省（区、市）、37个地级市、120个县（市、区）实施了不同内容的惠民殡葬政策。[①]到2012年4月，实施惠民殡葬政策的省份迅速发展到14个省份、92个地级市、400多个县市区。截至2012年年底，全国实施惠民殡葬政策的地区已覆盖30个省（区、市）和新疆生产建设兵团，其中28个省份根据本省的实际情况出台了覆盖全省范围的惠民殡葬政策，惠及群体超过5亿人，到2019年，我国惠民殡葬政策已经基本覆盖所有低收入群众。推行节地生态安葬方面，截至2018年全国已有24个省份出台了推行节地生态安葬的具体实施意见，制定了节地生态安葬激励奖补政策。如北京对选择骨灰海葬和自然葬的居民免费提供安葬服务，并将免费项目延伸到遗体接运等殡仪服务；辽宁出台政策，对选择骨灰海葬的本市户籍亡故居民全部免费并进行定额补贴。殡葬公共服务呈现出全面推进态势。

2. 基本殡葬公共服务的对象呈全覆盖趋势

目前，在全国实施惠民殡葬政策的省份中，北京、天津、浙江、

[①]《民政部关于实施惠民殡葬政策先行地区的通报》（民函〔2010〕45号）。

第四章　现代殡葬公共服务体系建设

吉林、山东已实施了全民性的基本殡葬服务，一些市县实施了辖区内的基本殡葬服务。多数省份基本殡葬公共服务覆盖到了各类困难群体，主要包括城乡低保对象、农村特困供养对象、重点优抚对象、城镇"三无"人员等城乡困难群众。在推行生态殡葬政策的省份中，基本实现了对海葬、深埋等生态葬式的全免费，北京、上海、云南、青海等地除免除殡葬费用外，还给予定额补贴。

同时也要看到，虽然基本公共服务实现了省级层面全覆盖，但是目前各地殡葬公共服务的内容并不完全相同，地区差异较大。基本公共服务主要包括遗体接运（含抬尸、消毒）、存放（含冷藏）、火化、骨灰寄存等服务①这四项基本服务，但在具体内容上有的省、市基本服务内容为三项，有的为四项，也有的为五项或六项，广东省的服务内容是最多的，为七项。即便基本服务项目相同的省、市，在具体的基本服务内容上也不完全相同。同时，各省市一般采取直接减免基本殡葬服务费用、提供定额补贴等方式，殡葬公共服务实施方式还较为单一。

（三）殡葬公共服务体系建构中的短板与不足

1. 整合型殡葬公共服务政策缺失

2012年颁布的《国家基本公共服务体系"十二五"规划》，首次将基本殡葬服务纳入国家基本公共服务内容。但作为一项国家基本公共服务内容，殡葬公共服务并没有像其他基本公共服务一样，拥有相对独立完整的政策来进行规定，而是分散在相关惠民殡葬等相关政策之中，体系不明确、不健全。殡葬公共服务体系并不等同于惠民殡葬或是生态殡葬，也不是简单的两者之和。作为我国殡葬改革的重要内容之一，我国的基本殡葬公共服务方面缺少一个对其服务内容、服务标准、监察、经费保障、法律责任等进行规定的政策。基本殡葬公共

---

① 国家发展改革委、民政部联合印发：《关于进一步加强殡葬服务收费管理有关问题的指导意见》，2012年。

服务方面政策的缺失，直接导致了各地政府对基本殡葬公共服务重视不够，民众对基本殡葬公共服务认识不高，影响了我国殡葬公共服务体系整体发展。

2. 殡葬公共服务体系供给模式不健全

我国的殡葬业作为一类特殊的服务业，在20世纪80年代以前一直是由政府控制和垄断，殡葬公共服务也完全由政府直接提供，虽然当时提供的还仅仅是救助性殡葬服务。20世纪80年代后，殡葬行业开始逐步向社会开放，开始允许社会资本进入殡葬服务行业，同时服务的内容发展为由政府提供的殡葬公共服务和选择性殡葬服务共同组成的殡葬服务体系。殡葬市场的开放、殡葬公共服务体系内容的转变都要求有一套与之相配套、相协调的供给模式实现服务供给的良性运行。然而，目前我国殡葬公共服务主要是由政府或公办殡葬机构供给，由企业和社会力量提供的选择性殡葬服务，在内容上主要集中于"葬"的方面，而很少涉及"殡"。作为一种改善性的殡葬服务，我国殡葬服务中的选择性服务总体发展还比较缓慢，缺乏规范有序的市场环境。各地区的选择性殡葬服务存在较大差异，只有上海等一些少数经济发展水平较高的省市，选择性殡葬服务基本能满足人们不同层次的多样化殡葬需求，而其他大多数地区的选择性殡葬服务都不能满足现代人们对殡葬的多样化要求，如大多数殡仪馆没有专业的殡葬仪式司仪，逝者家属只能采用绕遗体一圈，看一眼逝者，最后三鞠躬的"一转、二看、三鞠躬"方式来追悼逝者。总的来说，目前非基本殡葬公共服务并不能满足人们多层次的殡葬需求。

3. 殡葬公共服务体系缺乏有力的财政保障

公共财政是我国殡葬公共服务体系发展的资金保障。我国殡葬公共服务均等化发展缓慢的最主要的一个原因，就是缺乏有力的财政保障。由于缺乏必要的财政资金支持，一些地区普惠性基本殡葬公共服务项目较少，只能惠及部分经济困难群众，影响了殡葬公共服务均等化的实现。同时，财政投入的缺乏也使目前一些地区殡葬公共服务设备、设施条件落后，无法满足人们对现代殡葬的需求，难以满足现代殡葬绿色、节地生态殡葬发展的要求，限制了殡葬公共服务质量的提升。

4. 殡葬公共服务体系缺少联动监管机制

以 2009 年民政部印发《关于进一步深化殡葬改革促进殡葬事业科学发展的指导意见》首次提出"基本殡葬公共服务"为标志，我国殡葬公共服务以各方面各层级政策为依据实现了快速发展，但是由于缺乏行之有效的监督、奖惩、评估机制来推动全国"一盘棋"，实现统筹协调发展，在一定程度上造成殡葬公共服务在各地发展很不均衡。同时，殡葬市场放开后，作为规范市场行为的监管机制没有及时跟上，致使某些殡葬乱象无法及时整治，影响了殡葬公共服务市场健康有序发展。

三 推动殡葬公共服务体系发展的路径

（一）完善基本殡葬公共服务政策规范

殡葬公共服务体系的核心是基本殡葬公共服务，它是保障全体公民"死有尊严、葬得文明"基本需求的公共服务。根据经济社会发展水平和殡葬改革的要求，参照《国家基本公共卫生服务规范》等类似政策文件，加快建立整合性殡葬公共服务政策，总结殡葬公共服务体系建设经验，明确基本殡葬公共服务的内涵、制度构成、体制机制和综合监管等构成要素，为殡葬公共服务体系建设提供基本制度框架，从而规范和指引殡葬公共服务体系建设沿着正确的方向发展。

（二）改革殡葬公共服务体系的供给模式

现代殡葬公共服务主要包括政府供给、市场供给两种方式。政府供给是指政府是现代殡葬公共服务体系的主体角色，既是殡葬公共服务政策制定者，也是资金供应者，同时还是殡葬公共产品供给者。政府直接生产公共服务产品主要包括建立殡葬公共服务机构，及其提供基本设施、设备、环境等。政府间接生产公共服务是指通过财政补贴等方式，鼓励和支持非政府部门提供公共服务，供给方式主要包括政府补助、凭单制、政府采购等。市场供给是现代殡葬公共服务体系引入市场竞争机制提供公共服务的制度安排。在上述两种供给制度安排中，政府和市场之间不是非此即彼的关系，而更多的是一种分工和协作关系。随着我国社会经济的发展以及殡葬公共服务需求的多元化和殡葬公共服务分工的精细化，政府在殡葬公共服务中的角色，应当由直接生产者向殡葬公共服务资源协调者、行业管理者转变；殡葬公共服务的供给机制，应当坚持兜底性服务政府承担，选择性服务交给市场，或通过向社会组织购买服务以及公建民营等方式提供。在非基本殡葬服务的供给模式中，应由政府提供指导意见，出台管理规定，由殡葬事业单位、社会组织、市场提供供给，由政府负责监管。

（三）健全殡葬公共服务体系内容

殡葬公共服务作为一项基本公共服务，要不断适应满足人民群众缅怀先人、慎终追远愿望以及适应引导殡葬文化新风尚、新习俗的需要，进一步丰富和健全殡葬公共服务的内容，特别是适应人民群众对人文殡葬的文化需求，将有关殡仪服务、节地生态殡葬和文明祭祀服务纳入基本殡葬公共服务体系，进一步完善基本殡葬服务清单；同时，围绕基本殡葬公共服务，引导市场主体合理提供选择性殡葬服务，更好地满足人民群众多元化多层次需求。加强殡葬公共服务设施建设，将殡仪馆升级改造、扩建、重修和设施设备更新纳入经济社会发展基本公共服务体系建设规划，加快补齐"短板"的财政支持力度。完善殡葬专业人才培养使用制度，制定殡葬服务质量和标准基本规范，对殡仪馆、公墓等殡葬服务机构等岗位设置、专业人员配备、教育培训等做出规范，同时，注重殡葬行业从业人员职业品行和道德精神的培养，全面提升殡葬行业人员队伍专业化水平。

（四）统筹殡葬公共服务体系建设的财政保障

公共财政是我国殡葬公共服务体系建设的重要财力保障。我国现阶段一些地区基本殡葬公共服务项目少、覆盖对象有限，表面看在于公共财政投入不够充分，实际上这与殡葬公共服务体系建设缺少与乡村振兴战略和其他民生公共服务体系建设的统筹有很大关系。要想顺利破除就殡葬讲殡葬的定势思维，将殡葬公共服务体系建设与全面建成小康社会后各地民生工程建设相协调相统筹，将殡葬公共服务设施建设纳入农村脱贫攻坚、新型城镇化以及区域发展各类各级发展规划，统一纳入各地财政投入保障范围，避免提出单一殡葬投入需求不受重视的缺陷。就要做好殡葬公共服务发展的需求测算，建立基本殡葬公共服务清单制度，制定殡葬服务发展规划，加强殡葬公共服务需求和民生殡葬民意调查，为建立稳定的财政保障机制提供科学依据。同时，要加强对已出台的国家层面殡葬政策有关财政投入规定落实情况的监督，依据政策规定倒逼地方政府落实财政保障责任。

（五）健全殡葬公共服务体系监管机制

基本殡葬公共服务属于缺少可替代的刚性需求，人民群众对殡葬服务的可及性、价格可承受性和服务质量具有很强的敏感性。向全体社会成员提供优质高效的基本殡葬公共服务，就必须围绕殡葬市场监管、服务监管和机构监管等方面建立一套规范高效的综合监管机制。加强殡葬市场监督，依法查处违反法律法规的殡葬行为，规范选择性殡葬服务市场、殡葬产品用品市场的正常秩序，保障市场主体合法权益。强化对殡葬服务的监管，坚持公办殡葬服务单位的公益属性，加快政事分开、管办分离改革，依法培育具有独立承担民事行为能力的公办殡葬服务主体；加强殡葬服务标准体系建设，规范殡葬服务行为，确立服务监管依据。创新监管方式，通过推行"双随机、一公开"以及引入第三方监管等方式，完善监管方式手段，提高监管效能。完善综合监管体制，在科学划分执法权责基础上，探索建立民政牵头、部门参与、以法治和科技为保障的跨部门综合监管机制，形成综合监管合力。

第五章　现代殡仪服务的改革与发展

殡葬活动是围绕逝者遗体（骨殖或骨灰）的处置和对逝者的哀悼开展的一系列社会活动。现代殡仪服务是现代殡葬的重要组成部分，其产生和发展是与现代殡葬活动相辅相成的。

一　现代殡仪服务的概念和内容

（一）现代殡仪服务的概念

殡仪又称"丧仪"。殡者，逝者入殓后停灵（停柩）以待葬，是生者对逝者进行哀悼的传统礼仪。《辞海》对"殡"的解释为"殓而未葬"。"殓"是指给遗体穿衣入棺。《北史·高丽传》记载："逝者殡在屋内，经三年，择吉日而葬。"《说文》说"死在棺，将迁葬柩，宾遇之"，道出了人死后并非立即一埋了之，而是要进行一系列社会活动和相应的礼仪，诸如表彰逝者的德行功绩，让亲友故旧前来吊唁、祭奠等仪式，以此表达对逝者的情感。《现代汉语词典》中"殡"解释为"停放灵柩；把灵柩送到埋葬或火化的地方去"，"仪"解释为"礼节、仪式"等，"殡仪"即停放灵柩或把灵柩送到埋葬（或火化）地方去的礼节（仪式）。因此，在一般意义上，广义的"殡仪"是指殡葬活动中的礼仪；狭义的"殡仪"是指殡葬活动中与"殡"这一阶段有关的礼仪。

在殡葬活动中之所以产生相关的礼仪，在根本上产生于人类对死亡的敬畏。人类通过一定的殡仪形式，来表达对逝者的悲伤和怀念之情。早在奴隶制时期的周代就已有专为少数奴隶主贵族提供殡仪服务的官员。到了近代，殡仪服务才日益完善，而且成为殡葬活动中不可或缺的特殊服务。

现代殡仪服务是在特定的环境场所下，专业服务人员用特定的方式和礼仪（格调庄重、肃穆，克制情感，节制言行），为特定人群或对象（逝者及其亲朋）在特殊情绪（丧户极其悲痛、哀伤、忧郁、激动）状况下，为丧户提供满意的服务。狭义的殡仪服务专指殡葬服务机构在开展殡葬活动中为客户提供的各种服务。如遗体的收殓、清洗、消毒、更衣、接运、保存、防腐、整容、整形、告别、遗体火化（或安葬），骨灰的整理、装殓、寄存、安置，殡仪礼堂和守灵间等殡葬设施的租用，骨灰盒、花圈等殡葬用品的销售等。广义的殡仪服务，即围绕殡仪、火化、安葬以及葬后祭奠等活动所进行的一系列服务的总和，除了狭义殡仪服务的全部内容外，还包括殡葬服务机构以外的组织或个人所提供的各种有关殡葬的专项服务，它横向可分为殡仪服务、火化服务、安葬服务、祭奠服务等；纵向可分为服务对象、服务内容、服务要求、服务原则等。

（二）现代殡仪服务的内容

通过劳务服务和提供物化劳动来满足人们殡葬消费需求的殡仪服务，其内容和项目是随着服务业的发展不断丰富完善起来的。中国传统的丧礼非常烦琐，从程序上可划分为殡殓礼仪、埋葬礼仪、祭祀礼仪三部分。随着时代的发展、文化的进步，殡葬礼仪逐渐趋于简化。我国现代殡仪服务主要依托殡仪馆（火葬场）、殡仪服务中心（站）、公墓、骨灰存放设施等殡仪服务机构以及红白理事会等组织来实现的。

1. 殡葬服务机构的殡仪服务

在我国，殡仪馆主要提供接运遗体、遗体防腐、整容整形、悼念告别、遗体火化、骨灰寄存等服务。一是服务项目的系列化。根据群众办理丧事的需求来确定殡葬服务流程和项目,在方便群众治丧的基础上,使群众得到心理上的安慰,以达到服务的目标。二是殡仪服务的文明化。把文明服务贯穿于每件丧事服务的始终,通过文明服务,体现出服务人员的精神风貌,从而影响人、教育人。三是设施环境的人性化。殡葬服务机构精心设计营造设施完善、环境优美的服务场所,使丧户的悲伤情绪得以缓解。

殡仪服务中心(站)是殡仪馆服务向基层社区的延伸,主要承担遗体存放、悼念追思和运送遗体至殡仪馆等服务。公墓主要服务项目是出售墓穴、安葬骨灰或遗体,为群众提供祭扫等服务。骨灰存放设施的主要服务项目是提供骨灰寄存和瞻仰祭奠等。

在民政部社会事务司"殡仪馆管理研究"课题组 2017 年随机抽取 22 个省的 123 家殡仪馆(其中县及县级市殡仪馆占 51.22%,地级市殡仪馆占 21.95%;112 家为事业单位)中,90.24% 的殡仪馆都提供国家所规定的四项基本服务,其中 57.72% 的殡仪馆只提供规定的四项基本殡葬服务,32.52% 的单位除四项基本服务之外还提供其他服务(见图 5-1)。调研发现,有 96.1% 的殡仪馆还在基本服务项目的基础上提供了某些延伸性服务项目,其中 50% 以上的殡仪馆提供了多项延伸殡仪服务项目(见图 5-2),从根本上弥补了基本殡葬服务内容单一的问题,从而满足了丧户的多样性需求。

2. 社会服务组织的殡仪服务

红白理事会作为典型的基层社会组织,依照国家关于殡葬管理的有关政策,通过科学的组织、热情的服务、细致的工作、耐心的教育,发挥自我教育、自我服务、自我管理作用,帮助群众料理丧事,提供全过程系列化服务。一是走访关怀。在料理丧事前,做到底数清、情况明、信息准,到丧户家对家属表示亲切慰问,并了解有关事宜的准备情况。二是具体帮办。宣传党和国家的殡葬法规和改革政策,倡导文明节俭办理丧事,制止殡葬事务中愚昧落后的做法,引导群众控制丧事开支,提供丧事必要用具、场所等。三是自我管理。制定和完善红白理事会章程及有关规定,照章办事;健全公众参与的监

第五章　现代殡仪服务的改革与发展

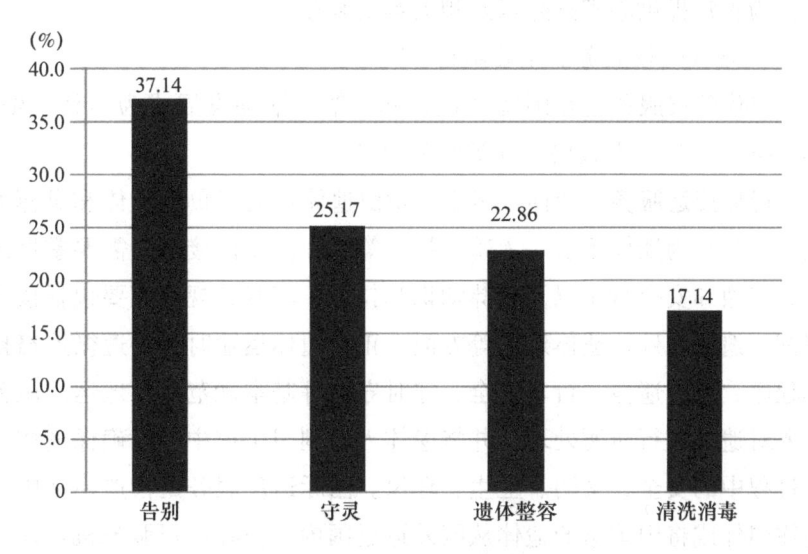

图5-1　调研样本殡仪馆增加的其他基本服务

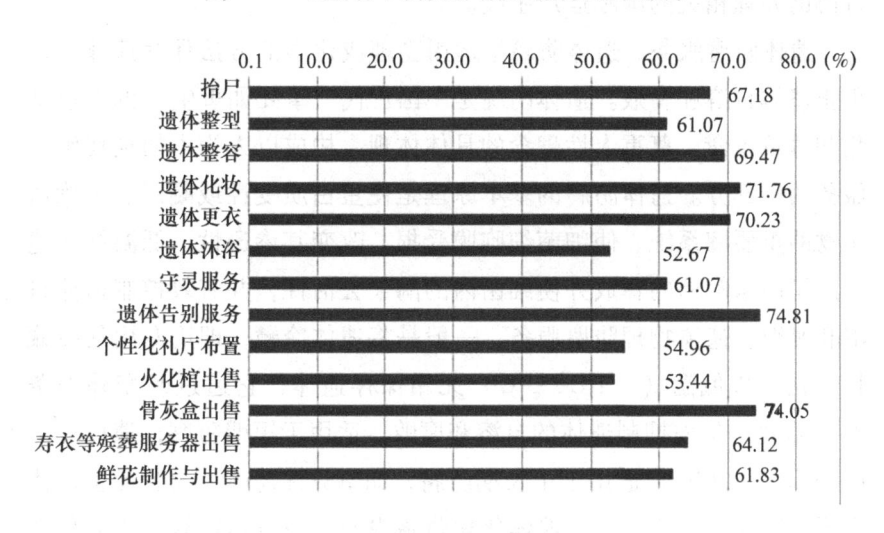

服务	百分比(%)
告别	37.14
守灵	25.17
遗体整容	22.86
清洗消毒	17.14

图5-2　调研样本殡仪馆提供的延伸殡仪服务项目

服务项目	百分比(%)
抬尸	67.18
遗体整型	61.07
遗体整容	69.47
遗体化妆	71.76
遗体更衣	70.23
遗体沐浴	52.67
守灵服务	61.07
遗体告别服务	74.81
个性化礼厅布置	54.96
火化棺出售	53.44
骨灰盒出售	**74**.05
寿衣等殡葬服务器出售	64.12
鲜花制作与出售	61.83

督机制，发动群众共同开展移风易俗活动；建立定期检查制度，认真总结规章制度的贯彻情况，及时表扬先进事迹，纠正错误行为等。

此外，一些专业的社会工作者和诸多社区志愿者也活动在基层一

61

线，为丧户提供心理抚慰以及相关殡仪服务。

3. 现代殡仪服务的主要项目

现代殡仪服务已经围绕"殡、葬、祭"活动发展成为"终、殡、葬、祭、传"五大版块、九类服务项目。

遗体接运服务。遗体接运服务指由遗体接运工负责遗体和灵柩的接运，包括为遗体更衣、入殓、接运等工作。遗体接运工需要掌握地理、交通和安全行车以及殡葬知识和技能，其服务规范主要包括接待咨询、遗体装殓、遗体运输等方面。正常遗体运输时，要遵循严格操作程序、保护遗体、行车安全、守时守约等基本规范。异地运尸服务还要对遗体进行防腐处理，并将遗体入殓到卫生棺中，以确保遗体运输过程中的安全、文明、卫生、环保。国际运尸服务是指遗体从中国运往国外或将中国籍的遗体从国外运返国内，国际运尸服务机构还负责协助办理相关的国际运尸手续。

遗体防腐服务。遗体防腐指运用物理或化学的方法保存遗体，以阻止遗体自溶和腐败。遗体防腐是中国古代"事死如事生"的孝道文化和尊重生命、尊重人性理念的具体体现，构成以人为本的现代殡仪服务的一部分。遗体防腐的基本原理是使蛋白质变性或凝固、干扰微生物的重要酶系统、使细菌细胞膜受损，改变其渗透性、低温抑制遗体组织内水解酶的释放并使细菌内的酶失去活性，并有效控制遗体自溶和腐败。遗体物理防腐服务，一般是将遗体冷藏，即用专用的冷藏柜（棺）以低温（-1℃—3℃）无霜保存遗体，它通过改变外部条件（温度）从而抑制遗体的自溶和腐败，适用于短期防腐；遗体冷冻（-5℃——20℃）适用于中长期防腐，如事故性遗体、无名无主遗体需要冷冻保存一段时间。遗体化学防腐服务，一般是依靠专用的化学药物与蛋白质发生交联反应，达到阻止遗体自溶和腐败的目的。遗体化学防腐主要包括遗体的表面防腐、注射防腐、灌注防腐、浸泡防腐和空腔防腐等。

遗体整容服务。遗体整容是对变形或破损的遗体进行修复的服务，包括修复创伤、整容化妆等。通过对遗体的外表进行修复修饰，使逝者遗体外形无明显破损、符合生前仪态，让逝者的尊严得到体现，同时也服务于逝者亲属，缓解其悲痛。

遗体守护服务。遗体守护服务又称"停灵守灵服务"，《礼记·问丧》记载了这一传统礼仪的内容和作用："三日而后殓者，以俟其生也；三日而不生，亦不生矣"和"孝子之心亦益衰矣；家室之计，衣服之具，亦可以成矣；亲戚之远者，亦可以至矣。是故圣人为之断决以三日为之礼制也"。灵堂可为家中房间、临时搭建的灵棚或殡仪服务设施的专用房间，灵堂内设悼念条幅、逝者遗像、供品、香、烛等。守灵是指停灵期间，逝者的晚辈在灵堂轮流守护逝者，接受奔丧者的吊唁。守灵是中国人治丧过程中充分体现孝道精神、待客礼节以及行礼如仪的殡葬文化习俗，一些殡仪服务机构专门设置遗体守护服务，有的还设有餐厅、宾馆等配套设施，方便了守灵丧户和吊唁亲友用餐休息，满足了现代治丧的需要。

遗体告别服务。遗体告别服务是现代殡仪服务的重要内容之一。以实行火葬为殡葬管理方针主要内容的殡葬改革首先在城市进行，特别是党政机关、企事业单位工作人员带头实行殡葬改革，为满足现代殡葬需求，由传统的较为繁杂的"出殡"仪式衍生为现代文明简约的遗体告别仪式，遗体告别服务应运而生。一是追悼会。这种为悼念逝者而召开会议的现代追悼仪式，是受毛泽东主席为纪念张思德同志而做的《为人民服务》的演讲之影响而形成的。追悼会场所布置庄严肃穆，活动一般包括"奏哀乐、致悼词、来宾发言、瞻仰遗体、安慰家人"等程序。殡仪服务机构围绕追悼会的召开而提供相关服务，成为殡仪馆、殡仪服务中心（站）以及医疗机构太平间等殡仪服务机构的重要服务内容。二是追思会。这种对故人追忆和思念的聚会形式源于基督教，又称"追思礼拜"。追思会举办地选择相对自由，大家在温馨的氛围中怀念逝者，可穿插诗歌朗诵、节目表演等怀念方式，追忆思念逝者生前的贡献和付出。殡仪服务机构在追思会策划方面，针对逝者的身份地位、事业成就、个性特征等，根据家人的需求，提供专业策划，让家属和至亲好友在精致的会场布置以及庄重温馨的环境中送别逝者或追忆故人。

殡仪代理服务。为了满足人们对殡葬服务的需求，殡仪服务代理机构应运而生，代理机构以代办人的名义，在其选择性殡仪服务范围内，受理丧事承办人委托的业务，所代理殡葬业务主要包括上门服务（提供项目咨询、洽商代理事项、签订服务合同、家庭灵堂布置）、代办服务（为委托人代办殡殓过程中各项手续、办理委托人委托的其他业务）、代购服务（代购与委托人合同约定的殡葬用品，代购与治丧行为有关以及所经营地域治丧习俗或民俗所需的外包服务或社会化服务）等。

临终关怀服务。临终关怀服务是现代殡仪服务的有效拓展。临终关怀是对生命临终病人及其家属的生活护理、医疗护理、心理护理、社会服务等全方位的关怀照顾。临终关怀的服务理念是充分尊重临终者的尊严和权利，以减轻临终者痛苦、消除死亡恐惧、满足临终者需求，提高生命质量为宗旨，注重临终病人家属的心理支持，让每一个临终者坦然、舒适、安详和有尊严地走完人生的最后旅程。临终关怀多由医生、护士、物理治疗师、营养师、心理师、社工、志愿者、宗教等人士组成对团队提供服务，服务形式包括居家照料、上门服务等。

悲伤辅导服务。悲伤辅导服务是指针对逝者亲属提供的心理辅导等服务，主要包括"过程支持"和"后续关怀"，过程支持即治丧过程中的心理及社会层面的服务；后续关怀即殡葬仪式结束后，针对逝者亲属的悲伤疏导服务。悲伤辅导的终极目标，是协助丧亲者处理与逝者之间因失落而引发的各种情绪困扰，并协助解决丧亲后的实际困难，协助建立新的人际关系，培养新的生活兴趣等，使居丧者认识到自己悲伤的原因、表现以及缓解方法，从自我的角度对悲伤加以解脱，顺利度过居丧期的悲伤状态，重新面对正常生活。

生前契约服务。"生前契约"是当事人生前就自己或亲人去世后如何开展殡葬礼仪服务，而与殡葬服务公司订立的合约。"生前契约"采用与保险业合作等方式，具有经济和服务的双重保障，服务范围包括临终关怀、接待服务、灵堂搭建、接运遗体、整容化妆、遗体告别、骨灰安置及法律咨询等相关后续服务，价格透明且可提前锁定。而且通过专业的礼仪服务团队，协助客户自主规划、设计与管理身后事，保证了生命的尊严和体面。

二　现代殡仪服务的发展现状

（一）现代殡仪服务的发展历程

1. 现代殡仪服务的萌芽

人类社会的殡葬方式受民族、地理条件、社会制度和经济发展水平等因素的制约。我国专门的殡葬礼仪早在奴隶社会后期就已出现，到了封建社会以后逐渐发展到顶峰。在中国历史上，几乎所有的朝代都对殡葬的形式、殡葬的礼仪有明确的规定，如唐代的《大唐开元礼》、宋代的《政和五礼新仪》、明代的《明集礼》、清朝的《大清通礼》等，这些当时的礼仪规定旨在通过对殡葬礼仪的规定，来达到强化阶级、等级和遵从等观念的目的。在当时，殡葬活动和生产活动一样，属于家族最重要的事宜之一，多以家庭为单位来办理。殡葬活动中的做花圈、丧服、安葬、祭奠等主要事项由家族成员承担，而选墓地、制棺木等则由其他乡里邻居协助。随着商品生产和交换活动的发展，我国历史上很早便形成了专门为丧户承办丧事、经营殡葬用品的棺材铺和依托于棺材铺的服务机构——"杠房"，这成为我国殡葬服务业的萌芽，"杠房"掌柜和受雇于"杠房"的"杠夫"是我国最初的殡葬服务人员。随着商品经济和工业革命的兴起，包括殡仪服务业在内的社会服务业有了长足的发展，西方各国出现了专门从事主持殡葬仪式、遗体防腐整容、遗体埋葬以及墓地看护等专职人员。

2. 现代殡仪服务的形成

我国现代殡仪服务是受西方殡葬服务社会化模式的影响，随着现代化进程而逐步兴起的，是东西方文化交流的产物。1840年鸦片战争以后，西方列强涌入中国，随着国际交往和贸易往来的增多，西方的文化、习俗、生活方式等开始传入中国，殡葬文化也随之传播。他们在上海、天津、广州等地开设了通商口岸，在租界内开办殡仪馆、火葬场和公墓等专门机构，在为外国在华人员（西方人一般无死后归葬故乡之俗）服务的同时，也为中国人办理丧事提供服务。1925年，美国人韦伦斯在上海租界工部局开办的静安寺公墓内，安装了上海第一台以煤气为燃料的火葬炉，成为中国第一处现代意义上的火葬场。随着西方殡葬形式的进入，西方的葬法、丧仪也逐渐影响到中国传统的殡葬礼仪。1931年，南昌人陶醒予以恢复中华传统礼仪为号召创办了殡仪馆，成为中国现代殡仪服务的发端。但就全国而言，在新中国成立之前，殡仪服务的主流仍以家族承办为主。

3. 现代殡仪服务的发展

新中国成立之后，党和政府高度重视人民群众的丧俗事业，将殡仪服务纳入殡葬改革，积极倡导丧事简办和建立新的丧俗方式。

一是殡葬改革初始期"政府包揽"的殡仪服务。新中国成立初期，为解决土地紧缺、粮食供应紧张等问题并配合农业合作化运动，1956年4月27日，毛泽东主席在《倡议实行火葬》上带头签名，揭开了我国以火葬为主要内容的殡葬改革序幕，从葬法上由土葬改变为火葬，从礼仪上一改过去繁文缛节、大操大办的形式，政府提倡到火葬场举行简单的仪式。20世纪60年代中期，随着推行火葬运动的开展，各地民政部门接管了殡仪馆和公墓，接收和改革了旧式"杠业"，并在大中城市逐步建立殡仪机构，同时积极推行新的殡葬礼仪，如追悼会等。"文化大革命"期间，原有的公墓被当作"四旧"破除，火葬场和骨灰堂仍为人们提供节俭的殡葬服务。到20世纪80年代初期，我国殡葬服务体系初步建立，包括殡仪馆、殡葬服务中心（站）、公墓、骨灰存放设施和红白理事会等服务主体，在各地开展了丰富多样的殡仪服务活动，有效地推动了殡仪服务的开展。与此同时，各地殡葬事业单位由单纯的行政管理型逐步向经营服务型或公益服务型过渡，涌现出一批建筑宾馆化、环境园林化、设施现代化、管理规范化、服务优质化的殡仪服务机构。

二是殡葬改革过渡期"承包经营"的殡仪服务。改革开放后,党和政府加大了殡葬改革力度,并在殡葬事业单位承包经营和等级殡仪馆建设方面出台了一系列政策,推动了殡仪馆的建设和发展。20世纪80年代中期,多数火葬场承担了火葬、殡仪等综合服务的业务并更名为"殡仪馆"。许多殡仪馆通过迁建、改建和扩建,极大地改善了硬件设施,服务水平明显提高。20世纪90年代末,由民政部门举办的公墓和殡仪馆等服务机构尝试企业化管理模式,实行经营承包责任制,在提高殡葬服务质量的同时,基本改变了亏损状况。随着社会资本逐渐进入殡葬行业,殡葬服务市场初步形成了经营主体多元化的格局。

三是殡葬改革发展期"公益殡葬"的殡仪服务。1985年,国务院颁布了《国务院关于殡葬管理的暂行规定》,对公墓进行了公益性与经营性的划分,并将农村村民作为殡葬活动中的特定扶助对象,为其提供免费的遗体或骨灰安葬服务。20世纪90年代以来,随着我国社会保险制度的建立和殡葬改革、惠民殡葬政策的实施,城乡居民基本殡葬服务逐步实现了由政府补助向政府买单转变,人民群众殡葬公共服务均等化水平大大提升,作为基本殡葬公共服务内容的遗体接运、暂存、火化、骨灰存放、生态安葬等殡仪服务实现了特定群众免费或定额减免。同时,随着殡葬服务市场的放开,一些工商登记的殡葬服务机构以营利为目的向社会提供一系列选择性殡仪服务,成为基本殡葬公共服务的有益补充,使部分群众的特殊服务需求得到较好满足。

(二)现代殡仪服务发展面临的突出问题

跟其他行业相比,现代殡葬业仍是一个处于发展初期的行业,殡葬服务体系还很不健全和完善。

1. 事业经费投入不足,殡仪服务的硬件支撑较为薄弱

截至2018年年底,我国各类殡葬服务机构共计4043个(其中殡仪馆1730个,殡葬管理机构946个,民政部门管理的公墓1367个),年火化遗体501.7万具,年均死亡人口在993万人,与同时

期总人口和年死亡人口远低于我国的美国、澳大利亚、日本等国家相比，我国人均殡葬服务设施、骨灰存放设施明显偏低，总量明显不足（见表5-1）。同时，我国公建公营的殡葬服务机构占近70%，其中超过四成为自收自支单位，财政差额拨款事业单位不到三成。另据随机抽样的123家殡仪馆的调查显示，仅有34.15%的殡仪馆能够盈利，46.34%的殡仪馆收支平衡，仍有19.51%的殡仪馆处于亏损状态，东部经济发达地区的殡仪馆处于盈利和收支平衡的状态，而中西部的殡仪馆亏损的较多。殡葬事业单位主要通过自我积累实现自我发展和提供公共服务，导致殡葬基础设施薄弱，严重制约殡仪服务发展。

表5-1　　　　　　2018年度不同国家殡葬设施对比表

设施 国家 （地区）	人口状况		殡仪馆+火葬场		公墓+骨灰存放设施	
	总量 （百万）	年死亡量 （万人）	总量 （家）	平均 （家/百万人）	总量 （家）	平均 （家/百万人）
美国	315.0	250.00	20900	66.0	23000	73.0
澳大利亚	23.0	15.00	800	35.0	1300	58.0
日本	126.0	130.00	7338	58.0	11550	91.0
中国大陆	1395.4	993.47	2839	2.0	14817	10.6

2. 殡仪服务水平不高，经营行为尚需规范

据民政部社会事务司不完全统计，截至2015年年底，全国共有殡仪服务站833家，其中殡仪馆附属网点235个、非殡仪馆附属网点598个。在所有制性质方面，事业单位343家，占我国殡仪服务站总数的41.2%；企业218家，占比26.2%；民办非企业210家，占比25.2%；街道代管、公办非事业、个体户等62家，占比7.4%。从经营方式看，公建民营112个，占比13.4%；公建公营430个，占比51.6%，民建民营248个，占比29.8%，其他混合所有制43个，占比5.2%。改革开放以来，我国殡仪服务单位取得了显著发展，但重

资产型的管理模式,固定资产投资过高,造成殡葬机构能耗高、运营成本高和经济效益低,部分殡葬事业单位服务项目单一,服务手段粗糙、服务质量不高。市场利益驱动下,一些营利性殡葬机构的服务不够规范,扰乱了本不够发达的殡葬服务市场,极大地侵害了消费者的合法权益,也严重影响了殡葬服务市场的健康发展。

3. 从业人员素质偏低,服务质量有待提高

随着经济社会的发展,殡仪从业人员整体素质有了明显提高,随机抽样调查的123家殡仪馆中,中专以上文化程度的占比86.12%,但殡葬从业人员普遍年龄偏大、文化层次不高、专业技能不足等问题依然存在,有三成从业人员未参加殡葬职工技能评定,初级和中级从业人员合计占五成。殡葬行业从业人员整体素质还不高,严重影响了殡仪服务水平的提升。

三 现代殡仪服务的发展路径

(一) 现代殡仪服务的发展方向

殡仪服务的发展应当树立"以人为本"的理念,以规范的资质(得到政府有关部门批准)、规范的合同(殡葬消费者权益得到保障)、规范的服务(优质的服务,优惠的价格)满足群众治丧服务的需要。

1. 树立生态化理念

要将生态理念融入现代殡仪服务,引导殡葬服务机构把"生态化"作为首要目标,将传统的"一条龙"殡葬服务转化为"生态惠民一站式"殡葬服务,不断改进殡殓、告别、祭祀等服务方式。要将生态理念贯穿于现代殡仪服务的全过程,在服务源头上将殡仪服务的"终、殡、葬、祭、传"等全过程所采用的材料用品都坚持"生态化";在服务过程上将"生态化"标准贯穿于殡仪服务的全过程,使每项服务都做到低能耗、低污染、低排放;在服务末端上减少一次性产品使用,加强服务产品的循环利用,对遗体处理产生的废水和逝者遗物等,经净化处理达到环保标准,并以低廉的价格引导低资源消

费。要坚持以生态理念提升现代殡仪服务品质，大力开发富含文化内涵的生态业务，创设"人文、情感、生态"殡葬，设计个性化告别、安葬和祭祀礼仪，增加情感化和个性化体验；以创意殡葬用品来改良或取代传统用品；引导殡仪服务走"人性化""情感化"道路，关注逝者和生者的感情联系与文化传承。

2. 提升规范化水平

要引导殡仪服务机构向社会提供服务规范、各方利益均受保护和尊重、具有丰富民族文化特色的殡仪服务项目。从服务价格、服务手段、服务过程、服务监督等各方面着手，真正让社会了解殡葬、理解殡葬，从而尊重殡葬服务业及服务业者。殡仪服务单位对服务内容、服务标准、服务程序和服务时限向社会进行公开承诺，自觉接受广大消费者的监督。加强服务监管，通过"服务过程全跟踪""服务质量全监督""服务场所全开放""服务价格全透明"等一系列监管制度设计与实施，有效推进殡仪服务的规范化。

3. 打造人性化服务

现代殡仪服务要把体现"人的尊严"作为最高准则，殡仪服务的人性化就是要为所有殡葬服务对象尽可能地提供其所需的一切服务，包括生理、心理、安全及精神等方面，尤其要增强逝者亲友的温馨感、亲情感和家庭感，使他们尽快从丧事造成的悲痛或其他不适情绪中摆脱出来。更加注重服务导向和客户利益，强调人的价值、人的尊严和人格的完整，从服务设施、服务流程、服务人员等方面进行改善，大力推动殡仪服务向生者为中心转变，将殡仪服务作为揭示生命本质、增强生命教育、提升生命关爱共识的社会公益事业。

（二）现代殡仪服务的创新发展

殡葬是民生大事，实现"逝有所安"是与广大人民群众、千家万户密切联系的重大民生问题。因而，要明确政府职责，强化殡葬服务民生保障功能，让殡葬不再成为群众的操心事、烦心事，真正做到让逝者安息、生者安心。

1. 明确现代殡仪服务的公益属性

公益性指的是公共部门的服务不以营利为目的，而是让全体居民享有普遍可及性和普遍可负担性的公共服务。现阶段，作为基本公共服务的重要内容之一，我国殡葬服务中已有部分内容进入国家基本公共服务目录清单，但是，满足人民群众告别逝者基本需求的殡仪服务尚未纳入基本公共服务，这部分需求很大一部分是由市场主体提供、丧者家属自费承担。因此，需要进一步明确殡仪服务的公益属性，按照2018年民政部等16个部门印发的《关于进一步推动殡葬改革促进殡葬事业发展的指导意见》要求，坚持"公平可及，群众受益"的基本原则，研究将基本殡仪服务纳入基本殡葬服务制度，确保殡仪服务的公益性，让人民群众成为殡葬改革的最大受益者。

2. 科学界定不同类型的殡仪服务

按照殡葬服务双重属性的要求，根据殡葬服务的构成内容，对殡仪服务的属性进行细化，分解为基本殡仪服务和选择性殡仪服务两大类。基本殡仪服务主要是围绕遗体接运、存放、火化、骨灰寄存等环节提供的服务；选择性殡仪服务是指在基本殡葬需求以外，可由城乡居民自主选择的特殊服务，包括遗体整容、遗体防腐、吊唁设施及设备租赁等。基本殡仪服务的供给，要充分发挥政府设立的各类公办殡葬服务机构的主导作用；选择性殡仪服务则要在确保项目收费与当地生活水平相适应的前提下，注重发挥市场调节作用，支持社会力量通过依法经营，建立规范殡葬服务市场供给机制。通过公益性兜底、选择性服务满足高端和多层次多样化需求，形成殡葬服务多层次供给格局。

3. 强化殡仪服务价格调控

现阶段公办殡葬服务机构提供的殡仪服务主要采取政府定价机制，选择性殡仪服务方面主要是政府指导价、市场调节价。目前，由于缺乏科学的成本测定和定价监管机制，殡仪服务市场定价比较混乱。要坚持以公益性殡葬服务机构为载体，全面落实惠民殡葬政策，保障公众的基本殡葬权益，推动实现基本殡葬服务全民可负担。要发挥基本殡葬服务在平抑殡仪服务市场价格中的基础性功能，通过落实政府定价、政府指导价，保障同类产品和项目的服务价格低于行业平均水平，抑制殡仪服务市场中的不合理价格。要加强对选择性殡仪服务定价的管理，制定价格指引，引导群众理性合法地选择市场化殡仪服务。

4. 将殡仪服务融入基层社会治理

我国传统殡葬文化中蕴含不少积极因素，要发掘传统殡葬中敬亲奉养、侍疾善终的孝道文化，尊重逝者、慰藉生者、着眼未来的生命文化，亲友共情、邻里互助、抚弱恤孤的互助文化，并将其融入基层社会治理，推动实现现代殡葬文化与基层社会治理互融互动。探索创设庄重简约、具有教育洗礼作用的现代追悼会、追思会等殡葬仪式；在城市可将公墓建成集祭奠、游览、休闲为一体的人文纪念公园，并可设立墓园公祭日，举行个性化社区（或公园）公祭活动，发挥其教育功能。在农村可借鉴传统祠堂文化，将乡村骨灰堂建成乡村祭祀、文化教育和村民活动交流场所，充分发挥其社会凝聚、人心教化等的独特作用，在促进基层社会治理中提升殡仪服务影响力。

（三）现代殡仪服务的综合治理

殡仪服务是一项社会公益事业，在市场经济条件下也是一项事关民生的社会服务业。在新的时代条件下，提升殡仪服务的质量和水平，既应当不断完善基本殡仪服务供给机制，健全殡仪服务监管体系，也应当加快培育一批专业化的服务供给主体，全面提升殡仪服务供给水平。

1. 完善殡葬监管体系，提升殡仪服务水平

构建适合社会发展的殡葬市场运营和监管体系，在实行殡葬服务经营许可制度，加强殡葬服务市场源头治理的基础上，建立健全殡葬监管体系。把适当降低准入门槛与加强事中事后监管相结合，有效遏制包括殡仪服务在内的殡葬服务领域中种种违规现象和损害公众利益的事件，维护好殡仪服务市场秩序和消费者合法权益。

转变监管职能，强化分类指导。政府部门对殡葬市场的监管职能应尽快实现两个转变和一个衔接：从主管型向监管型转变，从行政本位向市场取向转变，实现市场监管与公共服务的有效衔接。对殡葬服务机构按不同所有制形式实行分类指导：对公办殡葬服务机构，将遗体接运、火化、骨灰寄存服务划入公益板块，实行公共服务的公益化管理，政府采取购买服务的方式给予政策支持和资金补贴；将选择性殡仪服务划入经营板块，实行企业化管理，服务价格由市场调节。

强化部门协作，实施综合监管。理顺殡葬行政管理组织体系，各级民政部门和其他行政管理机构加强协调配合，共同履行行政管理职责。通过价格监管、准入监管、许可监管、社会舆论监管等多种方式，进一步规范殡葬服务经营者的经营行为和公民的殡葬行为，加大对消费欺诈、"搭便车"收费、强制性消费等殡仪服务不良现象的重点整治，营造良好的殡葬服务市场秩序。

发动社会力量，引导公众参与。畅通社会参与监督的渠道，引导和保护公众参与的积极性；逐步将政府所承担的技术性、服务性、协调性工作交给社会中介组织、社会公共服务组织和基层自治组织承担，实现殡葬市场监管职能合理分化。发挥新闻舆论的监督作用，创新新闻舆论参与殡葬市场监管的方式，充分调动社会参与殡葬市场监管的积极性。

2. 培育服务供给主体，创新服务供给方式

2017年国务院《"十三五"推进基本公共服务均等化规划》提出，创新服务供给要"紧扣增进民生福祉，加快推进社会事业改革，吸引社会力量参与，扩大基本公共服务有效供给，提高服务质量和水平"。作为基本公共服务的重要内容，现代殡仪服务管理应在供给主体多元化和供给方式多样化上加大改革力度。

深化公办殡葬服务机构改革。公办殡葬服务机构是提供基本殡仪服务的主力军，关系到殡葬公共服务的公益属性。必须进一步推动政府职能转变和殡葬事业单位改革，明确公办殡葬服务单位的基本职能和公共服务的边界，通过改革财政经费保障机制，完善收支"两条

线"管理，推动"去行政化"和"去营利化"，强化其提供基本公共服务的公益属性。要根据"放管服"改革要求，加强对现有殡葬服务机构的指导和规范管理，尤其要界定哪些殡仪服务属于政府应当提供的基本公共服务，哪些服务属于应丧属需要而提供的选择性服务，并根据选择性服务对公共资源的占用状况，强化价格杠杆的调节作用，充分发挥公办殡葬服务机构引导群众丧事简办方面的作用。

规范培育多元化供给主体。殡葬公共服务供给主体多元化，必须在破除政府对殡葬服务行政垄断的前提下，积极引入社会力量、发挥其参与公共服务供给的积极性和优势，撬动社会资源，建立公共服务多元主体供给的新格局。鼓励有条件的地方采取招标等方式确定举办或运营主体，确保殡葬公共服务领域中民办机构与同行业公办机构平等地参与服务提供、享有政策补贴、税收抵免等待遇。要在政府统筹推动的基础上，培育发展殡葬领域各类公益性社会组织，充分发挥各类社会组织、红白理事会等组织的协同作用，增强社会对殡葬事务自我管理、自我服务、自我监督的功能。

推动供给方式多样化。创新殡葬公共服务供给方式，多种途径满足多元化殡葬公共服务需求，有效缓减可负担、高质量殡仪服务供给不足的局面。要根据公益性基本服务与市场化选择服务的不同特点，构建多元化服务供给机制，基本殡葬服务由政府负责保障供给，并保障所有公民在需要时能够获得项目统一、标准一致、水平均等的基本殡葬服务；选择性殡葬服务可由市场主体按照价值规律提供。能由政府购买服务提供的，政府不再直接承办，交由具备条件、信誉良好的事业单位、企业和社会组织承担。推进公办殡葬服务机构经营机制改革，通过公开招标、BOT等多种方式，与信用良好的社会资本建立合作伙伴关系，为公办殡葬服务机构注入发展活力，提高殡葬公共服务效率。要运用市场经济规律，逐步扩大殡葬服务市场开放度，允许部分营利性机构和社会组织以多种方式参与殡葬服务市场供给。

3. 健全价格管理体系，规范殡仪服务收费

健全殡仪服务价格管理体系，实行价格公示制度，规范服务收费

行为，是保障人民群众合法权益，解决制约殡仪服务管理瓶颈问题的客观要求。当前，健全殡仪服务价格管理体系的基本路径，重点在于实行基本殡仪服务政府定价、选择性殡仪服务政府指导价和特殊殡仪服务市场价，同时要建立殡仪服务价格动态调整机制。在价格制定上，殡葬作为一项基本需求应当充分考虑公众的价格接受能力，制定比较低廉的价格；在价格变动上，物价部门制定的指导性价格要建立与物价水平相挂钩的机制，市场定价也应当有明确的成本控制和公开机制；对于基本殡葬服务定价，应当通过市场调研、听证会等形式充分了解民意，通过合法程序做出决定；在价格监督上，建立良好的监督和反馈制度，严厉打击各类违法暴利行为。

第六章 安葬祭祀服务的发展演变

殡葬活动是人类社会最重要的活动之一，是人类安置逝者遗体的一系列程序、仪式的文明记忆活动及情感表达活动，从流程上看通常包含殡仪、安葬和祭祀三大部分。殡仪是指从个体死亡到安葬这一过程中的程序和仪式；安葬是指将遗体或遗体转化形式（骨灰）放置在一定的空间；祭祀是指人们对亡者纪念或记忆的方式。①

安葬是殡葬过程的中间环节，也是殡葬活动最重要的环节，其内容包括葬法和葬礼两个方面。葬法主要是指死者遗体的处理方式。中国文化历史悠久，民族众多，在长达几千年的历史中，形成了土葬、火葬、天葬、水葬、悬棺葬等众多的葬式葬法。一些葬法虽然已经随着时代的发展而消失，而有一些葬法至今依然被民众认同，在现实生活中有较大影响。葬礼在《辞海》中被解释为殡葬的礼仪，主要指安葬过程所展现的一系列礼仪或礼节，赋予安葬活动一定的文化意义和价值诉求。广义的葬礼不仅仅包括安葬过程中的礼仪，而且还包括殡仪礼仪和祭祀礼仪。不同的葬礼、葬法与不同的葬俗有密切关系，某一特定的葬礼、葬法总是体现着某一民族特定的葬俗特点。

中国传统社会非常注重安葬活动及其所体现的价值意义。在传统文化中，孝道是最重要的伦理价值之一，而安葬活动又是孝道的重要载体。"父母亡，子女葬"是中华民族的优良传统，也是作为子女应

---

① 民政部一零一研究所：《中国殡葬事业发展报告（2012—2013）》，社会科学文献出版社2013年版，第185—187页。

尽的孝道。《论语》中曾经记载孔子对于孝的理解,"生,事之以礼,死,葬之以礼,祭之以礼",把安葬和祭祀作为孝的重要体现。儒家经典《孝经》专门讨论"丧亲",提出子女对待父母不仅要"生事爱敬",还要"死事哀戚",只有这样才能"生民之本尽矣,死生之义备矣,孝子之事亲终矣"。

在现代社会,安葬祭祀服务是满足丧属告别逝者、缅怀逝者等一系列需求的过程,而且安葬祭祀需求已经成为社会的一项基本需求,安葬服务祭祀成为一项重要的公共服务。有学者指出,生命权是人权的基本内容,死亡权又是生命权的重要内容,因此与死亡相关的殡葬服务也成为一项重要的公益服务,殡葬服务制度则成为老年福利制度体系不可或缺的重要一环。[1]

总体来看,在传统社会,人们的安葬祭祀需求是通过社会领域的血缘组织、姻亲组织、村庄共同体"自我实现"的,政府和市场参与相对较少。在传统农业社会,墓地如何选择,死者如何安葬,丧礼如何实践,葬后如何祭祀,都有一套约定俗成的礼节和习俗,人们依据传统的习俗,借助于亲友互助以及村庄"熟人"的帮助,满足了丧属的安葬祭祀需求。正如费孝通所言,传统社会是乡土社会、熟人社会,"乡土社会秩序的维持,有很多方面和现代社会秩序的维持是不同的""乡土社会是'礼治'的社会"[2]。传统社会的丧葬活动正是如此,是靠传统的习俗和村庄共同体、血缘组织、姻亲组织实现的。

新中国殡葬改革实施之后,安葬祭祀服务开始发生变化。原来的土葬开始逐渐演变为火葬,伴随着遗体处理方式的变革,安葬骨灰的公墓开始出现,特别是在城市,经营性公墓越来越多,公墓安葬成为城市居民安葬服务的一种重要形式。然而,随着城镇化快速推进以及老龄化社会的到来,人民群众对安葬祭祀服务的需求更高。同时,随

---

[1] 郭林:《从"死无所葬"到"葬有所安":四维特性视域下中国殡葬服务制度的改革路径研究》,《浙江大学学报》(人文社会科学版) 2013 年第 5 期。
[2] 费孝通:《乡土中国 剩余制度》,北京大学出版社 1998 年版,第 49 页。

着越来越强调殡葬的公益性以及殡葬服务的绿色理念、可持续理念，安葬祭祀服务如何在基本公共服务的框架下实现发展、更好地满足社会对于"逝有所安"的需要仍面临不少新的挑战。

一　安葬服务变革

（一）1949—1978 年安葬服务变革

葬法变革是伴随着殡葬改革的推行而出现的。从新中国成立到改革开放之初的 20 世纪 80 年代，是我国安葬服务变革的起步阶段。1952 年，原内务部提出了"墓葬改革"，改革内容包括迁毁私乱坟墓，建立公墓和火葬场，这是新中国成立之后最早开始的殡葬改革。[①] 1956 年，毛泽东等老一辈革命家发起了"关于实行火葬的倡议"，以节约耕地和木材。倡导"在国家机关的领导工作人员中，根据自己的意愿，在自己死了以后实行火葬"[②]。

1961 年，原内务部对殡葬改革进行部署，包括有步骤地在各类城市建立火葬场、推行火葬，建立公墓，节俭办丧事等。1965 年、1966 年，原内务部发文重申了 1961 年的殡葬改革精神，并对火葬场选址、建设标准、设备等进行了规划。[③] 1965 年 7 月，国务院颁布了《关于殡葬改革的工作意见》，对改革旧丧葬习俗提出了具体要求：公墓要统一规划管理，尽可能设在荒山瘠地；墓穴面积应尽量缩小，一般不做坟墓工程，以增加穴数提高墓地利用率；对年久的旧坟，经过证明无主，可以平掉再利用；墓地尽可能种植林木果树。[④] 1966 年，

[①]　《瞭望东方周刊》：《殡葬改革 50 年后临尴尬："从简"为目标却被指"暴利"》，http://news.china.com.cn/txt/2008-04/07/content_14471797.htm。

[②]　《毛泽东与殡葬改革》，民政部网站，http://www.mca.gov.cn/article/wh/whbq/lsqm/zgbzs/201903/20190300015955.shtml。

[③]　《瞭望东方周刊》：《殡葬改革 50 年后临尴尬："从简"为目标却被指"暴利"》，http://news.china.com.cn/txt/2008-04/07/content_14471797.htm。

[④]　《毛泽东与殡葬改革》，民政部网站，http://www.mca.gov.cn/article/wh/whbq/lsqm/zgbzs/201903/20190300015955.shtml。

原内务部印发了民政司《关于火葬场建筑及设备问题的座谈纪要》的通知,该通知明确指出,火葬场的建设要尽量利用荒山劣地或公墓墓地,少征用或不征用耕地良田。同时指出,"骨灰寄存室不要一下子建筑过多,能供三、五年使用即可"①。

火葬的实施,使得原来的土葬遗体转变为火化遗体,随之遗体的处理方式也从传统的安葬遗体转变为安葬骨灰,同时,安葬形式也发生了变化,传统的安葬形式是土葬,推行丧葬改革后,除了土葬骨灰或者把骨灰安葬在公墓之外,还可以把骨灰寄存在殡仪馆、骨灰堂等。为了配合殡葬改革,各地建立了一批安葬骨灰的公墓或者在殡仪馆中设立骨灰存放设施。殡葬改革的推进对葬礼也产生了深刻影响,如1959年上海出现了"五以五代"为内容的丧礼改革:以火葬代替土葬,以鲜花、蜡果代替烧纸点烛,以黑纱黄花代替披麻戴孝,以追悼会代替旧仪式,以默哀、鞠躬代替磕头跪拜。②

(二) 1978—1997年安葬服务变革

我国殡葬改革与改革开放的进程相同步,其中从1978年至1997年《殡葬管理条例》(国务院令第225号)的出台是我国殡葬改革重新开启、进一步推行火化和简化丧事改革的重要推进阶段。1978年中共中央66号文件重申:"要积极推行火葬,加强殡葬改革的宣传教育。"1981年12月,第一次全国殡葬工作会议明确了殡葬改革的方针:"坚决依靠群众,积极推行火葬,改革土葬,破除旧的丧葬习俗,要节俭办丧事,建设社会主义精神文明。"③ 1982年国务院批转了民政部《关于进一步加强殡葬改革工作的报告》,指出到1982年已有85%以上的城市、30%以上的县推行了火葬。在开展火葬的地区,城市的火化率达到了80%左右,县以下农村地区平均达到30%,"火葬

---

① 正保法律教育网:http://zhangfuheng.chinalawedu.com/falvfagui/fg22598/32725.shtml。
② 朱金龙:《与祖国一同进步的殡葬业》;https://www.docin.com/p-1435094236.html。
③ 徐明堂:《继往开来造福社会——历次全国殡葬工作会议回顾》,《中国民政》2014年第4期。

这一最科学、最卫生、最经济的方法处理尸体，在相当一部分地区正在成为人们自觉的新的习俗"①。在殡葬改革取得初步成效的基础上，1985年国务院颁布了我国首个殡葬行政法规——《国务院关于殡葬管理的暂行规定》，提出了要坚持"积极地、有步骤地推行火葬、改革土葬，破除封建迷信的丧葬习俗，提倡节俭、文明办丧事"的方针；民政部制定了配套实施办法，强调"所有殡葬事业单位都要根据国务院的规定，从有利于殡葬改革和方便群众出发，扩大服务项目，改善工作条件，提高服务质量"。

安葬变革不仅仅体现在推行丧葬改革的火化区域，而且还体现在没有建立火葬场或不适宜实行火葬的土葬地区，1982年民政部"关于进一步加强殡葬改革工作报告的通知"要求，确实没有实行火葬条件的地区，包括没有火葬场的县、市，少数离场路程较远、交通不便的山区、海岛、河泽等地方，"可以土葬，但要统一规划，不准乱埋乱葬"，在"生产队集体耕种的土地、社员承包的耕地和分配给社员的自留地，不准随便葬坟"，在没有建立火葬场或不适宜实行火葬的地区，应"以自然村为单位，或在一个公社范围内规划几处集体公墓"，公墓选址"要尽可能设在荒山瘠地，并植树绿化""在耕地很少或平原地区，要教育群众实行平地深埋，不留坟头"。

在这一时期，由于持续推进丧葬改革，火化率不断提高，骨灰安葬的需求不断增加。为了规范和加强公墓管理，1988年民政部印发了《关于加强公墓管理的报告》，不仅提出了公墓的两种类型——经营性公墓和公益性公墓，1992年民政部出台了《公墓管理暂行办法》，明确了公墓是为城乡居民提供安葬骨灰和遗体的公共设施；《关于加强公墓管理的报告》对于公墓的类型、修建公墓的批准权限、占地面积以及墓地绿化等做出了具体规定。1989年，在民政部印发的《关于当前我国殡葬改革工作的报告》的通知中，对于公墓的建设又做出了

---

① 参见《国务院批转民政部〈关于进一步加强殡葬改革工作的报告〉的通知》，https://www.pkulaw.com/chl/98d3237d6a391527bdfb.html。

进一步的规定，"在划定的土葬改革区，要全面规划，以村或乡为单位建立公益性公墓，县城和有条件的镇可根据实际需要兴建经营性公墓"，"所有公墓都应利用荒山瘠地，并植树绿化"。

根据民政部有关公墓建设的指导意见，一些地方在安葬服务方面做出了积极探索。如1989年江苏省出台公墓管理办法。在总结地方公墓建设经验的基础上，1992年民政部发布《公墓管理暂行办法》，提出要有计划地建立公墓，"在火葬区，要提倡骨灰深埋、撒放等一次性处理，也可经批准有计划地建立骨灰公墓"，"在土葬改革区，应有计划地建立遗体公墓或骨灰公墓"。《公墓管理暂行办法》延续了公墓的两种类型——公益性公墓和经营性公墓，进一步明确了公墓的性质、建设审批、管理等问题。此次发布的《公墓管理暂行办法》确立了城乡之间公墓发展的"双轨制"：农村以公益性公墓为主，城市以经营性公墓为主，经营性公墓实行有偿服务，属于第三产业，采取市场化的方式满足城镇居民的安葬需求。

由于城乡居民对安葬骨灰的需求显著增加，一些部门在利益驱使下未经主管部门审批，擅自兴办经营性公墓。为规范公墓发展，针对安葬服务，特别是经营性公墓发展中存在的种种乱象，民政部及相关部门多次发文清理整顿。1989年民政部、公安部、国家工商行政管理局、国务院宗教事务局发布《关于制止丧葬中的封建迷信活动的通知》；1990年民政部、国家土地管理局发布《关于制止丧葬滥占土地私建坟墓的通知》；1991年中共中央发布《关于党和国家高级干部逝世后丧事改革的通知》；1992年民政部发布《关于兴建中外合资公墓有关问题的通知》；1993年民政部发布《关于当前兴办经营性公墓中值得注意的问题的通知》；1995年民政部、国家计划委员会、对外经贸经济合作部发布《关于严格控制吸收外资兴建殡葬服务设施的通知》；1995年民政部、国家土地管理局发布《关于清理整顿非法经营性公墓的通知》，民政部发布《关于加强清明节文明祭祀管理工作的通知》《关于中外合资公墓的兴建和管理有关问题的通知》。通过发布一系列文件和开展清理整顿工作，"建公墓热"的问题在一些地方得到有效遏制，保证了公墓的健康发展。据民政部统计，1985年民政部门管理的公墓仅有24个，1988年增加到37个，1992年增加到88家，到1997年公墓数量已经达到359家。公墓的快速发展有力地促进了安葬服务的发展，使安葬骨灰成为火化区的普遍做法，同时许多地方在丧葬习俗方面积极提倡简朴、节约办丧事，推动过去重殓厚葬和封建迷信的陈规陋习逐步被新的风尚所代替。[①]

总体来看，从1978年到1997年《殡葬管理条例》颁布实施，这20年是安葬管理服务不断走向规范的重要阶段，国家出台了一系列关于公墓建设的法规文件，提出了公墓的两种类型，制定了公墓建设的审批程序并针对公墓建设中的问题开展了清理整顿，从而推动了公墓的快速发展，也带动了安葬服务向文明化方向不断改进。

（三）1997—2017年安葬服务变革

从1997年国务院颁布新修订的《殡葬管理条例》，到2017年党的十九大召开，这20年我国殡葬改革迈入新的发展阶段，以公墓为重要载体的安葬服务也出现了一些新的理念和趋势。

1. 公墓建设管理持续加强

1992年民政部颁布《公墓管理暂行办法》之后，全国公墓建设快速发展。特别是1997年第三次全国殡葬改革工作会议召开以后，公墓数量显著增加。然而，随着公墓的快速发展，公墓建设中出现了一些问题。如部分经营性公墓未经许可或许可手续不全擅自乱建；部分农村公益性墓地违规经营，出售墓穴；一些公墓建造、销售超标准墓穴，违规销售墓穴或骨灰存放格位遗留问题还没有妥善解决等。民政部部长多吉才让在第三次全国殡葬工作会议上曾指出："在改革开放和发展社会主义市场经济的条件下，一些实行火葬的地区出现了乱批乱建公墓的现象，且有蔓延之势，浪费了土地，同时也影响了社会

[①] 参见《国务院批转民政部〈关于进一步加强殡葬改革工作的报告〉的通知》，https://www.pkulaw.com/chl/98d3237d6a391527bdfb.html。

主义精神文明建设。"① 有的部门、单位和个人无视国家对公墓管理的规定,乱批乱建公墓,浪费了土地资源,破坏了生态环境,同时引发出大量的封建迷信活动,滋长了丧事大操大办的陈规陋习;有的公墓单位为牟取暴利,把骨灰存放格位混同一般产品,以增值为诱饵,欺骗群众竞相购买,大肆进行传销和炒买炒卖等不正当营销活动,损害了群众的利益,引发出一些不安定因素。②

一些经营性塔陵在建设中也出现了一些问题。如某些地方兴建塔陵规划布局不尽合理,审批把关不严,疏于管理;一些塔陵经营单位在经营中严重违反有关规定,搞虚假广告、违规销售、非法传销,致使众多客户盲目购买;少数塔陵经营者甚至搞不法经营,利用短时期内获得的巨额预售款,搞虚假出资,大肆挥霍,非法抽逃、拆借、侵占、挪用塔陵建设资金,使得有些塔陵工程一度停工,建设迟缓,广大客户利益受到不同程度损害,部分客户上访集访不断,严重干扰了党政机关正常的办公秩序。③

在公墓发展过程中,一些地方因违规销售公墓穴位、骨灰存放格位,引发群众大规模上访事件。根据民政部对外披露,"继江苏、广东、四川出现这种情况之后""河北也发生同样问题,不满群众连续大规模聚集民政部和北京其他党政机关上访"④。"河北省三河市灵泉灵塔公墓委托的机构违规销售公墓骨灰格位,干扰了市场经济秩序,引发了北京等地购买骨灰格位群众的集体上访,损害了民政部门的形象,对社会稳定造成了不利的影响。"⑤

---

① 多吉才让:《大力推进殡葬改革,加快殡葬事业发展,为促进社会主义两个文明建设作出新贡献》,http://www.fsxbyg.com/ins.asp?t=1&s=3&i=35。
② 1998年国务院转发的《民政部关于进一步加强公墓管理意见的通知》,http://www.chinalawedu.com:8080/falvfagui/fg22598/14437.shtml。
③ 江苏省人民政府办公厅:《关于切实加强经营性塔陵建设和管理工作的通知》,http://www.law-lib.com/law/law_view1.asp?id=71901,2000年。
④ 民政部:《2001年发布的关于进一步加强公墓管理的紧急通知》,http://mohrss.chinalawinfo.com/fulltext_form.aspx?Db=chl&Gid=151272。
⑤ 民政部:《2002年发布的关于坚决查禁违规销售公墓穴位和骨灰格位的紧急通知》,http://101.mca.gov.cn/article/llyj/ffzr/200811/20081100022770.shtml。

针对公墓经营管理中的问题，1997年召开的第三次全国殡葬工作会议作出部署，要求"加大清理整顿公墓的力度"，对于少数未经审批，符合公墓建设规划，确属当地需要的，要补办审批手续，纳入民政部门的管理；对于未经审批，又违背当地公墓建设规划的，要分别不同情况，采取取缔、迁移、原地封存、停止经营等方式进行清理整顿；对于虽经审批，但擅自扩大墓区面积乱占土地的，在墓区内大搞封建迷信活动的，或利用墓穴（塔位）炒买炒卖的，也要进行清理整顿。同时，加强现有公墓的建设和管理，通过建立年度检查制度等措施，对已批准的公墓实行严格的管理。① 1998年，国务院办公厅转发了《民政部关于进一步加强公墓管理意见的通知》，对公墓清理整顿的范围、清理整顿的措施提出了明确要求。2008年民政部、国家发展和改革委员会、公安部、国土资源部等八部门联合发布了《关于进一步规范和加强公墓建设管理的通知》；2009年民政部又下发了《关于清理整顿公墓有关问题的通知》；与此同时，一些地方政府也相继出台加强公墓管理的措施，对公墓建设中存在的问题进行清理整顿。如2000年江苏省政府办公厅发布了《关于切实加强经营性塔陵建设和管理工作的通知》，湖南省政府办公厅发布了《关于加强殡葬改革工作的通知》；2002年北京市民政局发布了《关于加强公墓建设和殡仪服务行业管理的若干规定》；2003年苏州市政府发布了《关于公墓整治的公告》，贵州省出台了《贵州省经营性公墓年检制度（试行）》；2005年云南省政府办公厅转发了民政厅等部门制定的《关于进一步加强公墓管理意见的通知》等。

同时，为了有效制止墓地（穴）违规销售，1995年民政部发布了《关于进一步查禁利用骨灰存放设施进行不正当营销活动的通知》，1997年下发了《关于禁止利用骨灰存放设施进行不正当营销活动的通知》，2001年发布了《关于进一步加强公墓管理的紧急通知》，

---

① 多吉才让：《大力推进殡葬改革，加快殡葬事业发展，为促进社会主义两个文明建设作出新贡献》，http://www.fsxbyg.com/ins.asp?t=1&s=3&i=35。

2002年发布了《关于坚决查禁违规销售公墓穴位和骨灰格位的紧急通知》，密集出台的一系列政策措施，对于集中力量治理公墓建设中违规销售问题有良好成效。

通过颁布实施相关规范性政策文件，全国各地对公墓建设管理清理整顿的工作力度不断加大，公墓发展中出现的违规违法现象得到了一定遏制。

2. 限制新建骨灰公墓

1997年召开的第三次全国殡葬工作会议指出："公墓是现阶段处理骨灰（遗体）的一种过渡形式，不是我国殡葬改革的发展方向。"1997年国务院新修订的《殡葬管理条例》提出，要"积极地、有步骤地实行火葬，改革土葬，节约殡葬用地，革除丧葬陋俗，提倡文明节俭办丧事"，与1985年国务院颁布的《关于殡葬管理的暂行规定》相比，殡葬管理方针把原来的"推行火葬"修改为"实行火葬"，同时增加了"节约殡葬用地"①。这一方面表明了国家继续推行殡葬改革的决心；另一方面也强调了节约用地的安葬理念。

1998年国务院办公厅转发了民政部《关于进一步加强公墓管理意见的通知》，明确提出了"严格控制公墓的发展"，要求各地结合实际制定公墓建设规划，在民政部同意备案之前，"暂停批建新公墓"，要求"大力推行骨灰寄存、骨灰植树和撒骨灰等不占或少占土地的骨灰处理方式"；而且再次提出"火化区的公墓是现阶段处理骨灰的过渡形式，不是我国殡葬改革的方向""要严格限制其发展"，要求各地民政部门严格按照《殡葬管理条例》的规定和公墓建设规划，"从严审批兴建公墓"；同时，还对墓穴占地面积和墓穴使用年限进行了明确规定："埋葬骨灰的单人墓或者双人合葬墓占地面积不得超过1平方米，埋葬遗体的单人墓占地面积不得超过4平方米，双人

---

① 1985年国务院发布的《关于殡葬管理的暂行规定》中规定，我国的殡葬管理方针是：积极地、有步骤地推行火葬，改革土葬，破除封建迷信的丧葬习俗，提倡节俭、文明办丧事。

合葬墓不得超过6平方米""墓地和骨灰存放格位的使用年限原则上以20年为一个周期"。2001年民政部发布了《关于进一步加强公墓管理的紧急通知》，指出"民政部已经决定，停止中外合营公墓的受理和审批。省级民政部门也应暂时停止一切经营性公墓的批建"。

为了推动限制公墓审批政策的落实，一些地方政府出台了贯彻落实的政策文件。如2000年湖南省政府办公厅发布的《关于加强殡葬改革工作的通知》提出："今后除目前没有公墓的火葬区以及此次新划为火葬区的县（市、区）可规划兴建公墓外，其他地方原则上不再批准新建。"2002年江苏省政府办公厅发布的《关于切实加强经营性塔陵建设和管理工作的通知》提出："今后5年内，苏南五市不再发展新的经营性公墓和增设新的墓区""批准已建的经营性公墓不得扩大建设规模"。

自从殡葬改革以来，选择在公墓安葬骨灰一直是殡葬改革的重要内容，同时，公墓的快速发展也有力地推动了改革土葬、实行火葬改革的推行，可以说殡葬改革第一阶段的任务有了很大进展，但是骨灰公墓的发展也在很大程度上固化了火葬之后仍然土葬的做法，虽然较以往减少了土地的占用，但离不占土地或不保留骨灰的改革还有很大距离。限制新建公墓，倡导以骨灰寄存的方式以及其他不占或者少占土地的方式处理骨灰，对安葬服务的发展提出了新的要求。

3. 安葬服务新动向

新增公墓建设审批的限制，推动了骨灰安葬服务创新，其中之一是在民生框架下考虑安葬需求，提出绿色殡葬、生态殡葬等新的理念。2006年，民政部发布了《关于开展纪念毛泽东等老一辈无产阶级革命家倡导火葬五十周年活动暨清明节期间开展文明祭祀活动的通知》（以下简称《通知》），《通知》提出"绿色殡葬"的理念，倡导以"绿色殡葬"为主题，引导和鼓励群众采取骨灰撒散、深埋植树以及花葬、草坪葬、生态葬等其他不占或少占土地的方式处理骨灰。2008年，在民政部、国家发展和改革委员会、公安部等部门发布的《关于进一步规范和加强公墓建设管理的通知》中，提出了"积极推行生态葬法，大力推行骨灰存放、骨灰撒散等不占或少占土地的骨灰处理方式"。2009年，民政部发布的《关于进一步深化殡葬改革促进殡葬事业科学发展的指导意见》，又把"节约土地、保护环境"作为殡葬改革的宗旨，指出殡葬改革是"建设资源节约型、环境友好型社会，实现人与自然和谐相处的客观需要"，再次要求"积极推广树葬、花葬、草坪葬等节地葬法，鼓励倡导深埋、撒散、海葬等不保留骨灰方式，推动绿色殡葬""在土葬区坚持因地制宜，逐步推进殡葬改革，教育引导群众摒弃水泥、石材建坟，保护生态环境"，目标是"通过积极推动和倡导，节地葬法和不保留骨灰逐步被群众所接受"，实现"骨灰处理生态化"。

为了引导节地生态葬法的推广，2010年，"全国殡葬改革示范评选活动"将安葬服务生态化指标纳入评选指标体系。如在示范性公墓评选中确定了两个重要示范指标：一是把"骨灰（遗体）安葬方式、节约殡葬用地等方面有创新，骨灰撒散、深埋和树（花、草坪）葬等节地葬式比例不低于30%，实现可持续发展"；二是"生态化、园林化、艺术化特征明显，使用环保技术和产品比例不低于50%，绿化覆盖率不低于75%或绿地不低于40%，墓穴小型化、立体化不低于50%，墓碑平卧及小型化、艺术化、个性化不低于50%"。同时，在评选示范性殡葬单位时，把"骨灰管理、安葬方式有创新，骨灰处理符合节地环保生态的要求，骨灰撒散、深埋等节地葬法的比例不低于20%"作为重要标准。

总之，从1997年以来的20余年间，在殡葬改革的推进中，从简化丧事活动、限制骨灰公墓扩张，再到倡导绿色生态安葬以及把安葬服务纳入基本公共服务体系，安葬服务向遗体处置无害化、骨灰安葬生态化、服务文明化的方向不断发展。

二　新时代的安葬服务

党的十八大之后，中国的社会经济发展进入新时代。在新的时代，安葬服务被纳入基本公共服务体系，在绿色生态化发展方面加快推进。

(一) 纳入基本公共服务

把安葬服务纳入政府主导的基本公共服务体系，是新时代安葬服务发展的一个新趋势。2012年国务院印发了《国家基本公共服务体系"十二五"规划》，提出"把基本公共服务制度作为公共产品向全民提供"，要求坚持"政府主导，坚持公益"的原则，"牢牢把握基本公共服务的公益性质，明确政府的主体责任"。其中，"为身故者提供基本殡葬服务"是政府提供的基本公共服务事项之一。在基本公共服务的国家基本标准中，殡葬服务的对象包括"推行火葬地区不保留骨灰者和低收入家庭身故者的家庭"，保障标准是"不保留骨灰者骨灰撒海等服务免费；有条件的地方为低收入家庭身故者遗体运送、火化以及安葬等提供补贴"，同时"有条件的地方可向城乡基本生活困难家庭发放基本殡葬服务补贴，提供遗体运送、火化和绿色安葬等服务"。安葬服务被纳入国家基本公共服务，意味着安葬服务的公益性得到充分认可，政府在安葬服务中将日益发挥重要主导作用。

为了规范安葬服务收费行为，2012年国家发展改革委、民政部联合发布《关于进一步加强殡葬服务收费管理有关问题的指导意见》（以下简称《指导意见》），《指导意见》把殡葬服务区分为基本服务和延伸服务（选择性服务），其中骨灰寄存属于基本服务。《指导意见》要求地方政府合理确定基本服务范围，切实满足当地群众最基本需要；在保证基本服务的供给规模和质量前提下，殡葬服务单位可以适当开展延伸服务对于殡葬基本服务收费，按照非营利原则，根据财政补贴情况从严核定；与基本服务密切相关的延伸服务收费，可由各地根据本地市场情况依法纳入地方定价目录，实行政府指导价管理。《指导意见》提出要"规范公墓收费行为"，公益性公墓收费按照非营利并兼顾居民承受能力的原则核定；对其他公墓价格，要加强对经营者定价行为指导规范，对价格明显偏高的，必要时要依法进行干预和管理，切实遏制虚高定价行为。《指导意见》还要求加大政府对殡葬服务的扶持力度，形成覆盖城乡居民的殡葬服务网络。

2012年民政部出台《关于全面推行惠民殡葬政策的指导意见》指出，"充分发挥政府在推行惠民殡葬政策中的主导作用，在明确各级政府殡葬公共服务事权和支出责任的基础上，积极争取其加大殡葬公共服务供给和政策支持力度"，"将殡葬救助保障等公共服务支出列入本级政府财政预算，建立健全殡葬公共服务投入和稳定增长机制"，"不断加大与基本殡葬服务相配套的设施设备的更新改造力度，健全以遗体火化、骨灰存放及生态安葬为主的殡葬公共服务网络，保障惠民殡葬政策顺利实施"。上述这些文件表明，在安葬服务等殡葬基本公共服务中，政府将承担越来越多的责任。

2013年中共中央办公厅、国务院办公厅发布了《关于党员干部带头推动殡葬改革的意见》，要求各级党委和政府"加大投入，重点完善殡仪馆、骨灰堂、公益性公墓等基本殡葬公共服务设施，逐步形成布局合理、设施完善、功能齐全、服务便捷的基本殡葬公共服务网络，为推动殡葬改革创造有利条件"。2014年第四次全国殡葬工作会议召开，会议重申"殡葬服务具有公益属性，必须加快完善殡葬公共服务体系"，强调"加强经营性公墓管理，严格按照规划许可建设经营性公墓，加强对公墓建设规划方案和建设过程的审核把关"，积极支持城乡公益性公墓建设，"由政府投资或筹集资金建设，民政部门负责管理，坚持政府定价，确保实行节地生态安葬，惠及广大人民群众"，要求"按照保基本、广覆盖、多层次、可持续的原则，加快完善惠民殡葬政策，明确公共财政投入渠道，落实基本殡葬服务费用减免或补贴措施"。

2016年颁布的《民政事业发展第十三个五年规划》提出："发展公益性基本殡葬服务，完善惠民殡葬政策措施，支持殡仪馆、公益性骨灰安放设施等基本殡葬公共服务设施和少数民族殡葬设施建设，较大幅度提升公益性骨灰安放（葬）设施覆盖率，逐步建立保基本、广覆盖、可持续的城乡基本殡葬公共服务体系。"为了推进城市公益性公墓的建设，2017年住房和城乡建设部、国家发展改革委批准发布了《城市公益性公墓建设标准》，以此指导城市公益性公墓的建设发展。

2018年民政部等16部门发布了《关于进一步推动殡葬改革促进殡葬事业发展的指导意见》，提出到2020年公益性节地生态安葬设施覆盖到乡镇，逐步建立基本殡葬服务制度和节地生态安葬奖补制度，覆盖城乡居民的殡葬公共服务体系基本建立，要求各地坚持基本殡葬服务公益性，强化政府责任和投入，为城乡困难群众以减免费用或补贴方式提供基本殡葬服务，有条件的地区可将政策惠及对象扩展到辖区所有居民，逐步实现基本殡葬服务的普惠性、均等化。

2018年国务院发布了《殡葬管理条例（修订草案征求意见稿）》，明确规定，"县级以上人民政府应当将殡葬设施建设纳入城乡规划和土地利用总体规划，优先保障公益性殡葬设施用地，将基本殡葬公共服务和殡葬管理工作经费列入财政预算，并及时足额拨付"（第四条）；"国家建立基本殡葬公共服务制度，提供遗体接运、暂存、火化、骨灰存放以及生态安葬等基本殡葬服务"（第五条）；"县级以上地方人民政府应当根据设施规划，优先建设公益性骨灰堂，统筹建设公益性公墓，从严审批建设经营性公墓""公益性公墓（骨灰堂）建设用地以划拨等方式取得，经营性公墓（骨灰堂）建设用地以出让方式取得"（第十四条）；"遗体接运、暂存、火化、骨灰存放等基本服务收费，实行政府定价并动态调整"（第二十六条）；"公益性公墓、骨灰堂的墓位、格位价格实行政府定价并动态调整""经营性公墓的墓位用地费和维护管理费实行政府指导价"（第二十七条）。尽管《殡葬管理条例》尚在修订，但从条例草案征求意见中可以看到安葬服务发展的基本方向，即优先发展城乡公益性公墓，严格限制经营性公墓，公益性公墓具有非营利性，将纳入公共服务范畴。

上述政策文件表明，当前和未来我国安葬服务的供给将以基本公共服务的形式由政府主导提供为主。

(二）绿色安葬理念

2012年，党的十八大把生态文明建设纳入中国特色社会主义事业总体布局，生态文明建设的战略地位更加重要。党的十八届五中全会又提出了"绿色发展理念"。在党和国家越来越重视生态文明建设的背景下，节地环保的绿色安葬悄然兴起。2013年，中共中央办公厅、国务院办公厅发布的《关于党员干部带头推动殡葬改革的意见》明确提出，党员干部"都应当带头实行生态安葬，采取骨灰存放、树葬、花葬、草坪葬等节地葬法，积极参与骨灰撒散、海葬或者深埋、不留坟头"。

在2014年召开的第四次全国殡葬工作会议上，绿色安葬备受关注。会议提出，力争到2020年，火化设施污染物排放限值达到国家标准，骨灰存放、树葬、海葬等节地生态安葬比例达到40%以上；在火葬区推行骨灰格位存放、树葬、深埋等多种节地生态葬法，倡导海葬等不保留骨灰方式，不断降低资源消耗；在土葬改革区推行文明治丧、选择荒山瘠地集中安葬，教育引导群众不立碑，逐步用可降解材料取代水泥石材建坟；对实行墓穴式安葬的公墓数量、墓穴数量以及占地面积严格实行总量控制，在城市和人口相对集中的乡镇、村，重点发展城乡公益性骨灰堂，普遍推行以骨灰存放为主的节地葬式；实行生态安葬奖补政策，逐步把骨灰存放、树葬、深埋、海葬等少占或不占地方式，以及土葬改革区自愿火葬等行为纳入奖补范围。

2016年民政部、发改委等九个部委联合发布了《关于推行节地生态安葬的指导意见》（以下简称《指导意见》)，首次对节地生态安葬的内涵做了界定，并突出节约资源和保护环境的价值导向，强调把以人为本、生态文明的理念贯穿于殡葬改革全过程，加大节地生态安葬公共服务产品供给；提出到"十三五"末，在巩固和提高火化率的基础上，大幅提高节地生态安葬比例，建成一批具有示范效应的节地生态安葬设施，初步形成覆盖城乡的节地生态安葬公共服务网络。《指导意见》还明确了生态安葬的主要任务，着力推行节地生态葬式葬法改革，要求地方新建城镇公益性公墓的节地生态安葬率达到100%，对采取节地生态安葬的群众全面实行奖补激励政策。

为了进一步推行生态安葬，2016年住房和城乡建设部发布了《公墓和骨灰寄存建筑设计规范》，提出公墓和骨灰寄存建筑设计应遵循"坚持生态化和可持续发展目标，建设园林化墓园"以及"符合节约土地、环境保护的基本要求"的原则，公墓和骨灰寄存建筑设计应节约土地，保护自然生态环境，创造园林化墓园。

2018年民政部等16个部门制定的《关于进一步推动殡葬改革促进殡葬事业发展的指导意见》对生态安葬再次进行安排部署，提出了到2020年公益性节地生态安葬的发展目标，推动安葬服务从依赖资源消耗向绿色生态可持续发展转型。

经过近几年的倡导推广，生态安葬观念已经为广大城市居民广泛接受。据2019年民政部政策研究中心在全国10个省市开展的民生殡葬调查，在1353位被访者中，表示"如果政府给予一定补贴，能够接受树葬、花坛葬、草坪葬、海葬、深埋等生态葬法"的比例达到50.9%，能够接受但不接受不保留骨灰的比例为33.3%，两者之和为84.2%；不能接受者仅占15.8%。骨灰公墓20年使用期满后，"城市居民是否同意重新对骨灰进行生态安葬？"调查表明，"如果政府给予一定的补贴，同意进行壁葬、树葬、花坛葬、草坪葬、海葬、深埋等节地生态安葬"的比例为44.7%，同意但不接受不保留骨灰的比例为32.1%，两者之和达到76.8%。调查数据显示，无论是对于生态安葬，还是对于骨灰墓使用期满后重新生态安葬，城市居民的接受度都普遍较高。总体来看，生态节地安葬已经成为新时代安葬服务的一个新趋势。正是十八大之后倡导节地生态安葬、严格限制新增经营性公墓，2012年之后的全国公墓数量才从2012年的1597家下降至2018年的1376家，总体呈下降趋势。

总之，进入新时代之后，安葬服务的发展出现了重大转向，节地生态安葬开始兴起，安葬服务凸显公益性并被纳入政府公共服务体系，基本形成了以政府为主导、以市场为辅助的安葬服务供给体系。

三 祭祀服务的发展

在殡葬改革早期，提高火化率是殡葬改革的首要任务，祭祀服务是随着殡葬改革的不断深化而逐渐提出的。20世纪90年代之后，安葬服务在倡导殡葬移风易俗中的作用日益受到重视，特别是清明节成为国家法定节日之后，鼓励社会公众采取文明的祭祀方式，并构建与社会主义精神文明建设相适应的祭祀服务被提到殡葬改革的重要位置。

（一）祭祀纳入殡葬改革

扫墓祭祖是中国千百年来留传下的重要传统习俗。自古以来，祭祀是骨灰安葬或处理后一系列具有连续性和长期性的重要礼仪。在一定意义上，葬是为了祭，是为了思念和感恩祖先，是为了和已故亲人延续原有的情感。《礼记·郊特牲》中说："万物本乎天，人本乎祖……郊之祭也，大报本反始也。"古人把对祖先的祭祀作为孝的体现，所以《中庸》中说："事死如事生，事亡如事存，孝之致也。"

虽然祭祀是传统殡葬活动的重要内容，但是旧的祭祀习俗中存在不少封建迷信和铺张浪费现象，如看风水、搭灵棚、摆路祭、烧香化纸等，这些都应当作陈规陋俗在殡葬改革中重点加以破除。但在殡葬改革初期，一方面改革的重点是推行火葬；另一方面改革数千年积淀形成的习俗传统需要在良好的社会环境下循序渐进地进行。因此，在殡葬改革的早期，在国家发布的殡葬改革法规政策文件中虽然多次提到改革丧葬习俗、破除封建迷信、促进精神文明，但并没有明确提到祭祀活动。直到1995年民政部发布《关于加强清明节文明祭祀管理工作的通知》，才正式出现"文明祭祀"的提法，并将祭祀活动正式纳入殡葬管理工作。"通知"列举了愚昧落后的祭奠方式的种种表现，要求"各地民政部门要把清明祭祀活动作为破旧俗、树新风的一件大事来抓",在清明节期间"对当地丧葬用品的生产和销售市场进行一次清理整顿,对非法生产、销售封建迷信丧葬用品的厂、店和摊点进行认真清查,坚决查收封建迷信的丧葬用品,堵住源头",保证祭祀活动文明健康地进行。

自此,在保留和遵守传统文化的同时,倡导文明健康祭祀新风尚,成为殡葬改革重要内容。一些地方甚至制定地方性法规条例或将祭祀活动纳入相关法规制度,专门加强对殡葬祭祀活动的规范引导。如2018年秦皇岛市率先出台《秦皇岛市祭祀管理办法》,2019年通化市制定《通化市文明祭祀条例》,威海市将殡葬祭祀写入《威海市文明行为促进条例》,等等。这标志着祭祀被正式纳入殡葬改革之中,鲜花、网络、植树缅怀等低碳环保的文明祭祀方式日益得到广泛提倡和支持。

(二)清明祭祀服务

1995年民政部提出文明祭祀的号召后,特别是清明节被设定为国家法定节假日后,在传统文化复兴背景下,清明祭祀服务也逐渐被纳入殡葬服务之中。2006年3月,民政部发出通知,开展纪念毛泽东等老一辈无产阶级革命家倡导火葬五十周年活动,要求各地在清明节期间,"探索文明祭祀新方式,引导群众摒弃陈规陋习,树立文明祭祀新风","倡导和推广网上祭扫"、集体"追思会"或家庭"追思会"等形式,广泛开展群众性文明祭祀活动。2008年是清明节成为法定节假日的第一年。为了引导群众文明祭扫,确保祭扫安全,当年3月国务院办公厅下发《关于做好清明节期间文明祭扫安全保障工作的通知》,要求建立健全应急处置机制,确保清明祭扫文明、安全、有序进行。倡导开展以"文明祭扫、平安清明"为主题的宣传活动,弘扬清明节"传递亲情、传承文化"的丰富内涵,总结推广家庭追思、网上祭扫、社区公祭、集体公祭等现代祭扫方式,引导群众采取植树、献花等健康环保的祭扫形式,坚决抵制封建迷信活动和祭扫陋习,倡导文明祭扫新风尚。

2009年3月，民政部等八部委联合发布了《关于做好文明祭扫平安清明相关工作的通知》，要求加大对群众祭扫工作的统一指挥协调力度，建立平安清明的工作机制，对群众祭扫高峰、活动范围、祭扫路线等进行科学预测和有效处置，避免出现人流聚集、交通拥堵的状况。倡导通过鲜花、诗赋、信函、音像等文明环保的祭扫形式，表达对先人的缅怀和敬仰。2013年，中共中央办公厅、国务院办公厅印发的《关于党员干部带头推动殡葬改革的意见》中提出，党员干部应当带头文明祭奠、低碳祭扫，主动采用敬献鲜花、植树绿化、踏青遥祭、经典诵读等方式缅怀故人，弘扬慎终追远等优秀传统文化；积极参与社区公祭、集体共祭、网络祭扫等现代追思活动，带头祭扫先烈。2016年，民政部等九部门联合印发的《关于推行节地生态安葬的指导意见》中，强调大力倡导网络祭扫、鲜花祭扫、踏青遥祭、植树缅怀等文明低碳祭扫方式，引导群众逐步从注重实地实物祭扫转移到以精神传承为主上来。2018年在民政部等十六部门联合印发的《关于进一步推动殡葬改革促进殡葬事业发展的指导意见》中，提出深入挖掘阐释清明节等传统节日蕴含的教育资源，充分依托殡葬服务纪念设施，建设生命文化教育基地，打造优秀殡葬文化传承平台，弘扬尊重生命、孝老敬亲、厚养薄葬、慎终追远、天人合一等思想文化，崇尚社会公德、家庭美德，培育现代殡葬新理念新风尚。在2018年发布的《殡葬管理条例（修订草案）征求意见稿》中，同样增加了祭祀条款。

上面的分析表明，伴随殡葬改革的不断深入，祭祀服务逐渐成为殡葬改革的重要内容。据民政部对全国150个观察点群众祭祀活动的统计，2009年至2019年间，年均参加清明祭扫群众人数达到133万人，其中2012年最高达到1791万人。[①] 为了保障清明节期间群众祭祀的平安顺利，清明祭祀服务也成为政府公共服务的一项重要任务。

[①] 数据来源于民政部对清明节期间各个观察点的统计，2018年之前民政部的观察点是150个，2018年观察点增加到180个。

总体来看，清明祭祀服务主要体现在三个方面——文明、低碳、安全。清明祭祀服务在注重以民为本、为民服务，满足民众祭祀需求的同时，越来越注重清明节蕴含的传统文化内容，越来越注重清明节在传承传统美德、弘扬优秀文化中的积极作用。

总之，就祭祀改革来看，殡葬改革的前期主要是"破"，即革除丧葬陋习。清明节成为国家法定节日之后，在传统文化复兴的背景下，丧葬礼仪越来越注重"立"，即传承创新清明节日的传统文化内涵，积极探索与当代社会相适应、与现代文明相协调、与绿色理念相一致的现代祭祀礼仪。

第七章 殡葬设施建设与管理

殡葬行业是人类最古老的行业之一，承担着"送别逝者、慰藉生者"的神圣使命。在现代社会中，殡葬设施是殡葬公共服务的基础，体现了一定区域对人类终极关怀的社会属性，布局合理、功能齐全的殡葬设施体系是向整个社会提供优质便捷的殡葬公共服务所不可或缺的重要物质载体。

一　殡葬设施的内涵

（一）殡葬设施的内涵与功能

1. 殡葬设施的内涵及其分类

殡葬设施是开展各种殡葬活动的专用建筑设施及其场所，主要包括殡葬场所的房屋、道路、停车场、景观和绿化带等。殡葬设施或殡葬服务设施是殡仪服务的基础，体现了对人类终极关怀的社会属性。殡葬设施根据其使用功能分为殡仪设施、火化设施、骨灰安葬或安置设施和祭祀设施四大类。

殡仪设施指提供遗体保存、遗体处理和悼念服务等殡葬活动的设施。所有的殡仪馆和部分殡仪服务站内都建有不同功能的殡仪设施。

殡仪馆。殡仪馆是由民政部门管理的专门从事遗体接运、保存、清洗、消毒、防腐、整容、整形、冷藏、火化、骨灰寄存和悼念逝者等殡葬服务的场所。我国殡葬改革的核心是实行火葬，实行火葬的核心是建立殡仪馆。现阶段我国殡仪馆主要有两种类型：一是综合型的殡仪馆，也叫火葬殡仪馆，承担遗体处理、追悼活动、遗体火化、骨灰寄存等服务，这类综合型的殡仪馆在我国占绝大多数；二是单一型的殡仪馆，即只承担遗体接运、防腐、整容、举行追悼活动等殡仪服务，不承担火化任务，这种单一型的殡仪馆在我国只占少数，一般设在土葬改革区的土葬殡仪馆为单一型殡仪馆，设在火葬区的单一型殡仪馆还需有火葬场为其提供配套。殡仪馆是我国殡葬改革的产物，是我国实行殡葬改革必不可少的殡葬设施，一直承担着办理丧事和推进殡葬改革的双重任务。

殡仪服务中心和殡仪服务站。改革开放后，随着城镇化的发展，为了方便广大城乡居民办理丧事，全国各地在城乡居民集中聚居区兴办殡仪服务中心或殡仪服务站，开展除遗体火化外的殡仪服务，其规模大小不一、服务项目多少不同。大型的殡仪服务中心（或殡仪服务站）实际上替代发挥了单一型殡仪馆的功能，极大地方便了殡仪服务对象，在一定程度上对社会上非正规"一条龙"殡葬服务机构起到了重要的挤出作用，减少了由此造成的殡葬行业鱼龙混杂现象。

火化设施指提供遗体火化及骨灰装殓等服务的设施。火葬场和殡仪馆中的火化间就是常见的火化设施。

骨灰安葬或安置设施是指处理骨灰的设施。其中，骨灰安葬设施主要是指墓地设施，即以地下墓穴为主要形式提供埋葬遗体、骨灰、骨殖及其随葬品的设施。墓地设施一般简称为"公墓"，分为经营性公墓和公益性公墓。经营性公墓主要服务于城市，是指为城镇居民提供骨灰或遗体安葬并实行有偿服务的公共墓地；公益性公墓主要服务于农村，是指为农村居民提供遗体或骨灰安葬服务的公共墓地。目前，全国公益性公墓的数量远远大于经营性公墓。骨灰安置设施指以楼、堂、厅、室、塔、墙等建筑形式提供安放骨灰服务的设施。骨灰安置设施与墓地设施一样分为经营性骨灰安置设施和公益性骨灰安置设施两大类。

祭祀设施是指提供悼念、祭祀、追思、纪念、生命教育等殡葬服务活动的设施，包括追思厅、祭祀台、生命教育展厅、生命纪念馆、纪念碑或墙等。

此外，从广义上看，殡葬专用的实验室、科研与生产基地、教学培训场所也属于殡葬服务设施，这些设施同样都能为社会提供不同形式的殡葬服务。

2. 殡葬设施的功能

殡葬设施的主要功能在于满足人们告别、缅怀和追思逝者的需要。殡葬设施通过其内部和外部的空间组合、整体造型、立面式样、内部装修、色彩搭配等手段构成特定的外观形象，能够表现出地方特征和民族特色。殡葬服务设施的使用功能随着社会生产力的发展和人们物质文化生活水平的提高而日益多样化、个性化和人性化。其功能主要有：

一是殡葬活动功能。人们在开展殡葬活动的过程中，利用殡葬设施悼念逝者、寄托哀思、缅怀故人，满足尽孝送终、崇拜祖先、与先人保持心灵联系的传统需求。殡葬服务的实质是借助殡葬设施这个物质平台，最终满足人们的精神需求，达到"逝者所安"的目的。因此，殡葬设施是殡葬活动不可缺少的物质载体。

二是生态保护功能。现代殡葬设施的建设已经成为城市规划建设和社会主义新农村建设中不可或缺的部分。随着现代殡葬设施建设中不断融入科学、人文、惠民、生态等因素，富有人文品位和赏心悦目的殡葬园林和设施景观必然成为人与自然和谐相处的重要纽带。

三是文化教育功能。殡葬活动本身是一种生命教育活动，通过"慎终追远"的教育方式，使人们更加珍惜生活、善待生命，并在家风传承、立德树人等方面起到一定的助力作用。因此，殡葬设施同时也是教育设施，现代欧美一些国家已经将殡葬设施作为对青少年进行"人生教育"的场所，青少年到殡仪馆参观学习、接触遗体、感知生命，有利于树立正确的人生观和生死观。

3. 殡葬设施的特性

殡葬设施是具有特定的专门功能的特殊设施，与一般公共服务设施相比，殡葬设施带有很多特殊性。

一是认知的矛盾性。殡葬设施虽然是一定区域内社会生活构成中必不可少的组成部分，但是受传统文化的影响，以及对死亡及后续相关事务的恐惧，人们对殡葬设施一般存在避讳心理，选择生活居住区也尽量避免与殡葬建筑设施相邻。然而，在现代社会中殡葬设施又是公共服务中不可或缺的重要组成部分，殡葬设施既有空间上存在的必要性，又是便民利民的刚性需求。

二是空间的排斥性。由于对死亡缺乏正确认知，导致人们对死亡产生莫名恐惧，以及某些殡葬场所（火葬场）存在大气污染，使得殡葬设施对于所处区域具有"邻避效应"，即对周边地块以及建筑设施有着强烈的负面效应，进而对于周边经济发展带来很大的影响，一些商业区和生活区的周边若建有殡葬设施，不少居民会有嫌恶情绪，产生强烈的反对和抵触行为。

三是较强的污染性。作为遗体处理的场所，一些殡葬场所对周边环境的污染较大，尤其在对遗体处理的各个阶段，都会产生大量的污染物，造成大气、水源等周边环境污染。

四是明确的区域性。殡葬设施在服务对象上具有明确的行政区划特点。尤其对于具有火化功能的殡仪馆，一般只针对所辖区域内的居民提供服务。这相对于其他公共服务设施具有很大的区别，在城乡规划的各个层面都需要着重考虑，并进行有针对性的规划设计。

（二）殡葬设施的功能分区规划

殡葬设施分区规划是将整个殡葬服务场所分成若干功能区域，然后对各个区域进行详细规划，从而达到增强整体服务功能的目的。

根据分区规划标准和要求的不同，一般综合性殡葬设施功能区域主要包括以下部分：引导区，即进入殡葬设施前的一段缓冲区或过渡区，可由进入殡葬设施的道路、停车场、出入口、主题雕塑、环境绿化等构成。殡葬功能区，这是殡葬设施的主体，也是殡葬设施规划设计的中心，主要进行遗体（或骨灰）处理，规划设计应突出庄重肃穆的氛围。业务服务区，这是殡葬功能区的主要附属区，用于接待、洽谈业务办理、休息、商品销售等。礼仪服务区，主要是进行遗体（或骨灰）处理前后各种礼仪、仪式、集会的区域。办公生活区，即殡葬设施内部员工办公和生活的区域，应考虑单独设置，不应干扰以上各功能区。园务管理区，包括园内后勤、保卫、园林等工作在内的办公区域，它占地面积一般较少，并尽可能设专用入口。其他服务区，如殡葬服务的辅助配套设施，包括商品、医务、餐饮、物业（维护）等在内的区域。集散广场，是具有缓冲、集散、休憩、交流等功能的区域，应有足够面积的空间，以满足殡葬活动高峰时的人流，同时又兼做应急避难场所。游览休憩区，主要供游览休憩之用，应与殡葬功能区进行合理分隔，并进行适当的过渡处理，规划设计要尽量摆脱肃穆氛围，过渡到活泼自由的景区。

（三）殡葬设施规划设计原则

殡葬设施的规划设计，指的是综合运用城市规划、园林艺术、建筑学以及社会科学等多门学科，在人与自然和谐共处的理念指引下，科学地进行空间布局划分和景观规划，营造出一个集告别逝者、生命纪念、文化教育、旅游休闲等功能于一体的综合开放公共空间，为殡葬设施的可持续发展提供切实可行的建设方案的过程。科学的殡葬设施规划设计，有助于在殡葬设施管理运行中实现经济效益、社会效益和生态效益的最大化。殡葬设施规划设计的专业性和技术性都较强，需要遵循以下原则：

一是文化原则。殡葬文化是殡葬设施进行规划设计的总背景。殡葬设施多作为永久性的公共服务设施，纵观古今中外，唯有蕴含丰富文化内涵的建筑物才能在历史的长河中永久地保存下来。我国历史文化悠久，堪称"文化大国"，中华传统优秀文化中的很多内容都体现在某些墓葬、墓碑等遗址中，当下一些殡葬设施在建筑形式、景观规划主题、祭奠服务设施的设计等方面也都与我国的传统文化有着紧密联系。在殡葬设施的规划设计中，只有紧密地结合我国的传统文化特色，发掘我国不同地区的地域文化、民族文化和历史文化，才能充分展示中国传统文化深沉的历史底蕴，促进中国传统优秀文化的继承与弘扬，也有利于发挥殡葬设施的历史文化教育和生命教育功能。通过景观设计和文化设施的建设，让人们在接受殡葬设施服务的同时，感受其独有的文化特质，以文化引导人们摒弃殡葬陋习，以文化促进殡葬改革。

二是以人为本原则。中国人深受传统文化影响，从而形成了独特的丧葬观念，对于殡葬设施的方位和布局都极有讲究。在进行殡葬设施设计规划时要考虑人们的需要，在选址、交通、景观绿化设计和服务辐射范围上，都要充分考虑为服务对象提供便利。殡葬设施的内外景观设计也应充分考虑到人们的丧葬心理，在建筑形式、色彩搭配、景观品位和植物造景的选择上，应注意其承载的文化内涵与服务情境是否相搭配。殡葬设施景观主要以静态空间景观展示为主，景观规划中注意情感的融合，让景观环境与人的内心相呼应。比如，带有地域特色的建筑风格凸显了当地的人文特色，简约而富有寓意的现代雕塑和艺术纪念装置，能做到既与殡葬相关，又避免过于直观和刺激性的内容对服务对象造成心理上的创伤。

三是生态规划原则。生态兴则文明兴，生态衰则文明衰。在国家制定绿色发展战略的背景下，殡葬设施规划时需既对环境友好，又做到让逝者入土为安，也要给家属留出固定的悼念场所。这是我国未来殡葬改革发展的需要，也是打造美丽中国，营造绿水青山的实际行动。

四是可持续发展原则。我国是人口众多、自然资源相对短缺、经济基础还比较薄弱的发展中国家，"坚持人与自然和谐共生"，走可持续发展之路是我国发展的重要理念和原则。殡葬设施的规划设计也要立足长远，应以生态环保为发展原则，在进行整体设计时要站在一定高度，充分分析当前和未来的社会经济环境，不能只考虑短期利益，要考虑到老龄化社会逐渐带来的殡葬服务压力和殡葬改革后期墓园等安葬设施的经营发展策略，避免规划失误造成的改建重建，避免资源浪费。

二 我国殡葬设施的规划建设历程

（一）我国殡葬设施规划建设的历程与成就

1. 我国殡葬设施规划建设的发展历程

殡葬设施是开展殡葬管理工作，提供相关殡葬公共服务，满足人们殡葬服务需求的场所。殡葬设施规划是以殡葬设施为对象，按照未来一定时期内殡葬活动的需求，根据本行政区域殡葬改革规划和人口密度以及殡葬服务辐射范围等条件，对殡葬服务设施选址、类型、数量、功能布局和建设规模等所做出的规划设计。殡葬设施规划是否科学合理，直接影响一定区域人居环境和社会经济发展水平。

从新中国成立之初至今，我国殡葬改革已历经半个多世纪，以实行火葬、改革土葬为重点，以树立健康文明殡葬习俗为目标的殡葬改革取得了显著进展。作为整个殡葬改革重要内容的殡葬设施规划建设，主要经历了四个发展阶段并取得了显著成就。

第一阶段是20世纪五六十年代的萌芽期。进入20世纪五六十年代，随着1956年毛泽东等老一辈无产阶级革命家签名倡导火葬开始，在各地拉开了以"推行火葬，改革土葬"为主要内容的殡葬改革帷幕。为了迅速推行火葬，在国家经济欠发达的情况下，各地快速建立了一批设施相对简陋、功能单一的"三五"式火葬场，为最初的火葬改革提供了重要保障。1966年原内务部印发了《关于火葬场建筑及设备问题的座谈纪要》，确定了火葬场设立必须注意掌握的场址选择、建筑布局、建筑项目、建筑面积、建筑结构、建筑造价、火葬设备等七个主要环节，为此后火葬场（火葬殡仪馆）的建设指明了方向。

第二阶段是20世纪80年代至90年代的探索期。进入20世纪80年代，由于改革开放的不断推进和社会经济发展，人民物质文化生活水平的提高带动了对殡葬服务消费需求的提高。各地对一些设施简陋的火葬场（火化车间）进行了更新改造，原有的接运、冷藏、火化等简单功能的殡仪馆设备设施得到了有效的提升，建成了一大批具备火化、礼仪、骨灰存放等多种功能的综合性殡仪馆。20世纪80年代后期，随着"骨灰处理多样化"精神的逐步落实，为满足人们传统殡葬文化中"入土为安"的殡葬需求，一些大中城市建立了以安葬骨灰为主要功能的经营性公墓，进一步满足了人们的殡葬消费需求。

第三阶段是20世纪90年代至21世纪前十年的快速发展期。为了满足人们日益增长的殡葬消费需求，从20世纪90年代开始随着殡葬改革进一步深化，殡葬设施建设进入快速发展阶段。各地加大经费投入力度，全国各地一大批殡仪馆进一步更新改造，各类殡葬设施场所得到长足发展。1990年，民政部颁布实施了《殡仪馆等级评定办法》和《殡仪馆等级标准（试行）》，此后各级政府对照殡仪馆评定等级和建设标准，对殡仪馆进行大力改造，并同时加强对殡仪馆职工的培训，使硬件建设和软件建设都得到很大加强，出现了一批设施现代化、环境公园化、管理规范化的殡仪服务设施。1999年民政部和建设部发布实施了殡仪馆建筑国家标准《殡仪馆建筑设计规范》，2000年4月国家质量技术监督局公布强制性国家标准《火葬场卫生防护距离标准》（GB 18081—2000），这些国家标准的贯彻实施，大大提高了殡仪馆、火化场等殡葬设施建筑的科学性，不仅标志着殡葬设施建设进入了正规化建设阶段，而且标志着我国的殡葬事业发展进入了一个新的发展时期。与此同时，一些大中城市出现了以"一条龙"殡葬服务为主要内容的殡葬服务中心（或殡仪服务站），给人们的殡葬活动提供了便利。

第四阶段是进入2012年之后的全面发展期。2012年党的十八大召开，中国经济社会发展进入新的发展阶段，中国特色社会主义现代化建设从原来的"四位一体"增加了包括"生态文明"在内的"五位一体"总体布局。党的十八届五中全会提出了"绿色发展"理念，要求"坚持绿色富国、绿色惠民，为人民提供更多优质生态产品"，提出加快建设资源节约型、环境友好型社会的目标，同时将"美丽中国"建设上升到国家战略。在新的时代背景和殡葬改革提速的大背景下，为加快推进生态文明建设，进一步深化殡葬改革，推行节地生态安葬、保护生态环境，民政部、发展改革委等九部门于2016年联合印发了《关于推行节地生态安葬的指导意见》，提出了我国殡葬改革的总体目标和主要任务，指明了我国殡葬行业未来发展的方向，也为我国未来殡葬设施规划设计指明了方向，生态化、节约化、园林式的景观设计理念成为目前行业内对于殡葬设施景观发展的共识，越来越多的殡葬设施在更新改造的过程中向园林化、功能多样化的方向转变。各地以人文、生态、绿色的设计理念为指引，注重增强殡葬服务设施的纪念功能、教育功能、生态功能和景观功能，在保障群众基本安葬需求的基础上，越来越多的殡葬设施场所成为人们保护生态环境，促进人与自然和谐相处的重要载体。

2. 我国殡葬设施规划建设的成就

近年来，各地按照生态文明建设的要求，积极倡导和推行科技生态文明殡葬服务模式，初步建成一批科技含金量高、人文设施配套到位、生态环境协调的现代殡葬设施，为促进新时代殡葬改革奠定了坚实的物质技术基础。

殡葬设施建设法规不断健全。为推进殡葬改革，加快发展殡葬公共服务、加强殡葬事业管理，从新中国成立之初殡葬改革算起，我国颁布了一系列法规、规章、规范性政策和行业标准，基本形成了我国殡葬管理制度体系框架。比如，民政部独立或联合其他相关部门，先后修订和出台了《殡葬管理条例》《公墓管理暂行办法》《关于推行节地生态安葬的指导意见》《关于进一步深化殡葬改革促进殡葬事业科学发展的指导意见》《关于全面推行惠民殡葬政策的指导意见》等，地方各级政府配套制定了相关贯彻落实的法规和政策文件。这些政策提出了文明、人文、科学、生态、公益的理念，为现在以及今后的殡葬改革指明了方向，也为现代殡葬设施建设定了基调，为新时代殡葬设施建设提供了有力的政策保障。

殡仪服务殡葬设施日趋规范。20世纪80年代以后，尤其是1990年殡仪馆国家等级标准和评定办法颁布以来，全国各地着手改造城市殡仪设施，经过近十几年的正规化达标建设，多数殡仪馆的服务设施、服务环境均有很大转变，建设布局和结构有所改善，出现了一批高等级殡仪馆。同时随着全国各地火葬区域的不断扩大，按照等级标准新建的殡葬服务设施数量也在不断增加，服务运作及日常管理更加现代化。

处理骨灰殡葬设施逐渐完善。处理骨灰殡葬设施主要包括安葬骨灰的公墓，其主要功能是安葬（或撒散、深埋）骨灰并为人们提供祭奠、悼念的服务；安放骨灰的骨灰堂、楼、塔、墙、亭等不同形式的建筑，其功能是寄存骨灰并为人们提供祭奠、悼念的服务。新中国成立70余年来，处理骨灰的殡葬设施作为殡葬改革的载体有了很大发展。尤其是1985年《国务院关于殡葬管理的暂行规定》中，对公墓设立的手续，兴建公墓的原则、范围及违规行为的处罚等做出了规定；1992年民政部发布了《公墓管理暂行办法》，进一步明确了公墓的性质、分类、主管部门及其职责，规范了公墓的建立程序、公墓的管理规定等；1997年国务院颁布了《殡葬管理条例》，明确规定骨灰公墓、遗体公墓墓穴的占地面积，对兴建公墓的原则、申报程序，以及各类公墓的标准权限和公墓的具体管理等内容做了具体规定，对引进外资，兴建中外合资、合作公墓的规划申报条件等提出了明确要求，同时提倡骨灰处理多样化、多元化。根据这些文件精神，各省、市也先后颁布了有关公墓管理的地方性法规，依法加强了对公墓的管理。各地引进外资，兴建了一批中外合资、合作公墓，在一定程度上满足了海外华侨、华人及港澳台同胞回国安葬的愿望，也为现代殡葬设施的建设提供了参照样本。不少公墓在规划、绿化、美化、艺术化方面下功夫，改变了人们对公墓的传统印象，丰富了公墓文化内涵。同时，随着殡葬改革的深入发展，处理骨灰的殡葬设施不仅数量增多，而且形式也日趋多样，基本能够满足群众的殡葬消费需求。1998年国务院办公厅转发民政部《关于进一步加强公墓管理意见的通知》，要求各地进一步提高认识，采取有力措施，清理整顿公墓，强化公墓管理，严格控制公墓发展，火葬区原则上不再批建新的骨灰公墓，现有的公墓的面积不得扩大，大力推行少占或不占土地的骨灰处理方法；

土葬遗体公墓要严格按规划进行建设，严禁占用耕地。据此，安放骨灰的骨灰堂、楼、塔、墙、亭等不同形式的殡葬建筑将是将来殡葬设施兴建的重点，推进生态殡葬的过程必将推动殡葬设施日趋现代化。

礼仪活动殡葬设施逐渐完善。礼仪活动殡葬设施包括为停灵、吊唁、遗体告别等殡葬礼仪而建立的不具有火化功能的殡仪馆、殡葬服务中心等；骨灰撒散（如海葬）后，为了便于悼念、纪念而建立的纪念或祭奠设施与场所。各地殡葬服务单位积极推进文明、环保的悼念、祭祀等设施的建设，在一定程度上保护了殡葬场所及周边的环境，改变了传统殡葬场所的"脏乱差"形象。目前，很多殡葬服务单位大力推广鲜花祭奠，并使这种方式成为主流，减少了殡葬场所的生态隐患；节日、忌日等的祭祀也日趋文明，提倡节俭、减少扰民、保护生态等祭扫行为蔚然成风，这些新的变化潜移默化地为殡葬设施的文明化、科学化、现代化奠定了社会基础。

殡葬设施生态建设不断得到重视。各地逐渐重视殡葬设施生态建设，服务环境绿化率大幅提高，服务场所逐渐趋向公园化。如相当数量的墓地服务单位利用荒山瘠地建设墓地，通过大面积的绿化及景点建设，使陵园整体趋于公园化，在社会上形成了公墓的品牌效应，取得了良好的社会效益和经济效益。部分殡葬服务单位还充分利用空间与地势，建设人文纪念设施、立体骨灰安葬格位，大幅提升墓地骨灰安葬容积率，使节约土地、保护环境、科技生态、人文纪念等现代殡葬理念明显提升。如福州某陵园单位利用山坡及墓地边角地块，建设壁葬设施并缀以适当的人文景观，快速提高了社会受众的接受度，从墓地内涵延伸上进一步提升了多方面效益；秦皇岛某环保设备公司大力推进高层室内公墓建设，以"入室为尊"的理念探索殡葬设施"上天入地"的可行性，提高了墓葬土地容积率。

（二）现有殡葬设施存在的问题

1. 设施空间布局规划欠佳

殡葬设施作为各地区域发展规划的重要组成，其布局的科学性直接影响着一定区域经济社会生态整体的发展质量。局部的殡葬设施与所属地区的经济社会生态整体规划及地域特色具有密不可分的关联性。

（1）与城乡空间缺乏互动。有些地区，在加速推行火葬的过程中，殡葬设施建设急于求成，追求"能用""够用"，致使其与现代城市规划发展格格不入，成为人见人厌的"异类"建筑，在履行"让两个世界的人都满意"的服务承诺中难以达到实质效果。

（2）殡葬设施子系统之间缺乏互动。殡葬设施包含多个提供不同服务类型的单位，这些单位共同组成了一定区域的殡葬服务系统，但在目前，我国殡葬设施各个单位之间在空间规划的关联性上欠缺考虑。绝大多数地区的殡仪馆、服务中心（站）、安葬纪念设施关联性不大，缺乏空间关联性的殡葬设施在运行效率上存在资源的浪费现象，无法为人们提供更为便捷高效和高质量的殡葬服务。

（3）殡葬设施内部空间欠缺。部分地区的殡葬设施存在内部布局不合理的情况，存在功能分区过于集中或不足的现象。殡仪馆方面，部分殡仪馆的殡葬设施不全或设计不到位，缺乏遗体整形、防腐、整容、守灵等配套服务设施，不利于追思纪念、应急事件处置等延伸服务项目的拓展，难以满足殡葬消费对象办理丧事的需求；遗体流转通道生死不分或不通畅，人、车通道混杂，易致次生污染，也给殡葬服务操作流程带来诸多不便；火化机尾气处理配套系统改进工作迟迟未见落实，严重影响职工的身体健康及周边环境，遗体防腐、洁净等处理设备科技含金量偏低，处理遗体的污水未经系统消毒直接排放入沟渠，易造成环境污染；办公区、祭奠区、员工生活区等功能区相距过于紧密、集中，导致工作情绪和哀伤情绪的交混，极易产生不良影响。公墓方面，有些民营公墓单位，大打殡葬政策的擦边球，暗地扩大墓位面积，以迎合殡葬消费者的心理需求；个别公益性公墓或宗教寺庙，违规参与经营性公墓竞争，导致公墓经营市场失序，迫使经营性公墓违规操作如减少绿化与管理的成本、扩大墓穴占地以保住自己的经营底盘；各地推行的生态葬法配套设施不到位，导致客户在祭奠过程的许多不便；艺术性墓式偏少，生命纪念设施及技术完全空白，人文纪念设施科技含量偏低，严重影响到不占地或少占地的生态葬法的推广进程。

2. 土地缺乏科学合理利用

殡葬设施的建设规划，无论是殡仪馆还是陵园等安葬纪念设施，都存在着选址不科学的现象，多数老的殡葬设施选址没有前瞻性，距离城区较近，现在随着城市的发展扩张，已被城市核心区所包围，被动陷于城市发展建设用地的供需矛盾，给周边土地开发利用形成严重阻碍，妨碍了区域经济的进一步发展。有些地区殡葬设施建设，存在着落实国家殡葬改革政策或环保政策不力，超标建设大型墓或者墓位建设容积率过高的现象严重，景观规划缺乏，土地硬化过度，地表裸露现象较为突出，超标墓地浪费土地的同时又破坏了自然风景，只见墓体排排坐，不见景观与绿树，荒凉之景油然而现，与生态殡葬要求形成强烈的反差。

3. 殡葬设施功能定位单一

在中国民众的传统认识里，殡葬设施的功能多为处理遗体、安葬、祭奠等活动所提供的特定场所。殡葬设施只有在特定日子里才会有较多的人前来，平日里人流量较小。作为设施完备的公共服务场所，殡葬设施的复合功能还有待开发。很多国家的殡仪馆、墓园等殡葬设施既承担了其最基本的情感寄托功能，又在物质层面为其添加了更多的公共服务功能，成功地将殡葬设施规划成集纪念、休闲旅游、教育等多功能的复合体。殡葬设施的文化传承和教育功能在我国刚刚起步，人文纪念的概念也是近几年才倡导并践行，目前只有少数单位进行了尝试，而多数单位受到传统文化习俗和封建迷信余毒的影响，几乎没有注意到殡葬设施这些功能的开发。与世界先进的殡葬设施规划水平相比，我国在殡葬设施功能多样化方面还有较长的路要走。

4. 设施景观设计水平较低

殡葬设施规划设计的重要内容之一就是景观设计。殡葬行业属于民政特种行业，要发挥殡葬设施的多样性功能，景观作为多种寓意和文化内涵的承载体，有着不可替代的重要作用。科学合理的景观规划设计能够影响人们的心理感受，舒缓逝者家属悲痛低沉的心情，从环境角度起到悲伤抚慰作用。但目前我国大部分的殡葬设施均采用较为传统的企事业单位式的景观营造方式，大规模的地面硬化和铺装被广泛应用，设施空间内部的植物景观搭配较为随意，存在装饰色彩不合理、植物配置种类单一等诸多不合理因素，殡葬设施园林景观环境多未做专项规划，造景深度和艺术层次感较为欠缺，景观的空间层次构建存在缺位。

5. 生态保护功能被忽略

殡葬设施建设按行业规划标准要求一般都拥有相当可观的绿地面积，在城乡生态绿地系统中殡葬设施的绿地属于斑块绿地系统的一部分，与城镇中的大小公园绿地等共同组成廊道斑块成体的生态系统。殡葬设施的绿地可以通过适当的设计起到对生态系统的生态修复作用，生态设计的理念应贯穿于殡葬设施的整个规划建设阶段。但是目前多数殡葬设施内外环境的景观规划建设鲜有生态设计的理念被运用，并未见到新型环保材料、雨水再利用结构等环境友好型设计和生态植物群落的构建在殡葬设施的规划设计和实践中大范围使用，殡葬设施的生态功能没有被充分利用和发挥出来。

6. 设施建设管理需加强

部分经营性公墓基于追求利益最大化，为了增加营收，违规迎合殡葬消费者的心理需求，形式上遵从殡葬政策，实际上对节地生态葬法的态度是十分暧昧的，建造墓位面积超标、墓碑超高的家族墓、大型墓，以此拉大墓位价差，赚取暴利，甚者明目张胆与《关于推行节地生态安葬的指导意见》相抵触，在墓穴空间富余的情况下，反对殡葬消费者搞家庭合葬。个别公益性公墓或宗教寺庙为了追求私利，利用自身土地划拨使用的低成本优势，违规参与经营性公墓竞争，迫使经营性公墓违规操作如减少绿化与管理的成本、扩大墓穴占地以保住自己的经营地盘，导致公墓经营市场的无序，对公墓管理与服务的正常运转产生负面的破局作用。多数殡葬服务单位在推广树葬、花葬等生态葬法过程中，仍然热衷于向丧主推介不可降解的硬质骨灰盒，不利于土地的轮换使用，使生态葬法名不副实。

（三）殡葬设施问题的成因分析

1. 政策法规因素

民政部颁布实施的《殡仪馆等级评定办法》《殡仪馆等级标准（试行）》《殡葬管理条例》，民政部和建设部发布实施的《殡仪馆建筑设计规范》，国家质量技术监督局颁布的《火葬场卫生防护距离标准》，在一定程度上规范了殡葬设施在规划、建设、服务和监督等方面的工作。尤其是《殡葬管理条例》，明确规定了要将殡葬设施的建设纳入到城乡建设规划的相关工作中去，但目前来看实施的效果还有待提高，相关法规、政策的条款还需要与时俱进，法规滞后的现状仍然急需改善。2016年2月，民政部等九部门印发的《关于推行节地生态安葬的指导意见》提出，在殡葬设施规划建设方面加强规范监管、激励引导等要求，但具体实施细则的制定却缺乏相关的实质政策凭据，针对新型的生态节地安葬设施和殡葬设施的景观规划方面缺少统一规范，还有诸多工作需要完善，导致各地在施行过程中左右为难，执行力度及效果可想而知。对于《殡葬管理法规》有关规定的违规惩罚措施，多是"1倍以上3倍以下"的罚款，违规成本太低，所起震慑效果不大；停业整顿，影响行业的正常运行，并不是政府管理部门和相关监管执行机构的初衷。而对于激励机制的运作，也同样需要提高有效性，奖励殡葬服务单位，殡葬服务对象积极性上不去，反之亦然。如果这种状况延续下去，不仅不会有效激励遵规守矩服务者及服务的产生，反而会给违规者留下较大的利好空间。

2. 文化因素

文化无处不在，绵延不息。无论何种文化，只要存在，就有它继续发挥作用的空间及规律。即使在目前较为发达的现代社会里，传统文化习俗也仍然继续扮演着它的角色。殡葬设施是殡葬文化的传承载体，是人们离别人世的最后场所或永久安息的场所，也是生者丧亲心理得以抚慰的情景理疗关键之地，其规划布局和功能极大地影响到殡葬服务的水平和质量。因此，在进行殡葬设施规划建设时，既要考虑到殡葬改革和相关政策的精神，也要考虑到技术上的创新和文化上的传承。但是，由于部分殡葬服务从业者专业文化素质偏低，容易急功近利，不懂或不愿在人文殡葬开发上投入，因此必然影响到殡葬设施规划建设在人文因素方面的滞后。譬如，很多地方殡葬行政主管部门及服务单位都在大力推行骨灰撒海、骨灰深埋且不留墓碑等生态葬法，但节地生态安葬配套设施不到位，缺乏特定的祭祀场所，从人文角度而言缺乏人性化，以致接受的人后悔，想接受的人后怕。

3. 区位因素

不同的地域环境，有着不同的气候环境、生态条件、经济实力和文化背景，区位因素造就了不同的区域规划风格。南方温润的气候、丰富的植被与温婉细腻的文化与北方大温差的气候、植物四季明显的季相变化和豁达大气的文化氛围有着不同的特色，在景观规划设计上也就形成了不同的区域特色。因此，在殡葬设施的景观规划和新型的生态节地安葬设施方面也无法形成全国性的统一规范，只能是智者见智、仁者见仁，导致各地在施行过程中随意性很大。同时，不同的地理区域，由于受到人口迁徙、生存环境、宗教信仰、生产方式及生活方式的影响，造就了不同的历史文化背景，也就形成了不同的殡葬观念及形式，致使殡葬业领域存在着"大同小异"的现象。而这些"小异"却是一定区域的人们在一定时期精神寄托的核心所在，无论是殡葬改革，还是殡葬设施建设，都不得不重视。因此，在殡葬设施建设中，必须突出这些地标性的文化特色，这无法通过一个标准来统一规划，也就极易造成良莠不齐的反差。

4. 历史因素

殡葬改革初期，我们过于追求"简化""节俭"，突出"火葬"，造成早期殡葬设施建设较为粗略，大多数地方的殡葬设施仅仅满足于"葬（火葬与骨灰墓葬或寄存）"，殡仪馆无"殡"可用之空间，更无人性化可言，简陋紧促是当时殡葬设施的常规形象。改革开放之后，随着国家整体经济的发展，文明服务、人性化服务的要求日益突出，带动了各地殡葬设施扩建或改造的高潮。各地在大兴殡葬设施建设的时候，由于受经济效益挂帅影响，过于追求"高大上"，却欠顾殡葬设施实质功能的思考，虽然解决了"殡"甚至"殓"的问题，却缺乏对殡葬"殓""殡""葬"等环节衔接的安排，致使服务运作过程生死混杂或来往不分，并且缺乏对殡葬"缘"（临终关怀）、"祭""传"（生命教育及家风传承）功能开发的思考，致使殡葬设施仍然是缺乏拓展余地。由于人们忌"死"，所以研究殡葬文化者寥寥无几，造成不懂殡葬文化的设计或建造殡葬设施，其后果可想而知，外看"高大上"，内用是麻烦。

三 殡葬设施发展方向与趋势

（一）殡葬设施发展的方向

殡葬基础设施建设是殡葬改革的"关键一环"，事关改革工作能否赢得群众满意，事关改革工作能否积极稳步推进。优美的环境、良好的硬件设施，既为逝者提供一个环境优雅、尊严体面的安息之地，也为生者悼念先辈、寄托哀思提供一个清静安逸之所，是殡葬服务实现"逝者所安"实质目的的物质基础。随着我国人口老龄化形势日趋严峻，年死亡人口的逐年递增，全国每年参加各种丧葬活动的人群将逐年增多，对殡葬设施服务的需求也将随之增长。同时，随着殡葬改革的不断发展，推动生态殡葬、人文殡葬、科技殡葬、公益殡葬、阳光殡葬为核心的现代殡葬已成为政府与社会各界的共识，生态化、人文化、科技化、公益化等也日益成为现代殡葬服务设施发展的主体方向。

（二）殡葬设施建设的总体要求

1. 指导思想

全面贯彻党的十九大精神，以习近平新时代中国特色社会主义思想为指导，认真贯彻落实党中央、国务院决策部署，坚持以人民为中心的发展思想，践行新发展理念，围绕建设惠民、绿色、文明殡葬，以推动殡葬改革为牵引，以满足人民群众殡葬需求为导向，以提升殡葬服务能力和水平为保障，以创新殡葬管理体制机制为动力，整合资源、规范管理、优化服务、深化改革，推动殡葬设施建设更好地服务于保障和改善民生、促进精神文明和生态文明建设，为增进人民福祉、全面建成小康社会做出贡献。

2. 殡葬设施建设的基本原则

公平可及，群众受益。各地要将以人民为中心、满足群众殡葬需求作为出发点和落脚点，坚持推进殡葬改革与完善殡葬服务供给相结合，优化殡葬资源配置，建立基本殡葬服务制度，确保实现人人享有公益性基本殡葬服务。

设施先行，服务引领。各地要以建设殡仪馆等殡葬设施为突破口，完善各项殡葬服务功能，为群众提供便捷、优质、人性化的服务，逐步引导群众自觉参与殡葬改革。

因地制宜，分类指导。各地要从实际出发，按照先易后难的原则，首先在火葬区加强殡葬基础设施建设，大力推行火葬。在偏远农村地区推行土葬改革，逐步大力推行火葬和节地生态安葬。加大公益性殡葬设施建设力度，尤其是加大乡镇、城市的公益性骨灰格位寄存设施的建设，推进节地生态葬法的进程。

规划布局，严格审批。各地要以保障群众的基本殡葬服务需求为原则，对殡葬基础设施建设进行统一规划布局，按照有关规定进行建设前公示，广泛征求群众意见，达成一致后按程序实施。民政、发改、财政、国土、住建、林业、环保等部门按照各自职能做好审批等相关工作。

统筹协调，系统改革。各地要建立健全党委领导、政府负责、部门协同、社会参与的工作机制。坚持殡葬基础设施建设与殡葬改革并行，殡仪馆与公墓建设统筹规划，实行火葬与改革土葬并进，丧事简办与祭扫简约并举，增强殡葬改革工作的系统性。

(三) 殡葬设施发展的措施建议

1. 在加强殡葬设施建设方面，殡葬设施管理、规划、建设及使用单位要根据《殡葬管理条例》《公墓管理办法》《关于进一步深化殡葬改革促进殡葬事业科学发展的指导意见》《关于全面推行惠民殡葬政策的指导意见》《关于推行节地生态安葬的指导意见》以及生态文明的总体要求，正确树立"大局观"，立足现有的技术资源，结合传统殡葬文化，不断增添文明、科学、人文、现代、生态、惠民、便民、阳光等元素，破解生态殡葬发展的瓶颈，大力补齐设施短板，促进现代殡葬设施的进一步发展。

明确方向。生命文化包括三个阶段——生存文化、死亡文化、生命传承文化。殡葬设施是以实物形式承载着生命承传文化的部分内容，其实质是借助殡葬场所建筑及其周边环境等实物通过虚拟的形式满足人们悼念、凭吊、缅怀先人的精神需求，因此，殡葬设施服务是文化服务与虚拟消费的结合体。由此可见，我们在推进殡葬设施建设的过程中，必须在殡葬设施环境文化方面做足功夫，以人文因素促进殡葬改革的深入发展。因此，殡葬设施服务拓展的空间巨大，现代殡葬设施无论是从社会效益方面还是从经济效益方面，都有很大的回旋余地，这个方面值得殡葬管理部门及服务单位去探究并推进。

厘清思路。首先，要结合相关指导意见及殡葬改革深入发展的总体要求，对已有的殡葬服务项目及流程进行梳理，扬长避短，加强人文因素的开发，贯彻落实惠民、便民的措施，健全殡葬设施服务的人性化、规范化、标准化，引导殡葬服务消费的转型发展，巩固并推进节地生态葬法的进程。其次，要结合现有的社会技术条件，对相关指导意见已提出要求但尚未实施或实施过程有困难的创新服务模式，进行详细的调研分析，探讨其中的瓶颈及其成因，提出相应的对策，制订适宜的、切实可行的实施方案，扩大生态殡葬的推进成果。立足"有用有效"，从规划、管理、制度等入手，加强殡葬设施的管理使用，让殡葬改革前行的基础更加坚实。最后，要立足殡葬改革深入发展的总体要求，结合传统的殡葬文化，根据社会经济、科学技术等新的发展趋势，对相关指导意见没有提出且现实殡葬设施服务实践中也尚未出现的服务模式，大胆创新，多方面、多层次推进现代殡葬设施建设的进程。

科学推进。各殡葬管理与服务单位推行现代殡葬设施建设的过程中，要因地制宜、统筹考虑、合理规划、切实可行，切忌盲目追求高大上，避免适得其反。要结合当地宗教习俗、地方习俗等，保证现代殡葬设施在当地建设的可行性，譬如在信仰佛教群众较多的地区，塔葬或建于寺庙旁的地宫葬较易为群众所接受，可在这个思路上开拓实践。要根据当地的自然环境、交通状况、各方财政投入等，提出并制订切实可行的现代殡葬设施及其配套设施建设方案，避免出现"叫好不叫座"的现象。

殡仪馆要进一步完善殡仪、火化、骨灰安置、祭祀等设施，提升设施功能，满足客户的需求。要加强殡葬服务设施生态化建设，新建或改扩建殡葬设施时要充分吸纳建筑、环保、殡葬文化等专家的意见，做到设施布局合理，建筑形式美观，促进殡仪流程科学、操作过程环保。要针对城镇化发展的需求，及时通过对原有设施的改造或添建的途径，完善殡葬服务设施，适当增设遗体处理专用室（厅）、守灵厅（室）、服务对象休息室、生命纪念设施等，争取以完整、优质的服务功能设施吸引殡仪服务对象将办理丧事的全过程放在殡仪馆进行，以缓解殡仪服务对象办理丧事过程存在的扰民、环境污染等问题。加强殡葬服务环境建设，绿化、美化要达标，实现园林化、艺术化，以良好的馆容馆貌引导殡仪服务对象文明、科学、节俭地办理丧事，促进生态文明殡葬理念的推行。

公墓服务单位要充分利用现有的信息科技平台，健全档案资料的建立、保管、开发及利用等服务工作，完善并充分利用"网络公墓"服务平台，将逝者"音容宛在"延伸到"音容永在"，推进互联网、物联网与殡葬设施服务融合发展，以此促进智慧殡葬设施的建设。在推广骨灰花葬、树葬、草坪葬、深埋不留骨灰等生态葬式基础上，大力开发并推介使用无毒、可降解环保骨灰盛具,提升生态葬式的人文色彩。要结合当地的自然环境、宗教习俗、地方习俗,因地制宜创新和推广生态葬法,适当调整并推行已有的生态节地葬法。提倡地面不竖墓碑、地下不建硬质墓穴,墓碑小型化、微型化,最大限度降低硬化面积,并利用传统安葬习俗鼓励家庭成员采用合葬方式提高单个墓位使用率。充分利用现有土地,结合传统殡葬的科学因素,探讨"上天入地"新的生态葬法的可行性,在土地存量、绿化面积总体不变的情形下进一步提高墓地的骨灰落葬容积率。

惠民促进。牢固树立"便民、惠民、利民"的理念,充分尊重群众情感和意愿,加快推进殡葬设施建设,打造群众满意殡葬。要正确树立"长远观",竭力巩固改革成果。公墓服务单位要结合当地的社会消费水平及群众的消费意愿,根据当地政府相应的惠民政策及其执行能力,提出并制订适宜的便民殡葬设施建设方案,避免因成本过高增加执行的难度。可针对节地生态安葬的人群及相关服务特点,创新服务模式,优化服务流程,提升服务内涵,充分利用空间,加强便民服务设施建设,拓展全程陪同引导、悲伤抚慰、人员交通保障等服务项目,做到便民高效、用心服务,强化人文关怀。选择位置好、绿化好的墓区开辟节地生态墓园,配套相应的休闲设施,方便殡葬服务对象对先人的凭吊。对积极参与骨灰格位寄存、树葬、花葬、骨灰深埋等生态葬法的逝者,加快集中祭祀设施建设,为群众选择文明环保祭祀方式提供方便。

人文拓展。加强殡葬设施的人文建设,将"孝""礼"等优秀传统文化与社会主义核心价值观相结合,充分利用殡葬设施的空间,策划、设计、创作相应的文化作品,建造富有特色的文化设施,增进殡葬设施的灵动感,完善其在人生教育方面的功能。针对草坪葬、骨灰格位寄存等少占土地的生态葬法,加强相应的艺术设计,提升墓体或寄存格位的文化内涵并结合高科技信息技术,提升其纪念功能,提高相应的文化内涵和教育功能。对树葬、花葬、骨灰撒海、骨灰深埋等不占或少占地的生态葬法,选择适宜地点建设集中祭祀设施、逝者档案资料馆，完善配套祭祀设备，凸显高科技条件下的新型人文文化。创新祭祀模式，积极引导群众选择鲜花祭祀、网络祭祀、居家祭祀、集体公祭、灵牌祭奠等现代文明环保的祭祀方式，逐渐减少焚烧纸扎、焚香摆供等传统祭祀形式，提升生态殡葬的实质效果。

强化管理。殡葬管理及服务单位要根据已有殡葬设施情况和未来需求预测，把握总量、优化存量、扩大增量，科学制定节地现代殡葬设施建设规划，强化殡葬设施的生态功能。建立健全管理制度和服务操作规程，根据殡葬服务协议，严格管控骨灰流向，严格执行国家有关墓位占地面积、使用周期及销售的规定，提高墓穴用地的容积率。加强殡葬服务设施的绿化及水土保护工作，做好殡葬设施日常管理及维护，保持殡葬场所整洁肃穆，以良好的环境面貌助力文明低碳祭扫的引导。健全培训管理制度及奖惩机制，加强管理及服务人员的培训工作，不断提升工作人员的职业道德、殡葬文化、殡葬法规、业务技能等素养，激励一线服务人员积极参与课题研究、技能竞赛，以研促学、以赛促学，从提高人员内涵素养着手，促进殡葬设施服务的规范化，保障现代殡葬设施功能的顺利拓展。

2. 在强化组织保障方面，各地政府及其民政部门要立足《关于推行节地生态安葬的指导意见》《关于进一步深化殡葬改革促进殡葬事业科学发展的指导意见》《民政部关于全面推行惠民殡葬政策的指导意见》以及《殡葬管理条例》《墓地管理办法》等，依据生态文明的要求，充分利用现有的社会资源和技术资源，进一步规范殡葬设施建设要求，改进监管、指导工作的方式、方法，将文明、人文、科学、生态的理念落到实处。

加强组织领导。各级党委和政府要将现代殡葬设施规划建设作为深化殡葬改革的重要内容，纳入当地国民经济和社会发展基本建设规划，列入重要议事日程和考核内容。建立健全党委领导、政府负责、部门协作、社会参与、法治保障的领导体制和工作机制，强化科学规划意识，完善政策措施，明确职责分工，强化责任落实，保证殡葬设施建设的进度和质量。加强政府相关联动部门的协调工作，统一管理口径，避免"政出多头"，有效解决殡葬设施建设进程中的重点、难点问题，促进殡葬设施建设的发展进程。建立健全基层殡葬信息员制度及殡葬信息源采集、报告和预警机制，加大对乱埋乱葬、骨灰装棺再葬、违规建墓的事前预防和源头治理力度。

做好顶层设计。由于人口自然增长率与死亡率极为平稳，波动不大，各地要充分运用科学的预测手段，建立本地常住人口年龄分段表并建立动态模型，结合当地规划期内人口自然增长率与死亡率，按照不同年龄段死因测算死亡率，建立科学的预测手段，预测规划期内死亡人口，确定殡葬设施的实际需求。同时，要根据本地的经济社会发展趋势，为未来殡葬事业的进一步发展留足空间，以保证殡葬设施的"够用"与"用够"。从而进一步确定规划期内殡仪馆、经营性公墓和公益性公墓等殡葬设施的用地、规模和数量，为区域内殡葬设施规划提供科学依据，做好殡葬设施的总体规划。要站在有利于改革发展和服务民生的角度，自觉把殡葬设施建设放入殡葬改革工作大局中去谋划、去推进、去落实，严格按照殡葬改革实施方案要求，加快推进县级公益性公墓的扩容提升、农村公益性骨灰安放设施建设、殡仪馆基础设施改造等工程建设，加快补齐殡葬设施短板。

加强分工协作。殡葬设施规划发展是牵涉到多部门协作的问题，各有关部门之间既必须明确职责分工，又必须加强联动合作，而要保证各部门各司其职、各尽其责，防止各部门之间互相推诿、敷衍塞责，完善的监管机制是有效实施的最佳保障。民政部门要发挥好牵头作用，做好殡葬设施建设的方案策划、标准制定、审批监管等工作，主动协调有关部门，完善部门之间联动互动机制。宣传、文明、文化等部门要做好殡葬改革宣传策划，将殡葬移风易俗宣传文案嵌入殡葬设施的同步建设。发展改革部门要加强对殡葬事业发展的规划，建立殡葬事业公共投入和稳定增长机制，加大对提供基本殡葬服务的殡葬设施建设支持力度。财政部门要保障落实殡葬事业发展经费，确保殡葬设施建设资金的准确到位。国土资源、林业等部门要依法保障纳入规划的殡葬设施用地需求，纠正和查处违法占地建设殡葬设施、违法占用耕地林地建坟等行为。环境保护部门要依法指导殡葬设施的环保改造，强化殡葬活动的生态环境监管。住房城乡建设部门要依法加强殡葬设施规划建设管理。卫生计生部门要加强对医疗机构太平间的管理，指导殡葬服务机构做好殡葬设施的卫生防疫工作。宗教事务管理部门要依法规范寺庙等宗教活动场所建设骨灰存放设施等行为。人民法院要依法受理违法安葬行为申请强制执行案件。

优化资源布局。各地要立足当地群众殡葬服务需求，着眼长远发展，加紧制定和完善本区域殡仪馆、火葬场、骨灰堂、公墓、殡仪服务站等殡葬设施的数量、布局规划。规划时要严守生态保护红线，重点完善设施空白地区规划，调整优化基础薄弱或服务饱和地区殡葬资源结构，确保殡葬设施种类、数量、服务规模与当地群众殡葬服务需求相匹配、与殡葬改革推行相适应，并严格依照规划审批殡葬设施，做好殡葬项目"邻避"问题防范与化解工作。特别是实行火葬的地区，必须把建设火化设施和骨灰安葬设施作为首要条件纳入工作规划，明确推进的时间表和路线图。同时，根据需要，及时更新改造现有火化设施设备，重点对已达危房标准、设施陈旧的县（市、区）殡仪馆实施改扩建，对已达到强制报废年限或不符合国家环境保护标准的火化设备进行更新改造。

加强建设力度。持续深入推进殡葬改革，加强火葬区殡仪馆建设。根据《关于进一步推动殡葬改革促进殡葬事业发展的指导意见》及国家"十三五"相关规划的要求，结合实际加紧制定和完善本地区殡葬改革发展规划，进一步明确和细化火葬区与土葬改革区的划分和调整，到2020年，必须实现火葬区殡仪馆县级行政区域全覆盖，并达到国家环境保护标准要求。

持续深入推进骨灰处理改革，加强节地生态安葬设施建设。各地要深入贯彻落实民政部等九部门《关于推进节地生态安葬的指导意见》，因地制宜，科学合理规划选址，加强公益性节地生态安葬设施用地保障，大力推行骨灰集中节地生态安葬，加大城乡公益性节地生态安葬设施建设力度，到2020年，实现公益性节地生态安葬设施覆盖到乡镇。提供树葬、撒散、骨灰存放等多样化节地生态安葬方式及设施,大力推行不占或少占土地、少耗资源、少使用不可降解材料的骨灰集中节地生态安葬方式。对于经营性公墓,要严格限制墓穴、墓位占地面积和墓碑高度,鼓励使用可降解材料,不断提高节地生态安葬比例,引导从依赖资源消耗,逐步向绿色生态可持续发展转型。对火葬区遗体违规土葬、骨灰装棺再葬、散埋乱葬等问题,要坚持疏堵结合、依法治理,严禁以罚代管、放任不管。在土葬改革区,要按照规划引导群众实行集中安葬,倡导遗体深埋、不留坟头或以树代碑。

积极推进殡葬移风易俗,加强环保祭祀设施建设。深化丧葬习俗改革,把殡葬移风易俗纳入文明城市、文明村镇创建和美丽乡村建设之中,并根据需要,统筹规划和建设殡仪服务站等集中治丧场所,合理设置祭扫专门区域,引导群众文明治丧、低碳祭扫。深入挖掘阐释清明节等传统节日蕴含的教育资源,充分依托殡葬服务纪念设施,建设生命文化教育基地,打造优秀殡葬文化传承平台,弘扬尊重生命、孝老敬亲、厚养薄葬、慎终追远、天人合一等思想文化,崇尚社会公德、家庭美德,培育现代殡葬新理念新风尚。开展农村散埋乱葬专项治理活动,把此项活动作为加强和完善社区治理、改善农村社区环境的重要举措进行统筹部署安排。

加强宣传引导。要加强对殡葬行业内部服务机构的教育培训,提升服务者服务及运营能力,促进服务经营者要充分发挥新媒体传播优势,通过微信、QQ等网络平台深入宣传殡葬法规政策,普及科学知识,传递文明理念,引导群众转变观念、理性消费、革除陋俗,树立厚养薄葬、文明节俭、生态环保的殡葬新风尚,促进生态文明的现代殡葬设施"有人用"。大力宣传党员干部带头参与殡葬改革的典型事例及各地推动殡葬改革发展的成功经验,发挥先进典型的示范作用,树立殡葬为民的良好形象,把社会风气引导好,努力营造人人支持殡葬改革、全社会关心殡葬事业发展的良好氛围。创新宣传方式,形式、主题及内容要多样化,用群众喜闻乐见的方式,宣传节地生态葬法的历史渊源、现实意义、法规政策和实践成果,使人们正确看待死亡，让生态文明殡葬理念深入民心；坚持清明节等重要节点集中宣传与日常引导相结合，积极组织开展殡葬服务机构开放日、节地生态安葬宣讲、集中撒海生态安葬等活动，加强对群众治丧观念和治丧活动的正向激励引导，培育和树立文明节俭、生态环保、移风易俗的殡葬新风尚；宣传内容要凸显殡葬改革的历史衔接性，做好"破"与"立"的衔接，破解群众殡葬意识转变的瓶颈，力争实现引导、指导、劝导等实质效果；及时发现并树立生态文明殡葬践行者、推动者、引领者等模范典型，以正确导向和行为示范带动广大群众转观念、破旧俗、立新风，共同践行生态文明理念；积极争取人大代表和政协委员的支持，争取群众的认可和支持，多方借力，加速生态文明的现代殡葬设施的发展进程。宣传的对象既要面向社会受众，也要面向殡葬行业内部服务机构的管理者。面向前者，是为了促进生态文明现代的殡葬设施"有人用、愿意用"；而面向后者，则是为了引导服务者正确理解现代殡葬设施发展的重要意义，转变运营理念，积极主动加大对现代殡葬设施建设的投入，促进现代殡葬设施"有人建、愿意建"。

加强重点事项管理。根据各类殡葬服务机构性质和特点，坚持问题导向，聚焦风险防范，分类施策，加强管理。加强行风建设，全面推进反腐倡廉和廉洁从业。持续加强安全隐患排查整治，坚决防止发生安全责任事故，加强配套停车场规划建设。进一步规范和加强公墓管理，对未经批准建设的公墓依法予以取缔，对违规改扩建等行为予以纠正，禁止建造超规定面积墓穴、墓位，禁止非法出售（租）、转让（租）墓葬用地或骨灰存放格位，禁止农村公益性墓地违规对外销售。加强医院太平间管理，严禁在太平间开展营利性殡仪服务。查处借宗教名义违规建设、经营骨灰存放设施等行为。加强督查评估，及时跟进对殡葬设施建设的事中事后监管，对发现的问题及时整改，加强跟踪分析和通报。建立健全考核评价机制，把殡葬设施更新改造率、公益性安葬设施覆盖率等衡量改革发展成效的重要指标纳入考核范围，并争取纳入当地党委和政府目标考核。要正确树立"责任观"，通力抓好建设工作。坚持知责担责、负责尽责，通力把建设工作做好做出成效。

清理整治非法公墓。新的公益性墓地、骨灰堂启用后,要按照存量搬迁集中、增量规划集中和属地管理、分级负责原则,将辖区内农田、山林、公路、河道沿线和文物保护区、风景名胜区、居民区、开发区等范围内散葬坟墓逐步分期、分批搬迁到公益性墓地或骨灰堂或公益性墓地,坚决制止乱埋乱葬。

第八章 殡葬产品开发与应用

殡葬产品有广义和狭义之分，广义的殡葬产品是指能满足人们殡葬需求的实物、服务及其组合；狭义的殡葬产品特指实物。本章研究的殡葬产品为狭义殡葬产品，不包括殡葬服务和实物与服务两者的组合。

众所周知，殡葬产品是殡葬服务的基础，一方面开展殡葬服务离不开殡葬产品；另一方面殡葬产品的开发和应用又拓展了殡葬服务项目与内涵。通常情况下，殡葬产品包括殡葬设备和殡葬用品两大类别。

一 殡葬设备开发与应用

(一) 殡葬设备类别与代码

在《殡葬术语》（GB/T 23287—2009）[①] 国家标准中，对殡葬设备给出了明确的定义。"殡葬设备"是指"殡葬服务机构进行殡葬服务所用的机械和器具"。殡葬设备的标准内涵界定了三点：一是殡葬设备的使用单位为殡葬服务机构（单位）；二是殡葬设备包括复杂的机械（机器）；三是殡葬设备也包括简单的器具（用具）。

1. 殡葬设备类别

根据殡葬服务活动类别，殡葬设备可分为殡仪设备、安葬设备和

---

① 民政部一零一研究所：《殡葬术语》（GB/T 23287—2009），定义 8.15。

祭奠设备三大类，三大类殡葬设备分别服务于殡仪服务、安葬服务和祭奠服务。

2005年发布的《殡葬服务、设施、用品分类与代码》（GB/T 19632—2005）[①]国家标准，将殡葬设备按殡葬服务项目和流程分为遗体运送、遗体安放、遗体消毒、遗体防腐、遗体保存、遗体解剖、遗体化妆、遗体火化和其他设备等大类，再将大类细化为中类和小类。

2. 殡葬设备代码

GB/T 19632—2005国家标准规定殡葬设备代码用6位阿拉伯数字表示，其中大类、中类和小类代码各由两位阿拉伯数字组成。当中类不需划分小类时，其小类代码用"00"占位。

（二）殡葬设备生产和使用

1. 殡葬设备的生产

自1956年毛泽东等老革命家联名签字倡导火葬以来，我国以火化设备为代表的殡葬设备科研与生产工作越来越受到各级政府的高度重视。20世纪50年代，沈阳建新机械厂（沈阳火化设备研究所和沈阳农机齿轮厂的前身）在全国率先研制生产了仿捷式火化机，其后烟台缝纫机针厂生产了62型燃煤式火化机。这些第一代火化机虽然能满足遗体火化的基本需求，但存在高能耗、高污染、效率低、操作困难等弊端。

（1）殡葬设备科研与生产基地的创建

为改变我国火化设备科研与生产技术落后状况，1980年7月4日，民政部以〔80〕民城字第68号文件形式委托辽宁省民政厅筹建成立沈阳火化设备研究所（以下简称"该所"），承担全国火化设备科研、生产任务。1981年2月24日该所在沈阳市苏家屯区金宝台开始办公。1981年3月11日，民政部发布了《关于沈阳火化设备研究

[①] 上海市殡葬服务中心、上海市标准化研究院：《殡葬服务、设施、用品分类与代码》（GB/T 19632—2005）。

所有关问题的通知》，要求各级民政部门在该所进行有关科研活动时，请予以大力协助，有关火化设备科研、生产的具体问题，可直接与该所联系。

1982年，沈阳火化设备研究所借鉴日本的遗体火化架空焚烧和二次燃烧技术，自行设计制造出82－B型燃油式火化机，它改变了燃料结构，实现了火化燃料从燃煤到燃油的转变，基本解决了第一代火化机能耗高、污染重、效率低、操作难的问题。而后，江西火化设备研究所研制生产出Y90型燃油式火化机、烟台缝纫机针厂研制出了SDM系列燃油式火化机、湖北仙桃殡葬管理所研制出了3HEY型燃油式火化机、北京火化设备厂研制出了KHZL型整体快装燃油式火化机，这些我国自行研制的火化机与第一代火化机相比虽然前进了一大步，但是在污染排放、自动控制和文明火化等方面与国外先进火化设备还存在一定的差距。

（2）殡葬设备生产标准的制定

为保障火化设备产品质量，民政部于1984年11月10日发布了《燃油式火化机通用技术条件》（MB 1—84）[①] 规定了燃油式火化机构成、技术要求、监测方法、验收规则、质量等级等。火化设备产品标准的发布实施，改变了我国殡葬设备无标生产的落后局面，该标准至今仍具有较高的参考价值。现将该标准的主要内容介绍如下：

> 明确了油式火化机一般由主燃烧炉、再燃烧炉、鼓风机、油罐、油路系统、风路系统、电气控制箱、排烟装置和进尸车9部分组成（之所以未将引风机列入一般组成，是因为当时可采用排烟装置中高烟囱产生的"抽力"维持炉膛内微负压状态燃烧）。在技术要求中规定了火化机应达到的主要使用性能，一是平均火化每具遗体火化机耗油量不得超过8公斤；二是平均每具遗体火化时间不得超过45分钟；三是停炉16小时炉膛温度应高于

---

① 沈阳火化设备研究所：《燃油式火化机通用技术条件》（MB 1—84）。

300℃；四是炉体外表面平均温升不得超过50℃。制定了遗体火化烟尘、二氧化硫、氧化氮、一氧化碳、硫化氢和氨气六项大气污染物排放浓度和排放总量的三级排放标准，并制定了相应的监测方法。制定了火化间的室内空气质量三级标准和火化机产生的噪声强度限值。提出了火化机部件出厂试验、安装质量检查、型式试验的相应要求。将火化机按监测检验结果分为优等品、一等品、合格品三个等级。

随着殡葬改革的推进，殡仪车的需求量和生产量不断增加。为了确保殡仪专用车产品质量，加强对殡仪车生产的指导，民政部组织长春汽车研究所和常州市交通车辆厂制定了《中小型殡仪车专用技术条件》，于1987年4月6日发布实施。该标准规定了中小型殡仪车结构、性能、技术条件、试验方法、检验规则、标志、运输和储存要求。

标准的实施促进了殡仪车的生产，江苏常州交通车辆厂、北京北方汽车改装厂等民政部定点生产殡仪车的厂家将原来生产的CL-531A和CL-532A两种车型扩展到CL-6470系列、BF-5030系列、BF-1020系列等十多种型号，殡仪车产品质量有了显著提高。

（3）殡葬设备科研与生产规划纲要

1991年8月21日，《民政部殡葬设备科研与生产发展十年规划和"八五"计划纲要》[1]（以下简称《规划纲要》）出台，要求各级民政部门都要重视殡葬设备的科研和生产，支持殡葬设备研究所、生产厂的技术进步、技术改造和开发。支持殡葬服务行业使用和引进国内外先进技术、设备。《规划纲要》提出了我国十年殡葬设备科研与生产发展的奋斗目标、"八五"期间的主要任务和保障措施。

---

[1] 民政部：《民政部殡葬设备科研与生产发展十年规划和"八五"计划纲要》，1991年8月，110法律咨询网（http://www.110.com/fagui/law_177858.html）。

《规划纲要》的目标：开发研制出与我国社会发展和科技进步相适应的新型火化机、殡仪车和殡葬辅助设备，使火化机达到或接近国际八十年代的水平（无污染、自动化）；使殡仪车的生产逐步达到高、中、普相结合，大、中、小相配套，高档殡仪车达到国内汽车行业新型轿车水平；使殡葬辅助设备齐全、可靠；逐步使这些先进的殡葬设备能够在大中城市得到推广和使用。

《规划纲要》提出的"八五"期间主要任务：

加强火化技术基础理论的研究。在继承和发扬我国的火化机高效、节能的基础上，重点的课题研究是推进火化技术进步，以减少环境污染和实现文明火化作为火化技术进步的指导思想，着重研究炉温对污染物的影响，温度、压力、气体流动与充分燃烧、提高燃烧效率、减少污染物排放的关系。通过科学试验，力争在基础理论上有突破，提出适合中国国情的新的火化技术基础理论，以理论指导生产，从理论上解决我国目前火化设备存在的主要问题。

加强基础元件的研制。主要是敏感元件、控制元件、执行元件及风机、油嘴的研制，通过外引内联，开展课题研究、委托研究，使这些元件达到技术先进，性能可靠，为新型火化机的生产奠定基础。

积极开展国际技术合作。鼓励引进吸收国外火化机的先进技术，提高中国的火化机的技术水平。

努力提高火化机的自动化程度。通过消化吸收国内电子计算机行业的成果，设计生产出用电脑控制的火化机，达到进尸和燃烧过程的自动化。

研制开发出我国第二代殡仪车。使其成为设备齐全，功能优越，备有冷藏设备，达到国内轿车先进水平，以适应大城市高层次丧葬消费水平的需要。同时，还要开发生产出适用大城市小街道使用的轻便灵活的小型殡仪车；开发生产出为土葬提供服务的殡仪车；开发生产出供少数民族使用的特殊型号的殡仪车；改造现有车辆的生产手段，提高整车质量。

抓好新产品的开发和老产品的更新改造。新产品开发研制向纵深发展，研制出与能源相配套的燃煤、燃油、燃气火化机的系列产品及殡葬辅助设备，在开发研制新产品的同时，更新改造老产品，抓好高档次和普及型产品的生产。同时要加快研制骨灰粉碎机、整容防腐器械、消毒器械等设备设施，进一步提高文明火化程度。

《规划纲要》提出的保障措施：

加强科研基地的建设。加快民政部一零一研究所建设的步伐，尽快把部 101 所建成科研、情报和信息中心。继续发挥沈阳火化设备研究所和江西火化设备研究所的作用，使各个殡葬设备生产厂都要关心技术进步，努力提高产品质量、工艺水平和管理水平。

努力攻关，积极开发新型火化机。民政部一零一研究所、沈阳火化设备研究所、江西火化设备研究所、北京火化设备厂、湖北仙桃市殡葬管理所、烟台缝纫机针厂等单位要努力攻关，博采众长，研究设计出具有先进水平的火化样机，在"八五"期间完成设计定型、生产定型，并力争投入小批量生产。在先进殡仪车的生产上，拟由常州交通车辆厂、北京北方汽车改装厂、长沙制冷设备厂等单位要组织联合攻关，采用标志 505 型轿车，在车内装上冷藏设备，改装成高档殡仪车。

加强生产厂的技术改造工作。通过贴息技术改造贷款的方式，促使火化机、殡仪车生产厂采用先进的技术和先进的工艺，改造落后的生产手段和生产方式，走以内涵为主的发展道路。

加强标准化的工作。"八五"期间，制定出燃煤、燃油、燃气火化机的国家标准和行业标准；制定出各种辅助设备、骨灰盒等丧葬用品的行业标准；制定出设备安装规范、操作规范、管理规范，加快殡葬设备的标准化、系列化、通用化进程，使殡葬设备安装、使用、管理符合环境保护和文明进步的准则。

调动各方面的积极性。利用社会力量，促进殡葬设备的技术进步和更新改造。各级民政部门要按照等级殡仪馆的要求，重视殡葬设备的科研与生产，使用先进设备，更新改造旧设备，不断提高殡仪服务水平。凡是有殡葬设备研究所和生产厂的民政部门，要加强对他们的领导，积极支持他们进行技术改造。殡葬设备研究所、生产厂要从盈余中拿出部分资金，积极进行生产设备的更新和改造，促进生产技术进步。凡是没有研究所和生产厂的民政部门，要积极和社会上的科研部门挂钩，开展科研工作。各地殡仪馆都要积极采取新型的先进殡葬设备。经济效益好的殡仪馆要积极引进国外先进设备，要从经济上支持殡葬设备生产厂的生产。

加强民政部宏观调控机制。使殡葬设备的科研和生产达到统筹规划、合理分工、优势互补、协调发展。建议每年从民政部里的技改贷款和科研经费中按项目报批，给予一定资金，支持殡葬设备生产线技术改造和新产品开发。国家分配给民政部用以火化机、殡仪车的原材料，要专材专用，支持殡葬设备的生产。民政部将积极鼓励和推广创优产品，淘汰落后产品，并逐步建立殡葬设备的生产许可证制度，使殡葬设备的科研与生产走上正常发展轨道。

（4）殡葬设备产品质量监督

1993年2月22日，《中华人民共和国产品质量法》发布，并于同年9月1日正式施行，根据该法第六条规定："国务院有关部门在各自的职责范围内负责产品质量监督工作。"民政部作为殡葬专项社会事务管理部门，先后授权民政部一零一研究所和中国殡葬协会主持开展了全国火化机产品质量检测与评定工作，对检测合格的产品，发放火化机产品质量合格证书。

1997年7月21日，国务院《殡葬管理条例》发布实施，该条例第十六条规定："火化机、运尸车、尸体冷藏柜等殡葬设备，必须符合国家规定的技术标准。禁止制造、销售不符合国家技术标准的殡葬设备。"该条例第二十二条规定了相应的罚则："制造、销售不符合国家技术标准的殡葬设备的，由民政部门会同工商行政管理部门责令停止制造、销售，可以并处制造、销售金额1倍以上3倍以下的罚款。"国家殡葬法规对殡葬设备的制造要求，保证了殡葬设备的达标生产和产品质量。

（5）殡葬设备的生产现状

殡葬设备的生产主要集中于遗体运送设备、遗体保存设备和遗体火化设备三大类：

遗体运送设备的生产。据不完全统计，全国殡仪车的生产企业不少于20家，年产殡仪车可达2000台。殡仪车生产企业与汽车公司合作，生产的殡仪车从金杯、金龙、福特、全顺、福田、江铃系列到奔驰、别克、五十铃、依维柯系列应有尽有。随着汽车行业的快速发展，殡仪车的功能越来越全，各项技术指标都有显著的提高。在卫生防护方面，实现了尸舱与驾驶室的隔离；尸舱的封闭性和实用性不断增强；尸舱的材质大多选用了便于清洗消毒的不锈钢。在整体设计方面，外观和内饰更加庄重、质朴、雅致、大方。

遗体保存设备的生产。作为遗体低温保存专用设备的遗体冷冻柜和遗体冷藏棺的生产由来已久，北京医用低温设备厂是我国最早生产尸体冷藏箱的厂家之一。[1] 1989年9月19日，国家医药管理局发布了《尸体冷藏箱》（ZBC 47011—89）[2] 国家专业标准，规定了尸体冷藏箱产品分类、技术要求、试验方法、检验规则、标志和包装要求。目前生产遗体冷冻柜和遗体冷藏棺的企业较多。国内生产的遗体冷冻柜额定工作温度为－18℃，可用于遗体及其组织器官的长期低温保存。柜体分为单体和多体，多体柜采用遗体平躺仰卧抽屉式结构，通常包括2屉柜、3屉柜、4屉柜、6屉柜和9屉柜，可分别支持2、3、4、6、9具遗体的冷冻保存。遗体保存设备的生产企业一般以销定产，能满足用户的需求。国内生产的遗体冷藏棺的额定工作温度为3℃，可用于遗体的短期低温保存。遗体冷藏棺均为单体结构，分固定式和移动式两大类。移动式遗体冷藏棺可支持守灵和停丧，冷藏棺盖或棺盖上部采用透明材料制作，具有瞻仰遗体的功能。

遗体火化设备的生产。目前全国火化设备的生产企业已超过40家，主要分布在辽宁、江西、山东、上海、广东、北京、河北、江苏等省市，形成了年生产火化设备1500台的生产能力，不仅能满足国

---

[1] 胡文华：《咬定科技不放松——记北京医用低温设备厂》，《中国工商》1995年第6期。
[2] 北京医用低温设备厂：《尸体冷藏箱》（ZBC 47011—89）。

内市场的需求，部分火化设备还出口至印度尼西亚、马来西亚、俄罗斯、蒙古等国家。2016年1月1日，新修订的《中华人民共和国大气污染防治法》正式实施，该法第八十三条规定："火葬场应当设置除尘等污染防治设施并保持正常使用，防止影响周边环境。"全国火化设备生产企业在生产火化机的同时，纷纷生产与火化机配套的火化烟气除尘净化设备。近三年，由于新生产的火化机和在用的火化机均需按照大气污染防治法的要求配套或补装除尘设备，火化烟气除尘净化设备的生产量已经超过了火化机。

2. 殡葬设备的使用

（1）遗体运送设备的配备和使用

殡仪服务机构运送遗体按运送范围可分为机构外运送和机构内运送。机构外运送遗体属于遗体接运，遗体接运使用的专用设备为殡仪车；机构内运送遗体属于遗体搬运，遗体搬运使用的专用设备为推尸车和抬尸担架。

根据《殡仪馆建设标准》（建标181—2017）①第三十二条规定，殡仪馆使用的遗体接运殡仪车数量可按表8-1配备。

表8-1　　　　　　　各类殡仪馆配备殡仪车的数量

殡仪馆类别	Ⅰ类	Ⅱ类	Ⅲ类	Ⅳ类	Ⅴ类
年处理遗体量（具）	10001—15000	6001—10000	4001—6000	2001—4000	≤2000
殡仪车配置数（台）	15—23	9—15	6—9	3—6	2—3

殡仪车的使用应当按照民政部等8部门联合发布的《关于尸体运输管理的若干规定》执行，尸体的运送，除特殊情况外，必须由殡仪馆承办，其他任何单位和个人不得擅自承办，严禁私自接运遗体；异地死亡的遗体确需外运的，经相关手续后，同样必须由殡仪馆的专用

---

① 民政部一零一研究所：《殡仪馆建设标准》（建标181—2017）。

车辆（殡仪车）运送。殡仪车在使用过程中，应保持卫生，加强安全管理，做好消毒和防疫工作。

（2）遗体保存设备的使用

遗体保存设备中使用率最高的是遗体冷冻柜，在医院太平间、殡仪馆、遗体存放中心、殡仪服务站、尸检所等机构内，都离不开遗体冷冻柜。在以冷冻为主存放遗体的殡仪馆，鉴于大多数遗体冷冻存放天数为3天，通常遗体冷冻柜的存尸抽屉数宜达到日处理遗体量的3倍。遗体冷冻柜的使用要求双路供电，如果单路供电应配备应急发电机。遗体冷冻柜的存尸抽屉机内部滑动担架应定期清洗消毒。殡仪馆的遗体冷藏棺既可在馆内的守灵间和告别厅使用，也可以对外租用。

（3）遗体火化设备的使用

火化机是殡仪馆的核心设备，根据《殡仪馆建设标准》（建标181—2017）第三十一条规定，殡仪馆的火化机数量可按表8-2配置。

表8-2　　　　　各类殡仪馆配置火化机的数量

殡仪馆类别	Ⅰ类	Ⅱ类	Ⅲ类	Ⅳ类	Ⅴ类
火化机配置数（台）	10—15	6—10	4—6	2—4	2

现阶段我国绝大多数殡仪馆使用的火化机以轻柴油作为火化燃料，殡仪馆在用火化机的整体结构、机械性能、电气性能、安全性能和使用性能均应符合《燃油式火化机通用技术条件要求》（GB 19054—2003）[①]的技术要求。在大气污染物排放方面，火化烟气中烟尘、二氧化硫、氮氧化物、一氧化碳、氯化氢、汞、二噁英类污染物的排放均应符合《火葬场大气污染物排放标准》（GB 13801—2015）的相应要求。

据民政部门统计，截至2019年年底，全国殡葬服务机构共计

---

① 民政部一零一研究所：《燃油式火化机通用技术条件要求》（GB 19054—2003）。

4060个，其中殡仪馆1677个，火化炉6400台，年火化遗体522.7万具，火化率52.4%，平均每台火化机年火化遗体8167.2具。[1]

（三）现代殡葬设备的研发

随着科技进步、经济发展和殡葬需求的增长，现代殡葬设备正以"三型"为基础，"三新"为手段，"三化"为目标快速发展。

1. "三型"为基础的研发

（1）科技创新型研发

殡葬设备的研发首先以殡葬需求为导向，以科技创新为基础。科技创新的模式有原始创新、集成创新、引进消化吸收再创新。近些年来，殡葬设备科技创新方面取得了一系列丰硕的成果，填补了殡葬设备的技术空白，丰富了殡葬设备的类别：

生命晶石制作机。如果说火化机是将遗体加工成骨灰的专用设备，那么生命晶石制作机就是将骨灰加工成生命晶石的专用设备。为促进骨灰处理多样化，上海和北京分别引进美国与韩国技术，结合我国实际需求，研制成功了生命晶石制作机并在各地推广应用。骨灰经1800℃—2000℃高温熔融而形成的生命晶石珠粒，不仅实现了骨灰的减量化（生命晶石所占体积仅为骨灰的10%—15%），还实现了骨灰的无害化（骨灰中重金属等有害成分得到固化而不溶出）。

遗体修复3D打印系统。针对事故类残缺遗体，上海龙华殡仪馆将3D打印技术引入遗体修复工作中，开发出了遗体修复3D打印系统。如对面部毁损遗体，只要提供逝者生前的正面照和侧面照，系统便可为逝者三维建模、采用分层加工和叠加材料成型打印3D实体，替代了手工泥塑和蜡塑工艺，修复的遗体面部栩栩如生。遗体修复3D打印系统在北京、广州等地也得到了应用。

等离子火化机。传统的遗体火化机离不开煤、柴油和天然气等火化燃料，民政部一零一研究所采用等离子燃烧技术用电能产生等离子

---

[1] 民政部：《2020中国民族统计年鉴》，中国社会出版社2020年版，第142页。

炬直接提供热能火化遗体，在山东省诸城市殡仪馆安装使用。

火化烟气实时在线监测系统。北京社会管理职业学院现代殡葬协同创新中心研发了火化烟气实时在线监测系统，该系统由烟气自动采集、烟气状态参数测定、污染参数测定、质控校准装置、数据处理平台组成，实现了对火化烟气污染排放的在线连续监测，该系统已在通辽市殡仪馆安装使用。

（2）资源节约型研发

我国人口众多，人均资源相对贫乏。构建资源节约型社会是我国经济建设和社会发展的一项长期战略任务，也是殡葬行业发展和殡葬设备开发的方向之一。此类研发包括：

一是节能型火化设备的研发。遗体火化是高能耗的殡葬活动，为节约火化能源，全国火化设备科研和生产单位积极研发节能型火化设备。

二是充分燃烧型火化机的研发。通过设置再燃室、实时调整炉膛温压、火化可燃物与空气比等来实现充分燃烧。火化机二燃室和三燃室的设置能增加可燃物在高温段的滞留时间，为充分燃烧创造必要条件；通过自动控制火化机燃烧室温度和压力，既能保证燃烧条件，又能减少火化过程中的热量损失。通过调整可燃物与空气比来实现合理供氧和节能，一般遗体火化过程中的可燃物包括三个方面：火化燃料（燃油或燃气）；火化随葬品（随身遗物、被褥和火化棺等）；遗体本身。在火化的不同阶段，合理调整供风量非常重要，科学控制可燃物与空气比，使可燃物完全样化，能充分利用火化随葬品和遗体本身燃烧所释放的热量，节省火化燃料。

三是保温蓄热型火化机的研发。对于平板型和架条型可连续火化的火化机，将蜂窝状莫来石等制作的蓄热体置于燃烧室炉体内，同时加强炉体保温和控制烟道闸板的关闭状态，研制蓄热保温型火化机，提高燃料利用率，进而达到了节能的目的。

四是火化余热回收装置的研发。通过在火化机再燃室或水平烟道安装"烟气—空气""烟气—水"的热交换器回收火化余热，既可实现向燃烧室鼓热风节能降耗，也可以用回收的热能供职工洗浴和办公室冬季采暖等。再者，高温火化烟气经热量回收降温后，也便于净化处理。

（3）环境友好型研发

建设环境友好型社会与建设节约型社会一样，都是我国经济建设和社会发展的长期战略任务，也是我国新时期实现可持续性发展的重要举措。殡葬设备的研发在建设环境友好型社会的引领下，取得了显著的进步，此类研发包括：

火葬场二噁英类污染物治理设备的研发。 随着火化烟气除尘净化设备的广泛使用和《火葬场大气污染物排放标准》（GB 13801—2015）[①]的宣贯，遗体火化烟气中剧毒污染物——二噁英的治理得到了普遍重视，许多火化设备生产厂家在生产火化烟气除尘净化设备的基础上，采用《火葬场二噁英类污染物减排技术导则》（MZ/T 106—2017）[②]推荐的技术路线研制了火葬场二噁英类污染物治理设备，得到了较好的应用，为殡葬行业履行斯德哥尔摩POP$_s$国际公约奠定了基础。

流动环保祭祀车的研发。 为解决城区祭奠先人过程中路边乱烧纸钱，既污染大气环境又易引发火灾的突出问题，秦皇岛海涛万福环保设备股份有限公司率先研发了流动环保祭祀车（绿色时空钱庄），单台祭祀车集祭品焚烧、除尘冷却、音响影像、自动点火、智能控制和发电牵引于一体，可同时供6个家庭自助式祭奠先人。近两年，流动环保祭祀车在天津市和长春市得到了应用，受到了市民的欢迎。

全自动遗体沐浴解冻消毒机的研发。 为解决冷冻遗体清洗、解冻、消毒等实际问题，避免人工零距离接触遗体带来的生物感染和化学污染风险，苏州市开发了遗体沐浴解冻消毒一体机，已在市殡仪馆使用，实现了遗体清洗、解冻、消毒自动化。

殡仪电子礼炮的研发。 殡仪电子礼炮作为举办传统丧礼燃放鞭炮

[①] 民政部一零一研究所：《火葬场大气污染物排放标准》（GB 13801—2015）。
[②] 民政部一零一研究所：《火葬场二噁英类污染物减排技术导则》（MZ/T 106—2017）。

的代用设备得到了开发应用,现已开发出了单管和多管礼炮,有简易型、豪华型、仿古型、现代型等。殡仪电子礼炮尽管没有消除噪声污染,但是与燃放鞭炮相比还是消除了空气污染、纸屑污染和火灾危险。

2. "三新"为手段的应用

(1) 新技术的应用

在殡葬设备研发过程中,有关殡葬的原始创新技术、集成创新技术、引进消化再创新技术都得到了广泛应用,上述三类研发的创新型设备,都是新技术在殡葬领域应用的结果:

殡仪消毒闪蒸技术应用。殡仪服务机构的化学消毒通常采用喷洒或擦拭方式,对环境的消毒存在死角,且效果不佳。八宝山殡仪馆采用"机器人+闪蒸"技术进行遗体防腐室和整容室的消毒,在降低化学消毒剂用量的同时提高了消毒效果。

殡葬服务扫码技术应用。结合殡葬服务实际需求,应用扫码技术提高殡仪服务水平。一是遗体处理扫码防错技术。在遗体的手腕上佩戴条码,开展遗体接运、保存、清洗、消毒、整容、化妆、告别、火化等各阶段均通过扫描条码确认并记录,确保遗体处理阶段零差错,现该技术已得到了推广。二是电子墓碑扫描祭奠技术。墓碑上标注二维码,祭奠者通过手机和平板电脑类个人终端扫描二维码后,就可通过专用网络获取逝者信息,凭吊互动,开展一系列的网络祭奠活动。

殡葬信息技术应用。伴随着信息革命和人工智能时代的到来,殡葬管理和服务手段的现代化正全面推进,现代电子信息技术的应用贯穿了殡葬管理和服务的各个环节。譬如殡葬管理服务机构和涉葬部门积累的殡葬业务信息与日俱增,形成的业务档案等海量信息应及时进行数据化处理,为数据分析和应用奠定坚实的基础,一方面对存量殡葬信息数据化,殡葬管理服务机构和涉葬部门对原有存量殡葬信息(包括纸质业务档案等)进行电子化处理,在不影响各自业务正常开展的情况下将共享的电子信息传输给综合信息整合部门存储备份;另一方面对增量殡葬信息进行数据化,优化殡葬管理服务机构和涉葬部门业务工作流程，实现殡葬增量信息数据化，选取合适的数据结构模式，整合存量信息资源，创建殡葬大数据库。大力推进优质殡葬信息资源上网，在促进殡葬信息电子化、数据化的进程中，进一步促进殡葬信息网络化、社会化、商品化。

（2）新材料的应用

结构性新材料和功能性新材料在殡葬设备研发中的应用，可改善设备的性能、延长设备的寿命、增强设备的可靠性。在遗体接运设备上应用轻合金材料替代传统的钢铁材料，使接运设备更加轻便、美观且不锈蚀；在遗体火化设备和遗物祭品焚烧设备上应用新型耐火保温材料后，砌筑的燃烧室耐火度大幅度提高，改善了保温效果，减少了炉膛的烧蚀破损；在遗体冷冻冷藏设备采用了绿色新型制冷剂后，杜绝了氟利昂类破坏大气臭氧层有害物质的排放；在火葬场烟气除尘净化设备采用新型布袋后，既提高了布袋的使用温度，又延长了布袋的使用寿命。

（3）新工艺的应用

在殡葬设备的生产加工方面，大型殡葬设备生产厂家无论从下料、焊接、锻造，还是到打磨、喷涂、安装，生产工艺都不断加以改进，提高了设备工艺水平和现场劳动效率，节省了生产原料、降低了劳动强度并减少了环境污染，如喷漆车间内静电喷漆工艺的普遍应用就是最好的例证。

3. "三化"为目标的引领

推行现代殡葬需要现代化殡葬设备的保障；推行科技殡葬需要智能化殡葬设备引领；推行人文殡葬需要人性化殡葬设备的支撑。纵观古今，新时代殡葬设备的发展正向着现代化、智能化、人性化的方向迈进。

（1）殡葬设备现代化

面向现代殡葬服务市场，为满足群众日益增长的现代殡葬服务需求，实现殡葬设备现代化是殡葬行业可持续发展的必然抉择：

强化现代理念，做好长远规划。 按照社会主要矛盾理论分析，殡葬设备发展的主要矛盾就是当前设备发展不充分、不平衡，还不能全面满足群众开展殡葬活动对专用设备需求的问题。殡葬主管部门，应积极争取将殡葬设备发展纳入国家公共服务体系，作为《民政部殡葬设备科研与生产发展十年规划和"八五"计划纲要》的续篇，民政部与国家发改委牵头制定《全国殡葬设备科研与生产发展十年规划和"十四五"计划》，确定现代殡葬设备发展目标、主要任务、重点工程和保障措施，并组织实施，推动我国殡葬设备现代化快速发展。

落实专项基金，开展联合攻关。在落实国家殡葬惠民政策、实施兜底工程和保障基本民生服务的基础上，进一步落实遗体火化设备、殡葬环保设备、殡葬安全设备、殡葬卫生设备等惠民兜底民生设备的专项科研与更新改造经费，组织有关科研院所、高等院校和设备生产厂家联合攻关，全面提升殡葬设备的生产和使用水平。

（2）殡葬设备智能化

伴随着第四次工业革命的步伐，殡葬设备的研发也迎来了智能化时代，人工智能技术与殡葬需求的每次紧密结合都催生出了一个个殡葬领域的智能化应用成果，而这些智能化应用成果有相当一部分属于新型殡葬设备。促进殡葬设备智能化发展，是殡葬行业的当务之急，也是大势所趋。

（3）殡葬设备人性化

应用殡葬设备开展殡葬服务要让逝者安息，生者慰藉，要使两个世界的人（先人、今人）乃至三个世界的人（先人、今人、后人）都满意。所以殡葬设备不同于其他设备，殡葬设备应具有温度、蕴含文化、展现人性。对于殡葬新设备的生产首先要进行人性化设计，人性化的维护和人性化使用；对于陈旧的殡葬设备也要进行人性化的更新改造。

二　殡葬用品开发与应用

（一）殡葬用品的类别和代码

所谓"殡葬用品"就是开展殡葬活动所需专用品的统称。殡葬用品一般同时具备两大属性：一是殡葬专用；二是一次性使用。后者有别于殡葬用具。

殡葬用品属于殡葬产品的一大类别，按照殡葬服务活动的阶段划分，通常殡葬用品可分为殡仪用品、安葬用品和祭奠用品。在《殡葬服务、设施、用品分类与代码》（GB/T 19632—2005）国家标准中，将殡葬用品分为棺材、骨灰盒、灵前用品、追思用品、墓葬用品等17个类别。①

（二）殡葬用品生产和使用

1. 殡葬用品生产

古代的殡葬用品叫丧葬用品。可以说，自从人类有了丧葬活动，就有了丧葬用品的生产和使用。

（1）传统殡葬用品的生产

以土葬用品为代表的传统殡葬用品生产由来已久，历史上的棺材铺、寿衣店、花圈店、纸扎店都是融生产和销售于一体的殡葬用品生产厂家。目前，全国土葬率仍大于50%，土葬改革区覆盖面占国土面积的大部分，土葬用品生产和使用范围仍非常广泛：

木质棺材的生产。木质棺材是最具代表性的传统殡葬用品，也是最具代表性的土葬用品，不得用于火葬。按照盛殓逝者的身材和性别，棺材的规格又可分为大号、中号和小号。制作棺材的木料大多选松木、柏木、杉木。根据用材种类、用材量，木质棺材的生产大体上可分为高、中、低三档。我国棺材的生产不但供国内使用，还出口到周边国家。据报道，日本90%的棺材为中国生产，山东菏泽的棺材大量出口日本，深受日本老年人的喜爱。出口创汇的棺材所用材质较多，除了有普通的松柏木外，还有名贵的紫檀、黄花梨和金丝楠木等。在我国土葬改革区的一些农村和山区，仍保留自备木料在家里请

---

① 上海市殡葬服务中心、上海市标准化研究院：《殡葬服务、设施、用品分类与代码》（GB/T 19632—2005）。

木匠自行打造棺材的习惯，这样可实现量身定制。老人到了一定年龄就可以自己准备寿材（棺材）。对于不同民族、不同地区、不同宗教和国际运尸所用棺材，均应按照各自需求和相关标准制作，在结构和式样上存在一定的差异。

寿衣的生产。无论是采取火葬方式，还是采取土葬方式来安葬逝者，都需要穿着寿衣，由此可见，寿衣的需求面更广。通常寿衣有五件套、七件套和九件套之分。所谓"五件套"寿衣一般没有棉衣，只包括外衣、夹衣、衬衣、外裤、衬裤；"七件套"可在"五件套"基础上增加棉衣、棉裤；"九件套"可在"七件套"基础上再增加棉袍或旗袍、大衣或披风。广义的寿衣还可以搭配鞋子、帽子、袜子、手套、被子、褥子、头枕、脚枕、围脖、头巾等，一并打包或装箱出厂。所以有的厂家自称："不是全国最大的寿衣厂，却是中国寿衣产品最全的展示厅。"我国北方寿衣生产最集中的地方在天津武清六道口，被媒体和业界誉为"寿衣产业第一村"。六道口村的寿衣生产采取前店后厂的模式，全村注册的寿衣商标有30多个，御福祥、瑞蚨祥、鑫发祥、宝源祥、仁瑞祥、瑞义祥、福寿林、福寿王等知名寿衣品牌村里随处可见。近年来，有些知名老字号服装店也开始生产寿衣。寿衣的生产与棺材类似，除了生产厂家进行大规模生产外，还有小型的家庭作坊，也有逝者亲人自行缝制的寿衣，还有老人为自己制作的寿衣。由于丧葬习俗的不同，各地生产寿衣都有一定的"讲究""禁忌"，体现着不同的文化内涵。

冥币的制造。冥币也叫"冥钞"，是传统拜祭祖先时焚烧的祭祀品。虽然焚烧冥币属于殡葬领域的陈规陋俗，但是每当亲人亡故，在停丧守灵、三天圆坟、烧七（一七、三七、五七、七七）、烧百天、烧周年、节日（春节、上元节、清明节、中元节、寒衣节）祭过程中，冥币的需求量相当可观。巨大的需求，催生了冥币的生产和销售。目前市面上销售的冥钞花样翻新，甚至可作为工艺品欣赏。大多冥币的发行者是所谓的"天地通用银行"，行长为"天庭的玉皇大帝"，副行长为"地府的阎王"，意味着"无论已故亲人荣登天庭或者屈居地府，冥币焚烧后都能送达其手"。随着时间的推移，冥币面值也越来越大，百元大钞早已过时，动辄十万、百万、千万、十亿、百亿巨钞比比皆是。还出现了额度为八百亿的"天地通卡"，背面标注还可以无息透支八百亿。部分冥币套用真的图样印制，其图案色泽与现行人民币或美元特别相似，有违法之嫌。这些冥币的生产虽然属半地下活动，但是产量惊人。

花圈的制作。传统殡葬用品应包括花圈，花圈是用鲜花、人造花、绿叶等制作的祭祀品，多为圆形和心形。花圈的类别很多，按照规格划分，可分为大型、中型、小型和微型花圈；按照花材划分，可分为鲜花、纸花、绢花、塑料花花圈；按照形状划分，可分为圆形花圈和心形花圈；按照使用方式划分，可分为焚烧型花圈和保留型花圈；按照使用次数划分，可分为一次性花圈和复用性花圈。在通常情况下，纸花圈和鲜花圈多为一次性焚烧型花圈；绢花圈和塑料花圈多为复用性保留型花圈。花圈的制作比较灵活，殡仪用品生产厂家可以制作，殡仪服务机构内部也可以制作。在殡仪服务员国家职业标准中，花圈的制作被列为殡仪服务员应掌握的职业技能之一。

纸扎的制作。提起纸扎，人们就想到了封建迷信类丧葬用品。所谓纸扎就是指用竹篾、芦苇、高粱秸等扎成各种建筑、人物、家具等骨架，糊以纸张，绘以图案，涂以色彩，饰以剪纸，以焚烧形式祭奠逝者的一大类殉品。纸扎主要分为以下七类：一是建筑设施类，如纸院落、纸楼房、纸屋子、纸门楼、纸牌坊等；二是陪同人物类，如纸糊的童男童女、侍者、警卫等；三是日用家具类，如纸糊的床具、箱柜、书架、座椅、沙发、茶几等；四是家用电器类，如纸糊的彩电、冰箱、电脑、空调、手机、微波炉、饮水机、电烤箱、洗衣机等；五是交通工具类，如纸糊的小轿车、游艇、飞机、摩托车、自行车等；六是家畜宠物类，如纸马、纸牛、纸猪、纸狗、纸羊等；七是器具用品类，如纸糊的厨房用具、饮食器皿、清洁用具、钟表、供品、吉祥用品等。长期以来，纸扎处于官方再三禁止，民间禁而不止的尴尬境遇。如果历史地看，纸扎殉品与活人殉葬、牲畜殉葬、实物殉葬和陶俑殉葬相比，也不能不说是一种进步。但是按照构建资源节约型和环境友好型社会的时代要求，纸扎用品应被逐渐摒弃。

(2) 现代殡葬用品的生产

新中国推行殡葬改革以来，以火葬用品为代表的现代殡葬用品生产遍及火葬区：

火化棺的生产。火化棺是装殓遗体并随之焚化的一次性可燃棺的统称，有时火化棺也叫"一次性卫生棺"。火化棺按材质可分为纸质火化棺、人造板材火化棺、竹质火化棺、塑料火化棺、复合材质火化棺，其中纸质火化棺生产量最大。在火葬区，绝大多数殡葬用品生产厂家都生产各种材质和规格的火化棺。2014年9月，国家标准化管理委员会发布了《火化棺通用技术条件》（GB/T 31182—2014）[1] 国家标准，2015年1月，该标准正式实施。该标准规定了火化棺术语和定义、产品结构与分类、材料要求、环境安全要求、规格尺寸、外观要求、抓手位置、棺盖互换性、燃烧性能、机械物理性能、试验方法、检验规则、标志、包装、运输和储存等要求。标准的发布与实施，为火化棺产品的生产、质检、销售和使用均提供了可靠的技术依据，结束了多年来火化棺无标生产的落后局面。近两年，部分火化棺生产厂家在实施国家标准的基础上还制定了更加严格的企业标准，不断促进火化棺产品质量的提升。

骨灰盒的生产。作为装殓骨灰的容器——骨灰盒的产量早已超过了火化棺。骨灰盒的分类方法很多，在通常情况下，骨灰盒按照材质进行分类，可分为：木质骨灰盒、石质骨灰盒、陶瓷质骨灰盒、金属质骨灰盒、塑料等其他材质骨灰盒；如果按照形状划分，可分为盒式、罐式、筒式、塔式、楼式等；还可以按售价分为高档盒、中档盒、低档盒，骨灰盒的售价相差悬殊，廉价盒价格可在百元以内，昂贵盒价格可达几万元。在通常情况下，骨灰盒单价从几百元到几千元

---

[1] 常州市神仙福禄纸品有限公司：《火化棺通用技术条件》（GB/T 31182—2014）。

不等。由于受"入木为贵"理念的影响，木质骨灰盒的生产和使用面最广。适合制作骨灰盒的木料有：金丝楠木、大红酸枝、黄花梨木、紫檀木、黑檀木、黄金樟木、鸡翅木、榉木、榆木、柞木等。2009年2月，《木质骨灰盒通用技术条件》（GB/T 23288—2009）[①]国家标准发布，同年9月实施，该标准规定了木质骨灰盒使用性能、材料要求、工艺要求、规格要求、力学性能、试验方法、检验规则、包装、储存、运输要求。对于木质骨灰盒的制作与销售，应该打击两种情形：一是"以次充好"，就是用低档实木冒充高档实木，面板、底板、盒体、盒盖的标称不一致；二是"以假乱真"，用人工板贴皮夹馅等冒充实木板。与骨灰盒配套生产的还有骨灰盒保护罩。骨灰盒保护罩有别于骨灰盒防尘套和骨灰盒盖布。透明的骨灰盒保护罩多为有机玻璃材质，分罩体和底托两部分，罩体透明，使用时将骨灰盒放在底托上盖好罩体后进行密封，能起到防潮、防尘、防虫、防腐蚀作用。

骨灰寄存架的生产。殡葬服务机构开展骨灰寄存服务需要骨灰寄存用房，骨灰寄存用房内的主要用品就是骨灰寄存架，有时骨灰寄存架也叫骨灰盒存放架。二十年前的骨灰寄存架多为木材制作，后因不防火而逐渐被淘汰。现在的骨灰寄存架以铝合金材质居多，铝合金骨灰寄存架具有防火、防锈、轻便、美观、强度高、寿命长等优点，得到了推广。有的生产厂家用阻燃型玻璃纤维增强复合材料替代木材制作骨灰寄存架，也得到了社会的认可。

殡仪花篮的制作。目前殡仪花篮的制作与使用与日俱增，其制作途径主要分两个方面：一方面鲜花店按约定制作殡仪花篮出售；另一方面殡葬服务机构按客户要求现场制作殡仪花篮。如大型殡仪馆的鲜花部不但能制作殡仪花篮、花束，还能制作鲜花遗像托和告别棺围花墙。殡仪花篮的制作具有较强的艺术性，从主题确定、造型设计、花材选取，到插花技巧、整体效果、寓意内涵都可体现对逝者的个性化

---

① 民政部一零一研究所：《木质骨灰盒通用技术条件》（GB/T 23288—2009）。

缅怀和追思。

2. 殡葬用品使用

开展殡葬活动离不开殡葬用品，殡葬用品的正确使用也是殡葬改革的主要内容之一。

（1）木质棺材的使用

土葬改革区普遍使用木质棺材装殓遗体。在老人到了一定年岁或病人病重期间，首先按照使用者的身材备好棺材，当老人或病人去世后，首先将逝者遗体平稳地抬入棺材，祭奠开光后封棺，运至墓地挖坑埋土下葬。土葬改革区使用木质棺材安葬遗体应当避免两种现象：一是散埋乱葬，在公墓外的农田路边随意埋棺；二是超标土葬，墓位占地面积过大浪费土地。火葬区原本不应该使用木质棺材（中心城市的国际运尸点使用木质棺材运送遗体除外），但是也存在两种违规使用木棺现象：一是将木质棺材作为火化棺使用；二是将骨灰装入木质棺材埋葬。

（2）火化棺的使用

在火化区，火化棺在遗体入殓过程中可替代传统木棺使用；在遗体接运过程中可作为卫生棺使用；在遗体短期存放过程中，可作为保护棺使用；在遗体告别阶段，可作为瞻仰棺使用；在遗体火化阶段随遗体一起焚化。从遗体入殓到火化全程使用多功能火化棺，有利于保护遗体、保护环境、卫生防疫、文明火化。火化棺的使用也顾及了民俗风情，圆了逝者传统的"睡棺"遗愿。

（3）寿衣的使用

为逝者穿寿衣是遗体入殓前的首要工作。穿寿衣的讲究较多，有的地方要求寿衣应该在逝者咽气前就穿，否则得不到；有的地方在逝者咽气后就穿，避免遗体冷却僵硬后难穿；也有的地方将遗体送到殡仪服务机构洗浴清洁后由殡仪服务人员穿寿衣。一般穿寿衣的顺序是由内到外，由下到上。对于火化遗体，最好选用棉、毛、丝、麻类天然纤维类衣物，以减少火化过程中的大气污染。

(4) 花圈的使用

花圈的种类繁多，使用形式多样，不同种类的花圈适用于不同的使用场合，表8-3列出了各种花圈的主要使用途径。

表8-3　　　　　　　　各种花圈的主要使用途径

花圈类别	使用性质	使用场合	备注
鲜花花圈	一次性使用	遗体告别场所布设，配挽条使用	用后焚烧或粉碎处理
		土葬墓地配挽条使用	坟边焚烧或摆放坟上
纸花花圈	一次性使用	遗体告别场所布设，配挽条使用	用后焚烧
		土葬墓地配挽条使用	坟边焚烧或摆放坟上
绢花花圈	多次使用	遗体告别场所布设，可配挽条使用	一般随告别厅租用
塑料花圈	多次使用	遗体告别场所布设，可配挽条使用	一般随告别厅租用
微型花圈	长期专用	骨灰寄存用房内使用	一般长期摆放格位中

(5) 殡仪花篮的使用

在使用花圈的场合均可以使用殡仪花篮，通常使用过程中要匹配挽条，标明敬献者身份。开展公墓祭奠活动时，可将殡仪花篮或花束摆放于墓前，以缅怀逝者，寄托哀思。现在开展大型公祭和烈士纪念活动中，多用殡仪花篮代替花圈。

(6) 骨灰盒的使用

在火葬区，骨灰盒的使用具有普遍性。骨灰寄存、骨灰安放、骨灰安葬都需要将骨灰殓入盒中。对于逝者家属，为逝者选用骨灰盒的空间很大，因为骨灰盒的材质、样式、价位丰富多彩，相差悬殊。在推行殡葬惠民政策过程中，各火葬区均将"免费提供普通骨灰盒"纳入了基本殡葬服务项目，普通骨灰盒的使用实现了政府买单。此外，与骨灰盒同时使用的还有骨灰盒保护罩、骨灰盒防尘罩和骨灰盒盖布等配套产品。

(三) 现代殡葬用品的研发

殡葬用品的研发，与殡葬设备的研发方向具有高度的一致性，在整体上，都向着上述"三型""三新""三化"的目标发展。为满足新时期现代殡葬对用品的多样化需求，现代殡葬用品的研发正肩负着时代赋予的崭新历史使命。

1. 推陈出新，专利用品不断涌现

现代殡葬用品的开发首先突出的是创新性和实用性。

（1）火化棺的研发

在火化棺制作材料上，既有用蜂窝纸替代瓦楞纸制棺，增强承重力的纸棺，也有利用植物秸秆挤压黏合，生产火化棺的专利技术；在火化棺的外观造型上，既有简易型环保棺，也有豪华型仿木棺；在火化棺的功能上，正沿着高强度、密封、防水、防腐、杀菌的方向发展。

（2）骨灰盒的研发

在骨灰盒研发方面，除了传统的木质骨灰盒外观设计花样翻新外，材质和工艺都在不断地改进，还出现了双人骨灰盒等。随着火化区的不断扩大，骨灰盒的材质更加多样化，其造型更加个性化、人性化和艺术化。骨灰盒保护罩的研发也与骨灰盒一样，其材质、造型、工艺都在不断地创新。

此外，生命晶石盒的研发也应运而生，作为盛装骨灰深加工特殊纪念物——生命晶石的盒体，正向着比骨灰盒更加小巧精致，比首饰盒更加珍贵独特的方向发展。对于选用世界上独一无二的生命晶石和贵金属制作的戒指、胸针、项链等生命纪念类物品已经在上海、北京等地受到了广泛的关注，可以预测，在不久的将来，这些代表殡葬改革方向的生命纪念类物品会得到进一步推广。

(3) 骨灰寄存架的研发

现代骨灰寄存架的研发主要体现在三个方面：一是新型结构材料和功能材料的应用；二是寄存格位面板图案的多样化；三是柜门锁从普通锁具向扫码类智能锁改进。在大型殡仪馆，作为骨灰寄存架这类传统殡葬用品正向着骨灰寄存智能系统（现代殡葬设备）的方向发展。

(4) 花圈的研发

针对花圈体积庞大，不便搬运摆放的缺点，现已制作出了便于携带摆放的折叠式花圈（类似于折叠伞）；针对单层花圈立体感差的问题，研发出了多层花圈和立体花圈；结合光电技术，研发了固定式和车载式电子花圈。

2. 保护生态，绿色用品逐步推广

在推行绿色殡葬，保护生态环境的引领下，绿色殡葬用品的研发越来越得到了业界和社会的普遍重视。

(1) 可降解骨灰盒的研发与应用

为满足骨灰树葬、海葬、花葬、草坪葬等生态安葬需求，近年来可降解骨灰盒的研发取得了可喜的成就，利用可降解材料（包括光解材料、水解材料、生物降解材料等）制作的骨灰盒已经在骨灰生态安葬过程中得到了初步应用，帮助一些逝者文明地回归自然。

(2) 绿色遗体防腐剂的研发与应用

由于经典的遗体防腐剂均含有甲醛，甲醛法进行遗体防腐因为防腐操作和遗体保存过程中甲醛的挥发能产生强烈的刺激性气味，对人体有刺激、致敏、致突变作用。为了减少甲醛对人体健康和环境的危害，尽管研究人员提出了降低甲醛的浓度、抑制甲醛挥发、掩盖甲醛气味等许多改良方法，但是收效甚微。研发无甲醛的绿色遗体防腐剂，用过氧乙酸、过氧化氢等替代甲醛固定遗体组织已经在上海、北京等地研发成功，并得到了推广与应用。

（3）无烟祭祀用品的研发与推广

根据《中华人民共和国大气污染防治法》第八十三条第一款规定："国家鼓励和倡导文明、绿色祭祀。"开发祭奠电子香炉、电子蜡烛、电子鞭炮替代传统的焚香、点烛、放鞭炮祭奠；制作花篮、花束替代焚烧纸钱、纸扎；推行网络祭奠替代传统祭奠等。在推行文明绿色无烟祭奠的同时，既避免了焚烧祭祀浪费资源、污染大气环境的现象发生，也消除了明火祭奠经常引发火灾等安全隐患。

第九章 殡葬管理体系建设

一 殡葬管理体制及其改革的历程

(一) 殡葬管理体制

1. 管理体制和运行机制

"体制"一般是指国家机关、企事业单位在机制设置、领导隶属关系和管理权限划分等方面的体系、制度、方法、形式等的总称。"管理体制"指的是国家机关、企业、事业单位等的组织制度，是指管理系统的结构和组成方式，即采用怎样的组织形式以及如何将这些组织形式结合成为一个合理的有机系统，并以怎样的手段、方法来实现管理的任务和目的，泛指一个工作系统的组织或部分之间相互作用的过程和方式。

"机制"是指事物的内在工作方式，包括有关组成部分的相互关系以及各种变化的相互联系。"运行机制"是指在人类社会有规律的运动中，影响这种运动的各因素的结构、功能及其相互关系，以及这些因素产生影响、发挥功能的作用过程和作用原理及其运行方式——是引导和制约决策并与人、财、物相关的各项活动的基本准则及相应制度，是决定行为的内外因素及相互关系的总称。各种因素相互联系、相互作用，要保证社会各项工作的目标和任务真正实现，必须建立一套协调、灵活、高效的运行机制。

2. 殡葬管理体制及其形成

殡葬是社会生活的重要组成部分，与人民群众的切身利益息息相关。人类的殡葬行为嵌入在社会发展的环节之中，殡葬活动是社会文明的重要部分。殡葬服务就是自人类诞生以来古老而传统的服务行业（古称"杠业"）。殡葬改革是我国社会改革的组成部分，既涉及社会经济制度，又涉及相关的政治制度，是社会主义精神文明、政治文明和生态文明建设的重要内容。我国面对每年近1000万死亡人口需要提供的服务，我国殡葬业销售总额超2000亿元，这是一个巨大的市场。为了有效地提供殡葬服务，加强殡葬管理、发展殡葬事业自然而然地成为殡葬管理体制的基本要素。

殡葬管理体制是为了推进殡葬改革、加强殡葬管理、发展殡葬事业而建立起来的涉及殡葬行政管理、殡葬服务管理、殡葬监督管理等构成的有机管理系统。

长期以来，我国殡葬管理体制和殡仪服务体系是在逐步完善的过程中建立起来的。新中国成立以来，党和政府高度重视殡葬改革与管理工作。殡葬改革是建立在我国人口基数大、人均资源少的基本国情之上的，积极实行火葬、改革土葬、革除丧葬陋俗，可以有效保护自然资源和生态环境，同时促进我们的精神文明建设。不仅体现了老一代无产阶级革命家的唯物主义世界观和博大胸怀，而且指明了我国殡葬改革的方向，成为我国殡葬改革的新的里程碑，对我国的移风易俗和社会主义精神文明建设产生了深远的影响。从此，中国殡葬改革和殡葬管理工作进入了一个新的历史发展时期，大力发展殡葬服务机构，积极进行殡葬法制建设，培育和发展殡葬行业协会，促进了殡葬事业的快速发展，逐步形成了中国特色的殡葬管理体制。

（二）我国殡葬管理体制形成历程

改革是中国殡葬事业发展的鲜明特征，也是中国殡葬管理体制创新的必由之路。关于我国殡葬管理体制改革研究，学界已经有了不少研究成果，特别是近几年高等院校硕士、博士毕业论文中已经开始涉及这个方面的研究。有的研究把我国殡葬管理体制改革划分了以下4

个发展时期①，即政府部门全面管理负责殡葬管理时期（1949年至1982年）、公共部门垄断殡葬管理时期（1983年至1996年）、政府主导殡葬管理时期（1996年至2005年）和社会多元参与殡葬行业时期（2006年至今）。也有的研究把其分为3个发展时期，即消极管理时期（1956年至1983年）、垄断管理时期（1983年至1997年）和政府主导管理时期（1997年至今）。纵观我国殡葬管理体制发展历程，具体可分为三个发展阶段：

1. 纯事业型体制阶段（1949—1982年）

政府民政部门全面管理负责殡葬管理时期，与我国计划经济体制相适应，殡葬事业单位成为殡葬服务的主体，也是殡葬管理体制的初创和形成阶段。殡仪馆从无到有，到1982年年底达到1782个，职工1.75万人，殡仪车2427台，火化炉2622台，初步奠定了殡葬事业单位发展基础。

各级殡仪馆特别是部分省级、地市和县市级殡仪馆，要进一步解放思想，积极引入现代服务理念，革新服务方式、优化服务环境、提升服务档次，变被动服务为主动服务，变一般性服务为个性化服务，满足不同消费层次的需求，形成独有的服务内容和服务品牌。

2. 事业型体制被打破阶段（1983—1997年）

进入20世纪80年代之后，我国正处在社会的转型时期，政治、经济、社会生活等诸方面面临着改革与调整，原有的殡仪馆事业单位体制被打破，开始出现国有事业单位为主、民营资本投入和外资联合兴办殡葬服务机构为辅的多种形式殡葬服务实体并存的格局。到2006年，出现了非国有投资的殡仪馆，其总量占当年殡仪馆总数（1365个）的7%，非国有经营性公墓占当年经营性公墓总数（1109个）的42%。②

---

① 王伟杰：《我国殡葬管理体制改革研究》，http：//www.doc88.com/p-7814969937236.html。

② 魏佳登：《我国殡葬管理体制改革探析》，《中国经贸导刊》2010年第19期。

1985年《国务院关于殡葬管理的暂行规定》发布，标志着我国殡葬改革工作转向规范化法制化阶段。为了加强殡葬管理和执法工作，1983年前后各地先后建立了殡葬管理机构——殡葬管理处、殡葬管理所等，这类组织从1985年的122个发展到1997年的340个，职工由804人发展到2542人。另外，从20世纪的80年代初期，我国开发公墓制度之后，经营性公墓和公益性公墓发展迅猛，其中民政部门管理的公墓从1985年的24个发展到1997年的359个，职工由293人发展到4430人。由于对殡葬管理处、殡葬管理所以及殡仪馆、经营性公墓、公益性公墓的定位模糊、规划不明、监管乏力，多数地方殡仪馆和殡葬管理处（所）采取两个牌子、一套人马的馆所合一的体制，管理体制的制约瓶颈还没有彻底打破，僵化的体制造成经营活力缺乏，内在动力不足[①]，为之后殡葬管理体制机制混乱埋下了"祸根"。

　　1995年民政部发布了《关于加快殡葬事业发展的意见》明确指出，要加强设施建设，实行殡葬承包责任制，提高殡仪服务的整体水平。主要特征是殡仪馆实行承包责任制，用市场化运作方式，调动各方积极性，促进殡仪馆硬件设施的改造和殡葬的发展，辅之以殡仪馆等级评定，大大提升了我国殡葬设施的总体水平。但是，这一阶段由于殡仪馆把经济效益放在重要位置，随之而来的负面影响也开始增多：殡葬垄断暴利、公墓高收费问题、殡仪服务问题等成为社会舆论的焦点。

　　3.改革探索与创新阶段（1997年至今）

　　1997年《殡葬管理条例》发布，标志着以探索与创新为特点殡葬管理体制的到来，此后又推动全国29个省份相继出台地方性殡葬管理法规或规章。2012年《殡葬管理条例》修改，将"拒不改正的，可以强制执行"条文从《殡葬管理条例》中删除。在此阶段，伴随着国务院历次机构改革，民政机构编制人员没有太大变化，殡葬管理体制在此阶段开始悄然变革，民政部门作为政府负责殡葬管理的职责

---

① 杨根来：《殡仪服务体系和殡葬事业单位改革刍议》，《社会福利》2005年第3期。

日以明晰，但是对于民政部门所属的殡葬管理机构（虽然占比不高，2018年946个，只占全国同期全国2851个县级行政单位的33.2%。如果以全国不含港澳台之外的32个省级、333个地市级和2851个县级人民政府的民政部门设置有专门殡葬管理机构的占比为29.4%，换言之，到目前为止，全国约70%的民政局没有专门机构管理殡葬，紧靠省级民政部门的社会事务处、市级民政局社会事务科和县级民政局社会事务股的两、三人去管理数千人、上万人的殡葬事务，其难度和效果可想而知），如何处理好与民政局、殡仪馆、公墓之间的关系也是一个难以决断的事情，这是第一个难题。

第二个难题是殡仪馆作为传统的事业单位，已经开始分化为以自收自支事业单位为主，以差额补贴事业单位或公益二类事业单位为辅的事业单位。改革开放40年，我国殡仪馆并没有迎来较大的发展，2019年殡仪馆数量和1978年相比只增加了454个，平均每年增加11.07个，以至于全国还有39.39%的县市还没有殡仪馆和经营性企业（主要是非国有资金或者国有企业投资经营为主），管理起来不是那么得心应手。

第三个难题是公墓作为民政部门管理的事业单位已经开始分化为经营性企业单位。营利性和原有的公益性严重对决，一定意义上的盈利，难以割舍彼此之间的关系。民政部门对于公墓机构的管理缺乏有效的方式和手段，似乎每隔一个时段都要以"清理整顿"这个治标不治本的方法加以管理。

2009年12月，民政部《关于进一步深化殡葬改革促进殡葬事业科学发展的指导意见》（以下简称《指导意见》），殡葬进入转型发展阶段，主要特征为：调整殡葬定位，明确其公益属性；调整殡葬体制，实行政事分开，管办分离；调整服务分类，实行基本殡葬服务和选择性殡葬服务的二元结构。《指导意见》下发以后，一系列的文件和会议：如2012年3月，国家发改委、民政部《关于进一步加强殡葬服务收费有关问题的指导意见》；2013年12月，中共中央办公厅、国务院办公厅《关于党员干部带头推动殡葬改革的意见》；2014年3

月，召开"国务院殡葬工作座谈会""第四次全国殡葬工作会议"；2015年5月，民政部《关于殡葬管理服务专项整治活动工作方案》；2017年9月26日，民政部办公厅关于印发《全国殡葬综合改革试点方案》的通知；2018年1月10日，民政部等16部门关于印发《关于进一步推动殡葬改革促进殡葬事业发展的指导意见》的通知指出"以推动殡葬改革为牵引，以满足人民群众殡葬需求为导向，以提升殡葬服务能力和水平为保障，以创新殡葬管理体制机制为动力"，推动殡葬改革和殡葬事业更好地服务于保障和改善民生、促进精神文明和生态文明建设，为增进人民福祉、全面建成小康社会做出贡献。这些文件和会议，都起到了为殡葬事业正本清源的作用，进一步明确了殡葬管理体制改革的重点。

在相关规定出台后，许多党员干部从简安排丧事、主动退还礼金、带头平坟迁坟、带头生态安葬甚至不保留骨灰，做出了表率；也有一些党员干部因治丧敛财、超标建墓等行为受到党纪政纪处理，起到了教育警示作用。这些对于殡葬管理体制改革也有一定的推动作用。

（三）我国殡葬管理体制的基本特点

1. 殡葬事业单位和主管部门天然不可分割

新中国成立后，国家大力推行火葬，推行火葬的初衷有四点：一是破除迷信，反封建；二是节约丧葬成本；三是增加更多耕地；四是可以防止瘟疫，从此火葬成为中国殡葬制度改革的方向。为了适应殡葬管理工作的需要，我国从1956年开始在火葬区的城市建立殡仪馆和火葬场至今，殡葬事业单位作为殡葬改革服务的特殊性社会服务行业得以长足发展，多数都由计划经济时代政府投资建设事业单位发展而来的，具有依附于政府部门的行政管理色彩。

殡葬服务业泛指由各级民政部门兴办的，由公共财政投资所办的殡仪馆，经营性公墓以及民间个体从事殡葬服务的统称。我国从新中国成立初期开始办殡仪馆、公墓，如北京八宝山等，也有20世纪六七十年代因陋就简建立的，被称为"火化场""火葬场"，也有被称为"殡仪馆"的，直到20世纪90年代才全面更名为"殡仪馆"。由于在改革开放前的计划经济时代，凡政府出资办的殡葬服务单位都定位为事业单位，有的实行全额财政预算，有的差额预算。

进入21世纪之后，全国殡葬事业单位类型进一步分化。比如2003年全国殡葬事业单位2969个，其中殡仪馆1515个（其中国家等级殡仪馆294个，占全国殡仪馆总数的20.77%；42个国家一级殡仪馆，占总数的2.97%；117个国家二级殡仪馆，占比8.26%；135个国家三级殡仪馆，占比9.54%），经营性公墓855个，殡葬管理处、所599个。社会资金办的殡仪馆108个，经营性公墓700多个，其中中外合资、合作的公墓39个，全国共有公益性公墓23万个、经营性公墓1500多个。① 截至2019年年底，全国殡葬服务机构共计4060个，年末职工7.9163万人，火化炉6400个，全年火化遗体522.6918万具，墓地穴位1930.7152万穴，安葬1439.0324万具。其中殡仪馆1677个，年末职工4.4978万人；殡葬管理机构890个，年末职工0.7210万人；民政部门管理的经营性公墓1431个，年末职工2.6618万人②（见表9-1）。2019年与1985年《国务院关于殡葬管理的暂行规定》发布当年相比，全国殡葬单位增加了2706个，其中，殡仪馆增加了469个，殡葬管理处、所增加了768个，公墓增加了1407个。

表9-1　改革开放40年来全国殡葬服务单位发展情况表

年份	全国殡葬单位	殡仪馆	经营性公墓	殡葬管理处、所
1978	1223	1223	—	—
1979	1608	1608	—	—
1980	1745	1745	—	—
1981	1759	1759	—	—

① 高月玲：《殡葬服务机构改革与发展的思考》，《决策参考》。
② 民政部：《中国民政统计年鉴（2020）》，中国社会出版社2020年版，第466—483页。

续表

年份	全国殡葬单位	殡仪馆	经营性公墓	殡葬管理处、所
1982	1782	1782	—	—
1983	1824	1824	—	—
1984	1942	1942	—	—
1985	1354	1208	24	122
1986	1385	1217	25	143
1987	1446	1222	29	195
1988	1484	1228	37	219
1989	1509	1242	50	217
1990	1544	1260	73	211
1991	1601	1283	84	234
1992	1604	1288	88	228
1993	1696	1264	136	296
1994	1719	1272	163	284
1995	1792	1281	209	302
1996	1852	1283	256	313
1997	1988	1289	359	340
1998	2109	1310	425	374
1999	2344	1318	624	402
2000	2521	1363	692	466
2001	2712	1415	757	540
2002	2882	1486	854	542
2003	2969	1515	855	599
2004	3119	1549	937	633
2005	3239	1549	1009	681
2006	3549	1635	1109	805
2007	3669	1708	1162	799
2008	3754	1692	1209	853
2009	3896	1729	1266	901

续表

年份	全国殡葬单位	殡仪馆	经营性公墓	殡葬管理处、所
2010	3951	1724	1308	919
2011	4103	1745	1406	952
2012	4357	1782	1597	978
2013	4353	1784	1506	1063
2014	4540	1801	1598	1141
2015	4515	1821	1567	1127
2016	4166	1775	1386	1005
2017	4132	1760	1420	952
2018	4043	1730	1367	946
2019	4060	1677	1431	890

资料来源：民政部：《民政事业发展统计公报（2009—2019年）》。

根据民政部最新统计（见图9-1），全国4060个殡葬服务机构中，编制部门登记为殡葬事业单位的为2558个，占比63%；市场监

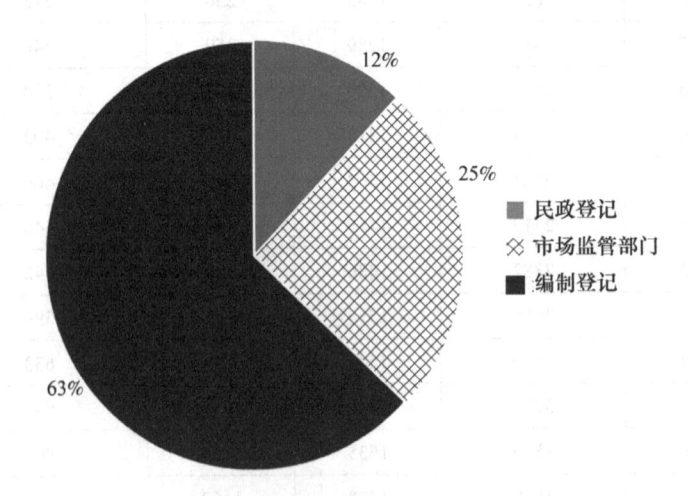

图9-1 全国殡葬服务单位分类情况表（2019）

资料来源：民政部：《中国民政统计年鉴（2020）》，中国社会出版社2020年版，第466页。

管部门登记为殡葬企业单位的为 1000 个，占比 25%；民政部门登记为殡葬民办非企业单位的为 502 个，占比 12%。

2. 民政部门对事业单位管理的不断改革完善

民政部门探索殡葬管理体制改革之路就没有停止过。早在 2003 年，民政部社会福利和社会事务司就提出：实现管理与经营分开是走向市场的必由之路，殡葬事业单位要和殡葬管理机关、行政机关彻底脱钩，使殡葬管理从殡葬服务中分离出来，民政部门行使监督管理职能，只做裁判员；殡仪馆、火葬场、公墓等殡葬服务机构搞经营服务，只做运动员。并提出关于殡仪馆、火葬场的定位，我国的殡葬服务业是体现社会公益性和福利性的一项服务业，具有服务性、引导性、民族性和强制性，是一个特殊服务行业，在坚持公益性的前提下，殡葬行业应定位为公共服务业。

我国传统的殡葬管理体制是与计划经济体制和高度集中的政治体制相适应的政府管制模式。然而，随着我国经济体制改革、行政管理体制改革的不断推进，旧的殡葬管理体制也不断地受到改革浪潮的冲击。现有殡葬管理体制所遭遇的挑战已说明了我国殡葬管理体制不能与社会主义市场经济及和谐社会发展的要求相兼容，在这样的背景下进一步推进我国殡葬管理体制改革有着深远的意义。改革开放之后，积极进行殡葬法制建设，改革殡葬管理体制和殡葬服务机构，培育和发展殡葬行业协会，促进了殡葬事业的快速发展。

3. 主管部门和社会公众对于殡葬的理解存在"落差"

1997 年，《殡葬管理条例》正式实施，开始在全国范围内推行火葬。殡葬改革总体呈现出从大中城市实行火葬向广大农村地区延伸、从注重遗体火化向节地生态安葬拓展、从固守传统丧俗向移风易俗、文明低碳方式转变的良好态势，也取得令人鼓舞的成绩。但是，由于众所周知的原因，我国殡葬管理体制改革一直以来相对缓慢，成效也不那么明显。还因为信息不对称，殡葬体制改革与社会的期待和老百姓的看法还存在"落差"。

管理体制的制约瓶颈还没有彻底打破，僵化的体制造成经营活力缺乏、内在动力不足。面对新形势带来的冲击和挑战，我国在殡葬管理体制、殡葬服务机构、殡葬法规制度等方面还存在着诸多不适应的地方。体制机制不健全、思想认识不统一、服务保障不到位、监管执法难跟进等问题还较为突出。但是民政部门形成的直属、直隶、直管、自办的思想观念以及对殡葬事业单位的分类问题，一直是困扰事业发展的因素之一。

4. 巨大的传统文化观、社会价值观的"断裂"和"撞击"

殡葬绝对不是简单的殡葬改革、殡葬管理、殡葬服务的问题，不但涉及传统、文化、礼仪，也涉及政治建设、经济建设、文化建设、社会建设、生态文明建设，同时也关系传统文化观、社会价值观的变革。

进入21世纪以来，殡葬改革出现了新的困难和挑战：市场经济与计划体制的结合与平衡、政府主导与市场主导、政府的要求与百姓的抱怨、公益殡葬与暴利殡葬、公益性与经营性的博弈、火葬生态与土葬生态、传统殡葬与现代殡葬、城镇化的进程与原有殡仪馆的搬迁和公墓的动迁矛盾、新理念与旧观念抵触、殡葬服务内容与形式跟不上日益增长的物质与精神需要等突出矛盾爆发，殡葬改革已经走到了"何去何从"的十字路口，面临着必须而重要的历史抉择。

二 殡葬管理体制存在的问题及原因分析

（一）我国殡葬管理体制存在的问题

我国殡葬管理体制改革在一些领域取得了一定的成效，但是在殡葬管理体制改革的过程中，政府职能转变不到位、政事政企不分、政社事社不分、殡葬法律法规不健全、市场未能在殡葬领域发挥有效作用、殡葬管理社会层面发育不健全等问题依旧没能予以解决，这些问题均不同程度地阻碍了我国殡葬事业的发展，抑制了殡葬管理体制模式的创新。

近年来，殡仪服务、丧葬用品市场混乱等情形，损害了群众利益，影响了殡葬行业形象。一些殡葬主管部门在狭隘的政绩观指导下，制定工作目标不切合实际，把火化率作为衡量殡葬工作的首要指标，写入工作要点和目标考核，使基层部门进退两难。有些地方盲目追求火化率而轻视火化以后的骨灰处理多样化，以致出现火化后骨灰再次装棺土葬的"装棺：二次葬"，背离了殡葬改革的初衷，甚至引起了老百姓对殡葬改革工作的误解，认为这样还不如土葬好，使殡葬改革难以达到预期的目的和效果。一些殡葬经营单位抓住当前人们盲目攀比的虚荣心理，过度追求盈利，导致殡葬服务的价格居高不下。个别殡葬管理机构工作方法不能与时俱进，还依然停留在计划经济时代传统的"运动式"或者简单粗暴的做法，在农村动辄采取"扒坟掘墓""以罚代葬""强制土葬""起尸火化"的做法，背离了政策设计的初衷。个别机构和人员利用职务之便的"寻租"行为，严重伤害了基层群众的情感，影响了群众对政府的信任，造成了干群关系紧张，败坏了殡葬部门的整体形象，挫伤了殡葬工作者的积极性，也影响和阻碍了殡葬改革工作的进程。2000年前后，全国各地相继出现了个体民营殡仪馆、集体投资的殡仪馆、股份制殡仪馆，也有把国有殡仪馆拍卖的，还有拍卖经营权的。有关部门对此讳莫如深，甚至"集体失语"，没有深入研究给予有效指导。

殡葬管理体制机制上存在着的问题主要表现在：一是殡葬管理部门和管理机构职能分离；二是殡葬管理机构权限错位；三是殡葬管理机构运行机制乏力；四是殡葬管理政策法规和标准体系不健全。[①]

《殡葬管理条例》已难以适应当前殡葬管理的需求，与相关法律衔接不够，对一些核心问题缺乏明确法规政策支持，影响了部门配合和执法效力。民政部门对违规土葬、乱埋乱葬等违法行为，采取责令限期改正的行政手段效果不明显，依法申请法院强制执行存在现实困

---

① 杨根来、翟媛媛：《我国殡葬管理体制改革》，载《中国殡葬事业发展报告（2010）》，中国社会出版社2010年版，第43—44页。

难，一些地方管理的积极性受到影响，也加剧了不良丧葬风气的蔓延。

要按照"政事分开、政企分开、管办分离"的原则，将现有的殡葬监管执法机构与殡仪馆、公墓等殡葬单位彻底分开，经营性、事务性等工作彻底剥离，以确保殡葬监管执法的公开、公正、透明。

（二）殡葬管理体制存在问题的原因分析

1. 政府职能需要转变

政事不分，管理主体角色定位不明确。从管理主体上，目前，殡葬管理工作由我国各级民政部门负责。随着行政管理体制的不断深化，大部分地方的民政部门已设立殡葬管理机构，专门负责殡葬管理的具体工作，但是在一些中小城市尚未实行政事分开、管办分离，殡葬管理机构与殡葬服务单位合署办公，殡葬管理机构在人员编制、办公经费等方面上依然依赖于殡葬服务单位的支持，领导班子大多也是由殡葬服务单位的主要领导担任。

殡葬行业普遍存在政事不分、政企不分现象，基本是殡葬管理处（所）与殡葬服务机构（殡仪馆）合用两块牌子一套人马，既是管理机构又是经营服务实体。有的民政局长兼任殡仪馆馆长或公墓的董事长、总经理，有些局长、处长甚至是殡仪馆和公墓的法人，这种民政部门既是裁判员又是运动员、既是政策法规的制定者和监督者又是产权所有者和经营者的做法，意味着既要对殡葬事务进行管理，又要向社会提供殡葬服务，实际上是政府行政部门事无巨细地深度介入微观经济领域和市场竞争过程的缩影，是利用公共权力调动社会资源、组织企事业单位和社会组织实现政府的经济增长目标。政府无形中扮演了"经济人"的角色，违背了市场经济法则，造成政府公共责任的弱化、权责不清，阻碍了改革的进程。

如此一来，政府在市场参与者、服务供给者和市场监督者三者之间很难有一个准确的角色定位。而且殡葬管理机构在考虑当地殡葬管理工作、平衡社会效益与经济效益过程中，难免会维护国有殡葬服务单位利益，忽视民营殡葬服务机构利益，有失公允。殡葬管理机构常常成了国有殡葬服务单位的"代言人"，而不是发挥其指导市场、监督市场，规范行业发展等积极作用，造成了政府管理的失灵。

将民政部门所属的殡葬管理处（所）从殡葬服务机构中分离出来，有利于进一步推动殡葬管理部门的体制改革。殡葬管理部门与服务经营机构的利益链条将被切断，殡葬管理部门进入国家行政部门序列，监督殡葬服务经营，这将有利于殡葬的公益化进程。①

2. 部门之间的关系需要协调理顺

在殡葬管理中，政府相关职能部门存在一定程度的各自为政，要么造成职能分裂，要么造成职能交叉。以宗教类殡葬场所管理为例，目前我国大多数宗教场所都为信徒提供殡葬服务。民政部门作为殡葬管理工作的主管部门，理应对尸体、骨灰等丧葬活动进行指导和管理，但根据现行的《宗教管理条例》规定，宗教场所受民族宗教部的监管，形成了宗教、民政部门多头管理、职能交叉的局面，民政部门对骨灰去向的跟踪也因此被割断，造成宗教类殡葬场所管理缺位或监管不到位。

宗教类殡葬服务单位常常打着宗教场所的名义，擅自扩大服务对象，为非信徒提供骨灰存放业务，有些甚至假借举办宗教仪式为名，违反国家相关殡葬法规进行土葬，损害国家和群众利益。由于缺乏统一的协调机制，权责不清，在群众权利受侵犯时，有关职能部门往往相互推诿，造成管理缺位，群众投诉无门。

3. 殡葬管理执法主体不明确、权责不对称，难以发挥监管作用

从执法主体上看，由于目前我国殡葬管理机构（殡葬管理处、殡葬管理所）大部分是事业单位，不是行政机关或法律法规授权的单位，仅极少数被列入参照公务员管理的事业单位。在履行政府部门授权的殡葬事务管理及行政执法过程中，不具备行政执法主体资格，殡

---

① 曹楠楠：《殡葬改革应坚持公益化方向》，《学理论》2010年第26期。

葬管理机构对擅自兴建殡葬设施或制造、销售不符合国家技术标准殡葬设备的违规行为往往只有执法权没有处罚权，形成有责无权、权责不对称的尴尬局面。面对各种殡葬违法违规行为，往往问责不力，造成各种殡葬违法违规行为缺乏基本的监督和责任追究机制约束。最近几年出现的"周口平坟""江西砸棺"等负面事件，也一度影响了公众和媒体对中国殡葬改革工作的基本评价，从某种意义上挫伤了殡葬工作者的改革积极性。

从公共责任上看，殡葬服务封闭运行与管理，拉大了公众对于机构的距离感。在公共权力自上而下进行殡葬管理层级控制的过程中，殡葬管理机构更多关注上级民政部门的行政命令或硬性指标，制定相应的办事流程，较少倾听公众声音，公共政策的制定缺乏公众的参与，提供的公共服务未必切合群众的实际需求，造成政府公共责任缺失。

4. 殡葬行业腐败现象滋生值得警惕

公共权力运作缺乏应有的制约，殡葬行业往往成为滋生腐败的温床。我国殡葬服务业行政垄断源于传统计划经济体制下政府对殡葬服务业的行政管理制度的延续，存在的主要问题是在不存在自然垄断的场合施行行政性垄断经营。随着现代媒介的发达，不断有殡葬业，特别是殡仪馆系统的职务犯罪以及乱收费、高收费现象频频曝光，成为全民热议话题，引发社会各界的议论和关切。学界也有不少人开始关注殡葬领域的垄断和腐败的相关研究。[1]涉嫌职务犯罪的主体以领导干部居多，权钱交易明显；发案环节部位明显；犯罪手法相对简单（内外勾结，联手贪污；利用土葬权寻租；变相索贿；承包商主动"进贡"）；作案频繁且呈跨度性；犯罪数额不小等。[2]

---

[1] 刘恩初：《我国殡葬服务业垄断形式判断及其绩效分析》，《现代商贸工业》2012年第10期；梅寒鹏：《殡葬暴利竞争与反垄断法关系探析》，《法治在线》2012年第24期。

[2] 雷华东：《殡葬业职务犯罪研究——以殡仪馆为视角》，《湖南警察学院学报》2012年第4期。

三 殡葬管理体制机制的改革与创新

(一) 各地殡葬管理体制改革的探索与实践

近年来，浙江、贵州、重庆等诸多省市都在殡葬管理体制改革上进行了积极探索，取得了明显成效。

1. 北京、上海模式

市民政局（殡葬管理处）（市级政府管理机构）——社会事务管理中心（殡葬管理中心）（市级事业性管理机构组织）——北京市殡葬协会（市级行业组织）——八宝山殡仪馆、八宝山革命公墓（市级殡葬事业性实体机构）——殡仪服务公司、医院太平间（基层殡葬市场性实体机构等）。区县级民政局（社会事务科、民政科）（区县级政府管理机构）；区殡葬协会（区县级行业组织）——殡仪馆、公墓（区县级殡葬事业性实体机构）——殡仪服务公司、医院太平间（基层殡葬市场性实体机构等）。

2. 天津、重庆模式

市级：民政局（社会事务处）；殡葬（事业）管理处——市级殡葬协会——殡葬事业性实体机构（殡仪馆、公墓）——殡葬市场性实体机构（殡仪服务公司、医院太平间等）。区县级：区县民政局（社会事务科）——殡葬事业性实体机构（殡仪馆、公墓）——殡葬市场性实体机构（殡仪服务公司、医院太平间等）——殡葬公益性设施（公益性公墓）。

3. 各省、自治区模式

省级、自治区级：民政厅（社会事务处）——省级殡葬协会——殡葬事业性实体机构（殡仪馆、公墓）。地市级：各地市民政局（社会事务科）——殡葬管理处（所）——殡葬事业性实体机构（殡仪馆、公墓）——殡葬市场性实体机构（殡仪服务公司、医院太平间等）。县市级：各县市民政局（民政股）——（殡葬管理所）——殡葬事业性实体机构（殡仪馆、公墓）——殡葬市场性实体机构（殡仪服务公司、医院太平间等)。

(二) 殡葬管理体制改革探索的启示

1. 厘清政府、殡仪服务单位、社会之间的权责关系

纵观全国，一些地方的殡葬管理仍存在越位、缺位、错位现象，殡仪服务单位自主发展、自我约束机制尚不健全，社会参与殡葬治理和评价还不充分。为进一步提高政府效能、激发殡葬市场活力、调动各方面推进殡葬改革的积极性，必须深入推进管办分离，厘清政府、殡仪服务单位、社会之间的权责关系，构建三者良性互动机制，促进政府职能转变。

2. 政事分开、管办分离是殡葬管理体制改革的核心

根治殡葬乱象，必须理顺完善殡葬管理体制机制，让"公益的回归公益，市场的回归市场"。各地民政部门要从有利于殡葬改革和政府有效监管出发，积极向有关部门申请推行政事分开、管办分离，在人、财、物等方面逐步与殡葬服务单位脱钩。管办分离是殡葬事业单位组织结构和职能分工的变革。将政策执行与监督分离，把执行权交给专门的殡葬服务机构，最终目的是为了提供良好的殡葬服务。要实现改革的最终目的，提供良好的服务，殡葬服务单位就要积极推行政事分开、自主经营、社会参与的现代化机构运行制度。管办分离后，殡葬管理部门与殡葬服务事业单位就不再是行政隶属关系，殡葬管理部门不应采用传统的行政手段直接干预殡仪服务事业单位的运行，但这并不意味着政府放松对殡仪服务事业单位的监管，而是应该采用更加规范有效的监管方式。

3. 开展殡葬事业单位分类管理

对殡葬服务机构按所有制形式不同实行分类指导。第一，对国有公办的殡葬服务机构，将遗体接运、火化、骨灰寄存服务划入公益板块，实行事业化管理。火化必须严格执行政府定价，运尸、存尸、寄存费和租赁费用则实行指导价，政府采取购买服务的方式给予政策支持和资金补贴。第二，将选择性殡葬服务划入经营板块，实行企业化

管理，服务价格由市场调节。第三，公办殡葬服务机构要带头降低市场调节价，发挥平抑物价的作用，规范殡葬服务收费项目，保证同类殡葬用品价格不高于市场价，中低价位殡葬用品足量供应。第四，对国有、民营及民办的殡葬服务机构要严格审查其资质，规范其经营行为，保障其合法权益，充分发挥其丰富殡葬服务项目、活跃殡葬市场、满足公众个性化殡葬需求等方面的积极作用。①

4. 切除殡葬管理部门一切经营活动

积极推行政事分开、事企分开、政社分开、管办分离。要把现有的殡葬市场监管机构与殡仪馆、公墓等殡葬事业单位彻底分开，将经营性、事务性等工作彻底剥离，行政单位的职责在于制定和执行政策、协调与监管，管理单位的职能在于管理与执法，服务单位的职责在于提供优质服务，确保殡葬市场监管的公开、公正、透明。如果不切除殡葬管理部门经营活动，不放开民营企业和社会组织同等参与市场竞争的壁垒，那么管办分离的效果并不明显。各地民政行政机关不得从事任何殡葬经营活动，也不得向殡葬服务单位收取任何管理费用。有条件的地区，要探索将基本殡葬服务纳入政府基本公共服务范围，实现基本服务均等化。

5. 殡葬改革殡葬管理不能仅仅关注改革和管理

传统观念是阻碍殡葬改革发展的障碍之一，殡葬改革工作必须先从习俗改革入手，常抓不懈才能奏效。在关注惠民殡葬、公益殡葬、阳光殡葬、绿色殡葬的同时，别忘了科学殡葬、和谐殡葬、人文殡葬和文化殡葬，别忘了殡葬具有社会性、地方性、民族性、地域性、传承性和变异性的殡葬传统观念与现代殡葬理念的借鉴和融合。

（三）国际经验对于殡葬管理机制的启示

"他山之石，可以攻玉"，国外在殡葬管理体制方面的经验也值得我们借鉴。

---

① 李孝端：《完善法治与监管构建现代殡葬服务体系》，《中国社会报》2013年4月3日。

1. 发达国家都有比较完善的立法规范

如德国的《勃兰登堡州殡葬法》、英国的《苏格兰火葬法》、俄罗斯的《联邦殡葬法》、瑞典的《安葬法》、荷兰的《遗体殡葬法》、日本的《公墓法》、韩国的《葬事等有关法令》等。以日本为例，现在实施的《有关坟墓、埋葬的法律》等法律法规，主要内容围绕埋葬、火葬以及改葬的批准内容和关于墓地、骨灰存放处以及火葬场的经营许可和管理。①

2. 政府管理到位、市场化效率高

"殡葬公司制"服务经营方式普遍存在，甚至占主导地位。美、德等国家私人或家族参与殡葬经营十分普遍，如允许私人包括外国人开设殡仪馆、殡葬教育学院等，大量殡仪馆为家族式经营、社会介入合作，如国际殡葬协会及各国殡葬协会、殡葬业联合会发挥了很好的行业指导和协调作用，加拿大的"殡葬服务协会"、意大利的"火葬协会"和"殡葬俱乐部"、美国的"棺材和殡葬用品联合会""国家殡仪指导师协会"和"防腐师与殡仪从业者协会"等殡葬社团组织的作用也十分明显。

3. 人性化、标准化管理趋向

国外现代殡葬发展还表现出人性化、标准化管理等趋向。规范化的殡葬管理为国外现代殡葬发展提供了有力的保障，创造了良好的经济和社会效益，形成了适应该国实际的、各具特色的现代殡葬管理体制和发展模式。

4. 借鉴其制度设计的精华

西方国家的殡葬管理体制我们虽然不能一概接受，但其制度设计的精华之处还是有其借鉴价值的。如一手靠健全的殡葬法规，实现殡葬"法治化"管理；一手靠灵活的市场手段，实现殡葬的"产业化"经营，抓住殡葬公益化、产业化、标准化方向，合理发挥政府、市场

---

① 崔炜、赵越：《借鉴国外经验推进殡葬改革》，《中国社会报》2015年3月30日。

和社会三方面的作用。①

(四) 政府管理殡葬事务和市场提供殡葬服务的关系

处理好政府与市场的关系,重新厘定政事、政企、政社的职责与边界。建立健全党委领导、政府负责、部门协作、社会参与、法治保障的领导体制和工作机制。正确处理政府与市场的关系,强化政府主体责任,建立健全基本殡葬公共服务体系,完善监管体制机制,全面加强殡葬行业监管。打破利益集团的狭隘,以社会的发展、观念的进步、百姓的福祉为出发点,让市场在资源配置中起决定作用。② 积极推进殡葬服务供给侧结构性改革,引导社会力量有序参与,满足群众多样化殡葬服务需求。以理顺政府与市场关系为主线,深化以简政放权为重点的政府改革,就是用政府权力的"减法",换取市场活力的"乘法"。③ 在各级党委和政府统一领导下开展工作,强化民政部门行业监管责任,完善部门协同监管机制,加强基层工作力量,建立健全组织有力、职责明确、协调顺畅的领导体制和工作机制。发挥基层群众自治、行业协会自律、社会监督等方面作用,创新监管手段和治理方式,实现政府、社会、市场优势互补、良性互动。

(五) 政府殡葬主管部门和殡葬监管执法机构的关系

1. 发挥民政部门的主管职能作用

民政部门要发挥好牵头作用,主动协调有关部门,通过定期召开会议、通报工作情况、联合督查执法等方式,完善部门协作机制,有效解决殡葬领域重点、难点问题,形成推动殡葬改革发展的合力。各

---

① 张震:《政府与市场相结合的国外殡葬管理体制》,《中国社会报》2014年5月13日。
② 《殡葬工作做什么?殡葬改革改什么?——中国殡葬协会公墓工作委员会主任王计生2015公墓年会演讲录》,《中国社会报》2015年10月20日。
③ 王敏:《殡葬改革要有新思路新方法——对话中国殡葬协会副会长、福寿园国际集团总经理王计生》,《中国改革报》2015年8月20日。

级民政部门要认真履行殡葬管理工作职责，加强对殡葬监管执法机构的领导。要建立健全殡葬监管执法制度，强化执法责任，完善执法手段，切实加大殡葬监管执法工作力度。

民政等部门要加强对殡葬工作政策落实情况的督查评估，定期或不定期地检查是否存在对违规土葬、散埋乱葬行政不作为的问题，是否能够及时跟进对殡葬服务机构的事中事后监管，是否能够落实惠民扶持政策等，对发现的问题要逐项整改，加强跟踪分析和通报。要建立健全殡葬工作的考核评价机制，把火化率、节地生态安葬率、火化设施设备更新改造率、公益性安葬设施覆盖率等衡量改革发展成效的重要指标纳入考核范围，并争取纳入当地党委和政府目标考核，打通政策落实的"最后一公里"。如2006年12月1日，根据国务院《殡葬管理条例》《浙江省殡葬管理条例》，浙江省民政厅、省机构编制委员会办公室《关于理顺殡葬管理体制加强和规范殡葬监管执法工作的意见》指出，市、县（市、区）殡葬监管执法机构受同级人民政府民政部门委托，主要履行以下职责：（1）贯彻、执行国家殡葬法律法规和有关政策，监督检查监管辖区内的执行情况；（2）落实殡葬管理的有关规定，制定殡葬监管执法工作有关计划规划；（3）负责监督管理辖区内殡葬活动，依法查处违法违规行为；（4）负责对辖区内火化殡仪馆、公墓、墓地、骨灰存（安）放处（室、堂）等殡葬服务单位的管理、监督、检查；（5）督促辖区内有关单位依法做好殡葬管理相关工作；（6）开展文明丧葬、"绿色殡葬""三沿五区"坟墓整治等宣传活动，引导群众依法约束殡葬行为，倡导健康文明办丧事的新风尚；（7）承办同级殡葬主管部门依法委托的其他事项。

2. 强化殡葬监管执法机构的公共事务管理职能

各级要根据当地殡葬管理实际需要，健全和规范殡葬监管执法机构，选好配强殡葬监管执法人员，所需人员编制可从现有的殡葬管理机构或有关殡葬机构中调剂解决。要抓好殡葬监管执法人员培训，提高他们的专业水平和执法能力，确保殡葬执法工作人员持证上岗。要落实好殡葬监管执法机构所需的办公用房、经费、车辆等执法装备设施及执法人员工资、福利待遇等各项保障，为开展殡葬执法工作创造有利条件。

（六）理顺政府殡葬主管部门和有关部门的关系

明确各相关部门殡葬改革各项工作职责。殡葬改革涉及众多问题，如殡葬管理、服务与价格和丧葬用品生产与销售等方面，需要各政府部门联动、全社会共同参与，更需要落实各部门的工作职责，形成齐抓共管的管理体制。民政部门要牵头做好殡葬管理政策标准制定、殡葬改革工作组织实施、殡葬设施审批监管等工作，保障殡葬公共服务的公平性。各有关部门"包括组织人事部门、发展改革部门、公安机关、财政部门、人力资源社会保障部门、国土资源、林业等部门、环境保护部门、住房城乡建设部门、文化部门、卫生健康部门、市场监督管理部门、财政、价格主管部门、宗教事务管理部门、人民法院、工会、共青团、妇联等人民团体和基层党组织、村（居）委会以及殡葬行业协会、红白理事会、老年人协会等基层组织"[1]要切实履行职责，加强联动互动，要充分发挥作用，广泛动员群众积极参与殡葬改革。特别是要发挥中国殡葬协会，以及各省级殡葬协会在殡葬管理体制创新中的积极作用。

（七）政府与殡葬事业单位、殡葬经营服务机构的关系

自20世纪50年代，政府投资建立了一批殡仪馆、火葬场，多数是条件简陋"三五场"或"三八场"，基本上都是清一色的事业单位。以后建立殡仪馆、火葬场也基本上沿袭旧制，10%左右的是全额补贴事业单位、70%左右的是差额补贴事业单位、20%左右的是自收自支事业单位。进入21世纪之后，10%左右的是殡仪馆改制为企业或由其他企业投资建设，殡仪馆的组织性质开始出现多元体制。20世

---

[1] 参见民政部等16部门关于印发《关于进一步推动殡葬改革促进殡葬事业发展的指导意见》，2018年1月10日。

纪80年代建立的经营性公墓则与殡仪馆的性质相反，只有20%左右的是自收自支事业单位；而80%左右的则是企业，本身即是二元体制。

县级以上人民政府的民政部门作为殡葬事业单位、殡葬经营服务机构的业务主管部门，在殡葬机构管理方面具有天然的行业管理职责。但是由于殡葬事业单位、殡葬经营服务机构登记机关却是编制部门和市场监督管理部门，民政部门怎样管理这些事业单位、经营服务机构缺乏应有的手段和工具，计划经济条件下的方式方法不能再沿用，市场经济条件下的监管手段乏力，管理处于"真空""失效"期。民政部门很想管好，但又力不从心，由此带来了殡葬问题积重难返，成为社会诟病的"垄断部门""暴利行业"的代名词，殡葬部门一定程度上也被"污名化""妖魔化"，严重影响了殡葬事业单位、殡葬经营服务机构、殡葬服务人员的社会公众形象。

坚持殡葬服务事业单位提供基本殡葬服务的主导地位，改革体制机制，改善服务方式，丰富服务内容，提高服务质量，发挥示范引领作用。对于能由政府与社会资本合作或能由政府购买服务提供的，鼓励和引导社会力量有序参与，推动殡葬服务供给主体和供给方式多元化。

推进殡葬服务机构管办分离改革。结合事业单位分类改革要求，理顺政府与市场的关系，推进殡葬行政管理职能与生产经营分开、监管执法与经营举办分离，探索多种有效的实现形式。各级民政部门要强化殡葬法规政策、行业规划、标准规范的制定和监督指导职责，从对殡葬服务单位的直接管理向行业管理转变。强化殡葬服务事业单位的公益属性，进一步落实法人自主权，规范内部管理，激发发展活力。对殡葬管理事业单位与殡仪馆、公墓等经营实体合一或举办经营实体的，要摸清底数，制定脱钩方案，提出加强殡葬管理力量的有效措施，提请当地党委和政府研究解决。

鼓励社会资本以出资建设、参与改制、参与运营管理等多种形式投资殡葬服务行业，但对于具有遗体火化等基本殡葬服务功能的殡设施，要强化政府主体责任。对于公办殡葬服务机构与社会资本合作的，要坚持公共利益优先原则，从是否增加和改善基本殡葬服务供给、提高运营效率、促进创新和公平竞争等方面，充分做好评估论证，审慎确定合作模式，规范选择合作伙伴，细化和完善项目合同文本，并可通过派驻管理人员等方式，强化日常监管，确保合作期间国有资产不流失、公益属性不改变、服务水平有提高。对项目收入不能覆盖成本和收益但社会效益较好的合作项目，政府可给予适当补助。对服务管理不规范、严重偏离公益方向、公众满意度差的合作方，要建立违约赔偿和退出机制。

（八）加快法制建设，尽快完善殡葬管理体制和运行机制

1. 殡葬法制建设相对滞后

我国的《殡葬管理条例》是在1997年制定的。由于制定时间较长，随着经济社会的发展，有些内容已经不适应当今现实；再加上内容不够完整，具体操作起来不够得心应手，《殡葬管理条例》的缺陷便逐渐显露，更加细致完整的法规有待出台。从2005年开始，业界就对纳入国务院年度立法规划的《殡葬管理条例》寄予厚望，可惜"马拉松"式立法过程旷日持久。2018年9月7日公布的《殡葬管理条例（修订草案征求意见稿）》，时隔21年，自1997年7月21日起施行的《殡葬管理条例》将首次迎来大幅度修改。拟将原条例的6章24条扩充为8章57条，包括总则、殡葬设施管理、殡葬服务管理、丧事活动管理、殡葬设备和丧葬用品管理、监督检查、法律责任、附则等，其中监督检查、法律责任为新增章节。

此次《殡葬管理条例》修订工作以习近平新时代中国特色社会主义思想为指导，深入贯彻中央领导同志重要批示精神，坚持问题导向，明确改革方向，回应社会关切，破解实践难题，遵循了坚持民生导向、充分体现以人民为中心的发展思想，坚持和深化殡葬改革、促进社会主义精神文明和生态文明建设，规范殡葬服务、促进殡葬行业健康发展，加强和创新殡葬管理、提升殡葬治理能力等基本立法思路。征求意见稿专门增设"监督检查"一章，正是要根据新形势新情况，对加强部门协同、抽查、年报、第三方评估、信用监管和社会监督等制度予以明确，解决协同监管机制不健全、措施手段不足等问题。在"法律责任"部分，针对擅自兴建殡葬设施、违规建坟、擅自开展殡仪服务等违法行为，明确执法主体、处罚措施，加强事中事后监管，有利于发挥执法震慑作用，维护殡葬管理秩序。

通过加快殡葬立法，从立法层面清除殡葬业的垄断暴利和损害消费者权益的障碍。社会现实、客观数据、税收缺失、消费者诉求都说明，要减少殡葬消费支出，需要进一步推进殡葬改革，通过完善立法，打破行业垄断，提高厚养薄葬，绿色殡葬，促进行业回归公益。要彻底消除殡葬暴利，打破行业垄断，必须要做到政事分开、管办分离，大量引入社会资本参与行业竞争，推进行业多元化发展，最理想的方案是：民政部门主管是殡葬事业单位只提供最基本殡葬服务，放开殡葬业准入门槛，配合市场监管、税务、物价等部门对殡仪服务进行监督和管理，但却不参与殡仪服务，让政府部门从该行业中解脱出来。主管部门要有勇气和胆识，摒弃那种直属、直隶、自管、自办的思想，建立政事分开、事企分开、管办分离、各使其职、齐抓共管、高效廉洁的现代殡葬管理体制。

2. 殡葬管理体制改革开始破题

殡葬改革作为破千年旧俗、树一代新风的社会习俗改革，很难一帆风顺、一蹴而就。殡葬改革究竟依靠什么方式来推动？改革之初宣传倡导自然是必不可少，而随着改革越来越步入深水区，与所有的改革一样，影响一些人的利益，自然就会受到抵触。在这种情况下，宣传倡导的方式作用越来越有限。然而一味地强制推动同样被证明是行不通的。殡葬管理体制改革的路径已经描绘，但是绝非改革路上一片艳阳天。在计划经济条件下形成的顶层设计、政策法规、管理手段、实施方法等，在法制规范化、诉求多样化、理念多元化的今天，必须用改革和发展的眼光、务实和差别化的方式加以改变，引导中国殡葬业健康发展。由于几千年形成的殡葬礼俗文化千差万别，不可能奢望有一个灵丹妙药使人们思想意识和行为方式一夜之间发生天翻地覆的变化，当然也不能奢望监管缺位、疲软问题在短时间内改变，我们需要探索，需要成本，也需要宽容和等待。①

殡葬是民生大事，实现"逝有所安"是新时代满足人民群众美好生活需要的重要内容。殡葬改革工作事关人民群众切身利益，事关精神文明和生态文明建设。要坚持民生导向，增加公益性殡葬服务供给，为群众提供数量充足、质量可靠、价格合理、绿色文明的殡葬服务，满足群众"逝有所安"的殡葬需求。

3. 殡葬管理体制和运作机制改革的理想模式

认真学习贯彻习近平总书记重要批示指示精神以及党中央、国务院各项决策部署，深刻领会中央关于党政机构和事业单位改革精神实质。一是《中共中央关于全面深化改革若干重大问题的决定》关于"政府要加强发展战略、规划、政策、标准等制定和实施，加强市场活动监管，加强各类公共服务提供""加快事业单位分类改革，推动公办事业单位与主管部门理顺关系和去行政化""建立事业单位法人治理结构，推进有条件的事业单位转为企业或社会组织"。二是党的十九大报告关于"深化事业单位改革，强化公益属性，推进政事分开、事企分开、管办分离"。三是《中共中央关于深化党和国家机构改革的决定》关于"加快推进事业单位改革。党政群所属事业单位是提供公共服务的重要力量。全面推进承担行政职能的事业单位改革，理顺政事关系，实现政事分开，不再设立承担行政职能的事业单位。加大从事经营活动事业单位改革力度，推进事企分开。区分情况实施公益类事业单位改革，面向社会提供公益服务的事业单位，理顺同主管部门的关系，逐步推进管办分离，强化公益属性，破除逐利机制"。

深入贯彻以人民为中心发展思想，坚持"民政爱民、民政为民"理念，结合新时代更好地满足人民日益增长的美好生活需要的新要

---

① 杨根来：《摈弃直属、直隶、自管、自办的思想，建立高效廉洁的现代殡葬管理体制》，《人民日报》2012年5月29日第14版。

求，研究制定适应新时代社会发展需要和老百姓期待的深化殡葬改革政策，采取有效措施规范殡葬服务市场，持续推进殡葬移风易俗，真正解决殡葬方面老百姓的操心事、烦心事，努力推动殡葬事业健康持续发展。建立起在党委和政府统一领导下，民政主管、部门协调；管办分离、收放有度；政事分开、政企分开；事企分开、政社分开；职能明晰、法人治理；打破垄断、监管有力的现代殡葬管理体制。建立起民政部门提供公共服务，统一管理、监管有方；有关部门提供协调监管，齐抓共管、协同配合；事业单位提供公益服务，公益为本、示范引领；经营单位提供市场服务，放开搞活、打破垄断；社会组织提供中介服务，增强合力、反映诉求；党员群众积极参与，支持改革、参与管理；殡葬治理水平和治理能力优化的现代殡葬管理服务运行机制。

第十章　现代殡葬支撑体系建设

一　现代殡葬法制化建设

近年来，我国殡葬事业在深化改革中有序发展，殡葬事业发展规划有了制度性安排，相关政策文件陆续出台，节地生态安葬政策深入人心，殡葬领域整治行动取得实效，惠民殡葬政策全面落地，殡葬标准化工作持续深入，殡葬业投资规模有所提升，殡葬综合改革试点先行先试，殡葬法制化建设不断推进。

（一）现代殡葬法制化建设历程

从1956年国务院下发的《一九五六年到一九六七年全国农业发展纲要》中提到"农业合作社对于社内缺少劳动力、生活没有依靠的鳏寡孤独的社员，应当统一筹划……在生活上给以适当的照顾，做到保吃、保穿、保烧（燃料）、保教（儿童和少年）、保葬，使他们的生养死葬都有指靠"开始，我国现代殡葬法制化建设也经历了从无到有，逐步完善的过程。

我国现代殡葬法制化建设是在殡葬改革的进程中不断完善的。殡葬改革坚持循序渐进、积极稳妥的原则，以遗体火化为起点和核心，实行先倡导后推行、先党内后党外、先干部后群众、从城市到农村的方针。1978年民政部恢复后，明确"实行火葬是殡葬改革的方向，要加强宣传教育、积极推广"的基本思路。1983年，中办转发民政部党组《关于共产党员应简办丧事、带头实行火葬的报告》，民政部出台《殡葬事业单位管理暂行办法》，明确所有殡葬服务机构均为事业单位，推行经营承包责任制，标志着殡葬工作由行政管理向经营服务转型。1985年国务院发布《关于殡葬管理的暂行规定》，这是新中国成立后首次以法规形式对殡葬事务管理做出规定，确立了"积极地、有步骤地推行火葬，改革土葬，破除封建迷信的丧葬习俗，提倡节俭、文明办丧事"的殡葬管理方针。1988年民政部印发《关于加强公墓管理的报告》中首次明确火葬区可兴办骨灰公墓，公墓可以有经营性和公益性两种，经营性公墓应由殡葬管理部门直接兴办，公益性公墓以乡村为单位建立管理，服务对象限于本乡村居民且不得对外经营。1992年民政部出台《公墓管理暂行办法》，继续坚持公墓管理城乡二元分制的思路，此办法奠定了公墓发展的基本格局。1992年以后的十年间，民政部开展了殡仪馆等级评定，联合原劳动部颁发了6类殡葬职工技术等级标准，推动了殡葬服务机构规范化建设。1997年国务院颁行《殡葬管理条例》，29个省份相继出台地方性法规或规章，标志殡葬法制化建设取得重要突破。民政部出台惠民殡葬、服务收费、公墓管理、祭扫管理、节地生态安葬、突发事件遗体处置等政策文件，联合出台社会服务兜底工程实施方案、进一步推动殡葬改革促进殡葬事业发展的指导意见等，推动中央出台党员干部带头推动殡葬改革的意见等，积极推动修订殡葬管理条例，组织开展了公墓清理整顿、殡葬价格专项督查、殡葬管理服务专项整治、火化机构自查整改、殡葬领域突出问题专项整治等活动。各地积极推动建立殡葬工作领导协调机制，联合相关部门加强监管执法，注重发挥红白理事会等基层组织作用，殡葬管理水平得到提升。

（二）现代殡葬法制化建设现状及其问题

1. 现代殡葬法制化建设现状

我国现代殡葬业经历了从建立到发展的一个漫长的不断完善过程。在这一过程中，现代殡葬法制化建设起了重要的决定性作用。

在顶层设计方面，国务院等部门制定的殡葬政策主要包括殡葬管理、公墓管理、烈士安葬、惠民殡葬、殡仪建设标准、殡葬改革等方面的政策法规。殡葬管理方面，1985年2月，国务院发布了我国殡葬工作的第一个全国性的行政法规《关于殡葬管理的暂行规定》，该规定的内容主要围绕"实行火葬，改革土葬"展开，标志着我国殡葬改革逐步进入了法制阶段。1997年7月11日经国务院第60次常务会议通过《殡葬管理条例》，2012年11月国务院对《殡葬管理条例》进行了修订，并于2013年1月1日起施行，其主要内容包括殡葬设施的管理，遗体处理和丧事活动管理和殡葬设备、殡葬用品的管理以及罚则。公墓管理方面，1992年，民政部根据《国务院关于殡葬管理的暂行规定》和有关规定制定《公墓管理暂行办法》，对公墓的建立和管理提出规定。烈士安葬政策方面，民政部依据2011年7月26日国务院公布的《烈士褒扬条例》，于2013年4月颁布了《烈士安葬办法》，对烈士的安葬地、安葬仪式、骨灰安放、烈士迁葬和祭扫等进行了规定。惠民殡葬方面，2012年12月民政部颁布了《关于全面推行惠民殡葬政策的指导意见》，旨在"实现殡葬基本公共服务均等化"。殡仪建设标准方面，1990年3月，民政部出台的《殡仪馆等级标准》。2007年民政部出台《殡仪馆建筑设计规范》。2017年住房城乡建设部、国家发展改革委发布了由民政部编制的《殡仪馆建设标准》《城市公益性公墓建设标准》。殡葬改革方面，2009年民政部出台了《关于进一步深化殡葬改革促进殡葬事业科学发展的指导意见》。2013年12月，两办出台《关于党员干部带头推动殡葬改革的意见》文件。2018年，民政部等16个部门制定了《关于进一步推动殡葬改革促进殡葬事业发展的指导意见》，推动殡葬改革和殡葬事业更好地服务于保障和改善民生、促进精神文明和生态文明建设。

在地方法制建设方面，各省级地方人大及其民政厅和市县级民政局围绕两办文件和民政部颁布的政策法规，依据地方实际，颁行了地方性法规。据不完全统计，我国34个省级行政区域已出台了171个有关殡葬的各类政策法规。这171个政策法规主要可分为殡葬管理条例、公墓管理办法、惠民殡葬政策、节地生态安葬机制、专项整治方案、标准化建设这六大类。如围绕2009年民政部下发《关于进一步深化殡葬改革促进殡葬事业科学发展的指导意见》，我国已有30个省、自治区、直辖市在全省范围内推行了惠民殡葬政策，其中28个省份根据本省的实际情况出台了覆盖全省范围的惠民殡葬政策，其余2省则在所有地级市出台了相关文件。

在体制改革方面，我国殡葬服务单位在2013年进行体制改革以前，多是身兼二职，既是殡葬服务的管理单位，又是殡葬服务的经营单位。1992年出台的《公墓管理暂行办法》明确规定"经营性公墓由殡葬事业单位建立"。但随着我国改革开放的深入，为进一步减少政府对市场的干预，国务院取消了殡葬行业行政审批权。目前，我国各地具有事业单位性质的殡仪馆、经营性公墓已逐渐由公益一类转变为公益二类或自收自支。加快推进殡葬服务机构管办分离改革，实行行政管理职能与生产经营分开、监管执法与经营举办分离，将对规范单位管理、激发行业活力、创新服务形式，丰富服务内容起到重要的推动作用。

2. 现代殡葬法制化建设中存在的主要问题

（1）殡葬政策法规体系内容亟待完善

在顶层设计方面，我国殡葬政策法规体系内容亟待完善。一方面现存的多项殡葬政策内容陈旧，亟待修订。1997年颁行的《殡葬管理条例》至今已施行了23年，二十多年过去了，该条例仅在2012年进行了部分修订，但主要内容并未进行改动，由于其在政府主体责任、有关部门职责、基本服务属性、服务设施建设、监管执法等方面缺乏明确具体、可操作性的制度设计，从上到下思想认识不统一，造成了部门协调配合难、争取公共投入难、监管执法难等诸多问题。1992年颁行的《公墓管理暂行办法》已"暂行"了28年，28年间未曾进行过任何修订，面对我国现代公墓业发展中出现的许多新问题，如"死墓危机"、经营性公墓私自扩建公墓面积、公益性公墓违规出售、大墓豪墓不断涌现、老墓无人续费、由水泥等坚硬物砌成的墓穴无法进行自然风化，严重破坏自然环境等新问题，面对这些新问题，28年前的《公墓管理暂行办法》已不能解决。国家层面有关殡葬发展的纲领性政策法规的滞后，严重阻碍了我国现代殡葬业的可持续发展，使我国的殡葬工作总体处于相对被动的局面，影响了我国新时代的殡葬改革和殡葬事业发展的需要。另一方面，我国殡葬政策内容亟待丰富。我国目前有关公益性公墓的专项管理规定、有关经营性公墓的专项管理规定、有关少数民族生态殡葬的专项管理规定、有关基本公共殡葬服务的专项管理规定等均处于缺失状态。国家层面相关政策的缺失，无法对问题突出的这些领域进行有效的指导。

在地方性制度建设方面，我国的地方性殡葬管理制度设计也存在严重缺失问题。虽然我国各省市已根据现有的国家性政策法规，结合地方实际出台了地方性的殡葬管理建设法规，但仍不能满足地方殡葬发展的需要。如我国目前已出台适用于本省的省级公墓管理办法的省份不足我国34个省级行政区的三分之一，仅有江西省、宁夏回族自治区、上海市、四川省、陕西省、云南省、浙江省、海南省、甘肃省、山东省、辽宁省这11个省份出台了适用于本省的公墓管理办法。在有关公益性公墓管理条例方面，只有河南省出台了适用于本省范围的《河南省农村公益性公墓管理办法》，云南省出台了《云南省人民政府办公厅转发省民政厅关于规范农村公益性公墓建设管理实施意见的通知》、陕西省出台了《陕西省城市公益性公墓建设实施方案》、湖北省出台了《湖北省农村公益性公墓建设基本规范》。在顶层制度缺失而所在省份又没有出台有关公益性公墓管理办法的情况下，部分地市出台了适用于所在市的公墓管理办法，如湖南省长沙市于2011年12月7日颁布了《长沙市农村公益性墓地管理暂行办法》，江苏省徐州市于2015年4月15日颁布了《徐州市农村公益性公墓管理办法》，山东省枣庄市于2012年8月20日出台了《枣庄市公益性公墓管理办法》。在国家有关公墓管理内容滞后的情况下，省市级公墓管理办法的缺失，进一步加剧了公墓业市场的失调。

（2）行政司法衔接存在空当

根据2012年颁布实施的行政强制法，国务院取消了民政部门对非法土葬、乱埋乱葬行为可以强制执行的规定，若违法行为人对民政部门做出的行政决定不执行的，民政部门只能依法申请法院强制执行。但因违法殡葬行为情况复杂，特别是我国地域广阔，遗体违规土葬隐蔽性强，加之司法有严格的法定程序和时限要求，申请强制执行面临的突出问题就是调查取证难、申请周期长。即使强制实施平坟，当执法人员离开后，村民也可能会又把坟头建起来。同时在实践中，法院本身就普遍存在执行案件多和执行难问题，特别是对于挖坟掘墓这类敏感案件，基本不予受理。同时，因我国"殡葬法"等法律性文件缺失造成执法中无法可依，殡葬执法举步维艰，违规土葬、乱埋乱葬、滥占耕地林地现象出现回潮。

（三）现代殡葬法制化建设趋势

1. 完善法律制度体系

聚焦民政部"三定"方案赋予民政部"拟定殡葬管理政策、服务规范并组织实施，推进殡葬改革"法定职责，推动依法行政、全面正确履职尽责。坚持问题和需求导向，及时推动《殡葬管理条例》修订出台，做好条例解释解读工作，回应新时代发展要求，满足人民殡葬服务需求，为殡葬改革提供法治保障。配套制定修订废止《公墓暂行管理办法》等殡葬政策制度，加强规范性文件出台的合法性审查，确保殡葬改革的系统性、整体性、协同性。鼓励地方出台推动殡葬改革的政策制度，健全党政领导体制、部门协同工作机制，围绕健全领导工作机制、强化公共服务、改革管理服务方式、加强监管执法、加强信息化建设等方面抓实全国殡葬综合改革试点，及时总结符合实际、各具特色、可复制推广的经验做法。借鉴我国台湾地区《殡葬管理条例》经验，高度明确殡葬领域基本概念、术语，将太平间纳入管理。当然，作为行政法规的《殡葬管理条例》规定各地积极地有步骤地实行火葬，改革土葬，限制了公民对殡葬方式的自由选择权。依据宪法、立法法和相关法理，在必要限度范围内对公民自由的限制只能以法律为限，因此推动条例上升为法律，制定《殡葬法》是必然选择。

2. 健全监管执法机制

加快推进殡葬服务机构管办分开，强化内部监督管理，推进行政管理、生产经营、监管执法分离，破解"角色一体化"难题。健全内部管控制度体系，对基本服务和非基本服务明确服务规范、操作流程和从业操守，从严审批非基本服务外包或委托，并实行政府指导价。推动日常监管和事中事后监管有效衔接，对殡葬服务机构和组织、企业等主体实行"双随机、一公开"监管。加强市场监管、公安等部门的协同，健全殡葬市场服务监管体系，严厉打击垄断经营、强迫消费、黑恶团伙等，铲除畸形殡葬产业链。强化价格管理，综合运用政府指导价和市场价格机制，如借鉴台湾"生前契约"做法，鼓励服务主体与客户签订服务合同，明确葬仪程序及费用。推广信用监管，用好殡葬领域不良主体黑名单制度，如依托全国企业信用信息系统、社会组织信用信息系统等进行信用评价和管理。发挥殡葬行业协会服务、协调、管理等作用，协助配合政府部门在敏感节点、服务链条、行业管理上加强自律自治和监督管理。强化执法，勇于善于运用条例执法条款，推动落实殡葬执法，将执法情况纳入绩效考核。健全国土、林业、城管、公安、环保、监察等部门协同机制推动联合执法。落实中办国办《关于推进基层整合审批服务执法力量的实施意见》，积极推进基层综合行政执法改革，依法行使行政处罚权，着力破解以前殡葬领域行政执法主体"既是裁判员，又是参赛员"的身份不明确、职责不清晰等难题，坚决整治大墓豪华墓、殡葬市场"黑中介"。

3. 充分发挥党员干部作用

落实《关于党员干部带头推动殡葬改革的意见》，深刻领会贯彻"党员干部带头"这一核心要义，建立健全党委领导、政府负责、部门协作、社会参与的工作机制，推动各地党委政府将殡葬改革纳入议事日程。着力宣传党员干部带头推动殡葬改革的先进典型，推动省市县乡村各级党员干部做殡葬工作的宣传者、引领者和践行者。强化党纪法规的刚性约束，对违反中央八项规定精神大操大办、借机敛财、违规土葬、超标建墓立碑等要曝光和追责。

二　现代殡葬信息化建设

2016年7月，中共中央办公厅、国务院办公厅印发了《国家信息化发展战略纲要》（以下简称《纲要》），提出"要将信息化贯穿我国现代化进程始终，加快释放信息化发展的巨大潜能。以信息化驱动现代化，建设网络强国"。《纲要》的发布实施，为殡葬信息化的健康发展提供了依据，指明了方向。

（一）殡葬信息化

1. 殡葬信息化内涵

殡葬信息化就是以现代通信、互联网、物联网、大数据、云计算、人工智能技术为基础，对殡葬管理和服务要素和信息进行深度融合、科学加工与合理利用，实现行业智慧累积叠加，创新殡葬活动模式，推进殡葬服务网络化转型，改造和提升殡葬管理效能和殡葬服务水平的过程。

2. 殡葬信息化的发展目标

2018年5月，为贯彻党中央、国务院关于"互联网+"的决策部署，民政部向各地民政厅局、部内司局和事业单位发布了《"互联网+民政服务"行动计划》（以下简称《计划》）。《计划》提出了推行"互联网+民政服务"的总体要求、重点行动、职责分工和工作措施。

2018年6月，为在殡葬服务领域全面实施《计划》，民政部向地方民政厅局发布了《关于推进"互联网+殡葬服务"的行动方案》（以下简称《方案》）。

《方案》首先明确了推进"互联网+殡葬服务"的指导思想；提出了强化顶层设计、致力融合创新、坚持协同共享、保障数据安全的基本原则；确定了互联网与殡葬服务实现深度融合，殡葬服务更加便民、透明、优质，殡葬管理决策更加科学、精准、高效，殡葬领域逐步实现网络化、协同化、智能化，"互联网+"成为促进殡葬事业改革发展的重要驱动力量和总体目标。

《方案》进一步明确了到2020年，殡葬服务机构基本实现业务办理信息化，国家和省级殡葬管理服务信息平台实现互联互通，与地方各级民政部门、殡葬服务机构有效对接，国家基础殡葬信息数据库初步建成，纵向贯通、横向互联、信息共享、业务协同的信息化发展格局逐步形成，殡葬信息化水平明显提高的具体目标。

（二）殡葬信息化的应用现状

1. 殡葬信息化在殡葬管理中的应用

通常殡葬管理可分为殡葬行业行政管理和殡葬行业技术管理，通过全国、省、市、县四级殡葬管理服务信息平台建设、对接、互通和运行，辅以外部互联网的应用，殡葬管理信息化范围不断扩展，殡葬管理信息化水平持续提升。

（1）殡葬信息化助力殡葬法规制定与宣传

在殡葬法规制定修订方面。在殡葬法规政策制定修订过程中，实行公开立法，利用网络资源广泛征求社会各界意见和建议，发挥广大人民群众参政议政的主人翁作用，凝智聚力，使法规政策充分体现人民群众的意志，更加符合现实需求。2018年9月，民政部网站向全社会全文公布《殡葬管理条例（修订草案征求意见稿）》及其《起草说明》，设置了"征求意见"专栏公开征求各界意见并互动，引起了很大反响。在殡葬法规政策宣传贯彻过程中，利用互联网手段发布、解释法规条款，说明政策规定，快速、便捷、高效地把法规政策要求传送到各级殡葬管理部门、服务机构和社会有关方面，促进殡葬领域的科学管理。无论从惠民殡葬政策的推行、"两办意见"的贯彻、还是到节地生态安葬指导意见的解释，进一步推进殡葬改革指导意见的宣传，互联网都发挥了积极的促进作用。

（2）大数据提升殡葬管理和科学决策水平

按照国务院《促进大数据发展行动纲要》整体要求，利用信息平台开展殡葬领域线上调查和数据传输，采集殡葬管理数据信息，构建殡葬管理数据库及其开放共享机制，推动行业资源整合，提升殡葬治理能力。2015年5月，民政部社会事务司和民政部一零一研究所通过网络共同组织了"全国殡葬专用设备生产能力调查"，各殡葬设备生产企业及时反馈了调查数据，掌握了全国遗体火化、遗物祭品焚烧、遗体接运、遗体冷冻冷藏等主要殡葬设备的生产情况，为有关管理和决策提供了基础信息支持。2019年5月，中国殡葬协会"互联网＋"工作委员会与阿里巴巴集团初步达成了共建"智慧殡葬"的战略计划，力求架通政府与社会的桥梁，服务于行业的科学管理，服务于社会的数字殡葬。

（3）互联网支撑殡葬行业电子政务

各地区各部门利用政府门户网站与实体政务大厅，公开与殡葬管理事项相关的法规政策文件、通知公告、事项清单、机构名录、办事指南、审查细则、常见问题、监督方式和网上办事信息，同时列明依据条件、流程时限、注意事项等开展线上管理服务。逐步推行网上受理、网上办理、网上反馈，做到殡葬管理服务事项"应上尽上、全程在线"。利用全国殡葬管理服务信息平台促进殡葬政务信息资源互认共享，推动殡葬管理事项跨地区远程办理、跨层级联动办理、跨部门协同办理。在殡葬电子政务方面，云南省玉溪市作为全国殡葬综合改革试点单位初步实现了殡葬管理事项网上项目审核、行政审批、公墓年检、机构监管等，大幅缩短了行政审批时间，提高了办事效率。

（4）开展"互联网＋殡葬监管"活动

运用殡葬监管数据建立殡葬管理服务信用评价体系，实行政务公开，进行线上殡葬管理服务满意度调查，探索建立守信联合激励、失信联合惩戒机制。逐步完善殡葬依法行政监管、风险预警防范，推动殡葬行业"双随机一公开"（行政执法检查时，随机抽取检查对象、随机选派执法检查人员，及时公开抽查情况和结果）监管、联合监管、信用监管。2018年6月至9月，根据民政部等九部门印发的《全国殡葬领域突出问题专项整治行动方案》，在全国范围开展了殡葬领域突出问题专项整治行动。利用电子信箱接受殡葬方面擅自兴建公墓设施等10种违法违规行为的举报，收到了预期效果。

（5）殡葬信息化助力殡葬标准制修订与宣贯

在国家标准化管理委员会的指导和支持下，全国殡葬标准化技术委员会利用"全国专业标准化技术委员会工作平台"开展殡葬领域国家标准立项申请、网上投票表决、上传共享制修订阶段性成果、报批等活动，保障了标准制修订工作的顺利进行。2008年以来，中国殡葬协会官网一直开展殡葬领域国家标准和行业标准的征求意见和宣贯工作，促进了标准的制修订和实施。在标准宣贯方面，国家标准化管理委员会利用"国家标准全文公开系统"，对强制性和推荐性国标予以公开宣贯，迄今为止，本系统已收录现行有效强制性国家标准1992项。其中非采标的1352项国标可在线阅读和下载，采标的640项国标可在线阅读；收录现行有效的推荐性国家标准35340项。其中非采标的22497项国标可在线阅读，采标12843项国标提供标准题录信息。对于殡葬领域的团体标准和企业标准，按照团体标准管理规定和企业标准化管理办法的要求应分别在国标委的"全国团体标准信息平台"和"企业标准信息公共服务平台"上在线查询或下载。对于殡葬领域的标准规范可在"全国认证认可信息公共服务平台（'认e云'）"查询。

（6）互联网线上公开殡葬招标和中标信息

近年来，在殡葬设备用品采购、服务项目承包过程中，各地均利用互联网线上及时公开招标技术文件，统一明确技术指标、投标要求、评标办法和注意事项，并及时公布评标中标信息。线上公开殡葬招标和中标信息，规范了殡葬领域的招投标行为，取得了公开、公平、公正、公信的效果。现在，火化设备和遗物祭品焚烧设备采购的网上公示率越来越高，有力地促进了阳光殡葬。

（7）互联网上公示殡葬设备检测评定和服务认证结果

在全国火化机类产品质量检测评定过程中，将检测评定合格的产品生产厂家、产品型号和有效期通过中国殡葬协会官网公示并实时更新，网上公示了秦皇岛海涛万福环保设备股份有限公司等27个厂家生产的火化机、遗物祭品焚烧炉、流动祭祀车、火化机废气处理系统、十二生肖祭祀园等105个产品，起到了推介合格殡葬设备、促进其质量提升的积极作用。按照国家认证认可监督管理委员会规定，在开展全国殡葬服务认证活动中，对两批取得殡葬服务认证审查员资格证书人员和首批通过殡葬服务认证的机构均通过"全国认证认可信息公共服务平台（'认e云'）"进行了公示，推动了殡葬服务认证认可工作的有序开展。

2. 殡葬信息化在殡葬服务中的应用

"互联网+殡葬服务"信息平台按照"统一标准、两级部署、多级应用"的构建和运维方式，可分为国家、省、市、县四个层级的具体应用。

（1）建立国家级殡葬服务网络信息平台

一是中国殡葬公共服务网络平台。受民政部委托，在民政部信息中心的支持下，2018年12月民政主持的"中国殡葬公共服务网络平台"财政专项通过了中期技术验收，网络平台的"云计算支撑平台基础软件开发""全国通用版殡葬信息管理服务系统""网络地图服务平台""虚拟祭祀"等研创任务符合中期验收要求，经过5个省（市）的试点应用，具备了国内"互联网+殡葬服务"平台的推广应用条件。现平台仍在继续完善过程中，计划近期与省级平台对接，在统一的标准下运行应用。

二是成立中国殡葬协会网络平台。作为全国殡葬行业的部属社团，中国殡葬协会创建的网络平台开展了7各业务机构和10个分支机构的网上信息服务工作，其中"互联网+"工作委员会致力于推动"互联网+殡葬管理""互联网+殡葬服务"工作。此外，该网络平台还与31个省级殡葬协会建立了联系，直接为701个单位和个人会员提供信息服务。

三是成立"血铸中华"和"民族魂"网站。"血铸中华"网站以1840年至1949年间发生的重大历史事件为主线，展示百年来无数中华儿女为反抗帝国主义列强侵略、争取民族独立和人民解放不屈不挠英勇奋斗的历程，是网上的"革命纪念馆"；"民族魂"网站介绍近现代为国牺牲的革命先烈的英雄事迹，是网上的"人民英雄纪念碑"。还有民政部创办"中华英烈网"在英烈纪念设施保护和烈士纪念服务方面向社会提供了各类信息支持。

(2) 建立省级殡葬服务网络信息平台

省级殡葬服务网络信息平台是承上启下的关键环节，加强省级平台建设对推行"互联网+殡葬服务"意义重大。目前大多数省级殡葬管理服务信息平台以宣传殡葬政策法规、宣贯殡葬标准、发布通知通告、链接市县资源、进行机构管理、开展咨询服务为主，如"山东省殡葬网上服务平台"除首页外，初步开通了"工作动态""通知通告""政策文件""机构信息""服务风采""殡葬文化""办理事项""在线服务"8个专栏，对于"殡仪服务预约""生态撒散预约""便民地图""网上祭奠""网上评价"5个专栏仍在建设中。

对于直辖市的殡葬服务网络信息平台一般开展的服务比较具体。如：上海市民政局创办的"上海市殡葬服务平台"链接了全市15个殡仪馆、45家公墓、8个骨灰堂、海葬服务部等资源；在白事指导方面开通了"白事流程""白事热线""白事顾问"等，方便群众查询。

(3) 建立市级殡葬服务网络信息平台

地级市创建的殡葬服务网络信息平台更能体现当地风俗民情，比省级平台更接地气，现以江苏省常州市"96444殡葬公共服务平台"为例，介绍"互联网+殡葬服务"的具体应用。"96444殡葬公共服务平台"是常州市民政局以全国殡葬综合改革试点为引领，建设保基本、广覆盖、可持续的城乡殡、葬、祭、礼、传全程殡葬公共服务平台。该平台遵循"政府搭台、服务民生、便捷高效、公正透明"理念，以三大中心九大模块为依托，具有下列主要功能和特点。

一是一号键入、一网通办。在市区城乡，只要用户拨打96444就可接入一站式综合服务平台，免费享受殡葬政策咨询、白事指导、业务办理、投诉建议等服务，一网通办全部业务。二是线上线下，一体运行。该平台既是殡葬信息共享平台，更是殡葬综合服务运营平台，通过服务专线、互联网调度系统、实体门店三结合模式，实时开展殡、葬、祭、传全程一体化的线上线下联动式服务（线上选择约谈下单、线下服务对接跟踪）。三是商品超市，实时配送。为满足客户应急特殊需求，平台具有殡葬电子商务功能，通过独特的物流渠道实现殡葬商品的快速配送，服务上门，保质保量，货真价实，便捷高效。四是远程引导，实景体验。平台在殡葬领域率先运用VR技术，远程传播实现了全景观看走进全市的各殡葬服务机构，VR虚拟现实全景观看殡葬服务场所设施设备、景观布设、引导看墓等，让客户体验身临其境办丧实感。五是严格监管，保障权益。对平台工作人员、实体门店、入住商家实行标准化培训考核，尊重客户选择，严格服务流程，保证价格透明和服务质量。引入客户星级评定，接受各方监督，持续改进服务，保障客户权益。六是文明节俭，倡导新风。平台上推行海葬、云祭、公祭，推行节地生态安葬，鼓励提倡文明节俭办丧事，引领殡葬新风尚。

（4）建立县级殡葬服务网络信息平台

我国县级殡葬服务网络信息平台建设较为滞后，仅有少数县级民政部门创建了殡葬服务专业网站。一些县级殡葬服务机构（殡葬管理所、殡仪馆、殡仪服务站、公墓）虽然建立了企事业网站或网页，但是大多停留于信息传播阶段，缺少线上线下联动式服务。对于部分大型殡葬服务机构（包括殡葬领域的集团公司），利用自身的网络信息平台很好地推介了自身的服务或产品，创新了线上线下联动模式，促进了"互联网+殡葬服务"向着纵深方向发展。

（三）殡葬信息化的发展前瞻

推行殡葬信息化，必须要构建完整的殡葬信息化体系，该体系应由六大要素组成：一是信息资源；二是信息网络；三是信息应用；四是信息产业；五是信息化人才；六是信息化政策。六个要素应相互支撑，协同作用，形成一个符合国情行情的科学有机整体，推进新时期殡葬信息化健康发展。

1. 构筑涉葬大数据库。殡葬事务不仅涉及千家万户，还涉及众多的党政机关部门。在政府层面开发殡葬领域的信息资源，不能只靠各级民政部门独打天下，一定要发挥各相关部门作用，在各自的职责范围内共同做好有关殡葬信息采集开发工作。随着时间的推移和信息化程度的不断提高，殡葬管理服务机构和涉葬部门积累的殡葬业务信息与日俱增，形成的业务档案等海量信息应及时进行数据化处理，为数据分析和应用奠定坚实的基础。殡葬管理服务机构和涉葬部门对原有存量殡葬信息（包括纸质业务档案等）进行电子化处理，在不影响各自业务正常开展的情况下将共享的电子信息传输给综合信息整合部门存储备份。采用数据技术，优化殡葬管理服务机构和涉葬部门业务工作流程，实现殡葬增量信息数据化，选取合适的数据结构模式，整合存量信息资源，创建殡葬大数据库。大力推进优质殡葬信息资源上网，在促进殡葬信息电子化、数据化的进程中，进一步促进殡葬信息网络化、社会化、商品化。

2. 健全殡葬信息化网络。调整殡葬信息化布局，加快建设国家殡葬管理服务综合信息平台，形成跨地区、跨行业纵横交错的殡葬信息化网络系统，发挥殡葬大数据库的作用。在民政部门推行"互联网＋殡葬服务"，创建国家、省、市、县四级"殡葬服务信息平台"的基础上，深入推进"互联网＋殡葬管理"，创建四级"殡葬管理服务信息平台"。同时，促进各级殡葬互联网从信息存储传输的初级功能向行为数据分析创造的高级功能转变。鉴于殡葬事务的复杂性、大数据的广泛性和互联网的延展性，整合涉葬部门殡葬管理服务信息，消除殡葬信息孤岛已是大势所趋。在民政部门创建四级"殡葬管理服务信息平台"的同时，改变殡葬行业信息不对称格局，打破部门间的数据壁垒，促进信息互通融合，建设各级跨部门的"殡葬管理服务综合信息平台"。

3. 完善殡葬信息化智能手段。在殡葬信息化方面，除了应用大数据技术外，还要应用物联网技术与互联网结合，运用智能管控技术和智能移动终端升级互联网，将人工智能引入全行业，拓展殡葬信息应用领域和途径，全力打造智慧殡葬。殡葬领域信息化建设，不但要发展"人人互联"的互联网，还应大力发展"物物互联"的物联网，并不断促进两网的结合，实现"人物互联"，构建殡葬领域的智慧网络。依托殡葬物联网和互联网，结合殡葬实际需求，开发殡葬智能管控实用技术，推行智慧殡葬，全面提升现代殡葬管理和服务水平。届时，客户网上预定的无人驾驶殡仪车会准时出现在约定地点；通过智能移动终端操控的远程控制火化机会自行完成遗体火化任务；殡仪消毒智能系统会根据不同的消毒对象合理选择消毒剂并自动消毒；殡仪接待机器人会在业务大厅接待引导客户并解答有关疑难问题等。

4. 加强殡葬信息化人才队伍建设。殡葬信息化人才是特殊的人才群体，是推动殡葬信息化发展的动力源泉。加强殡葬信息化人才队伍建设，培养和引进殡葬信息化专业技术和高技能人才，是当前殡葬信息化建设的迫切任务。在殡葬管理、殡葬服务和涉葬部门本职工作岗位的从业人员中，选拔个人素质高、业务工作能力强、有发展潜力的青年集中开展殡葬信息化知识和技能培训，培养一大批"双能型"（业务工作能力强、信息化能力强）的岗位专门人才，为殡葬信息化提供基本的人力资源保障。根据殡葬信息化技术岗位对人员的特殊需求，在高等学校、科研机构和有关行业引进"专家型"特种人才，开展"互联网+殡葬服务""物联网+殡葬服务""殡葬大数据库建设""殡葬智能控制""智慧殡葬"等专项技术工作，并发挥专家在技术团队的"传帮带"作用。

5. 加快殡葬信息化政策标准实施。殡葬信息化政策和标准是推行殡葬信息化的行政依据和技术支撑，制定跨部门的殡葬信息化政策是我们的工作之需，实施殡葬信息化标准是我们的当务之急。根据国家信息化法律法规和国务院《殡葬管理条例》，民政部在组织实施"互联网+民政服务"行动计划和"互联网+殡葬服务"行动方案的基础上，坚持"统筹规划，国家主导；统一标准，联合建设；互联互通，资源共享"的信息化建设指导方针，会同国务院有关涉葬部门共同制定"殡葬信息化行动计划"并统一组织实施，整合各部门殡葬信息资源，规范殡葬信息行为，调整殡葬信息关系，满足群众信息需求。民政部会同国标委和工信部，联合有关涉葬部门按照殡葬领域信息化发展的实际需求，建立门类齐全、结构科学、逻辑合理、层级分明的殡葬信息化标准体系，发挥全国殡葬标准化技术委员会的技术归口作用，积极制定宣贯殡葬信息化建设急需的国家标准和行业标准。支持地方和有关社团制定宣贯严于国标行标的地方标准和团体标准。鼓励殡葬服务机构制定宣贯具有自身特色的企业标准。组织开展有关标准化示范和达标对标活动，引领、规范、支撑、保障全国殡葬信息化建设的健康发展。

三 现代殡葬标准化建设

按照党的十八大提出的 2020 年如期全面建成小康社会的总体要求，我国的殡葬业将完成由传统殡葬向现代殡葬的转型，殡葬标准化体系的建设和完善将是实现我国现代殡葬转型的重要手段和技术支撑。

（一）殡葬标准化的含义

1. 标准化。我国的标准化工作正式开始于 1931 年工业标准化委员会的成立。1958 年《中国标准化》杂志的创刊标志着我国标准化研究开始步入规范化的进程。1988 年 12 月 29 日我国修订通过了《中华人民共和国标准化法》，同时于 1989 年 4 月 1 日起开始施行，其中对标准化的制定、实施、法律责任进行了明确规定。标准化是"为在一定的范围内获得最佳秩序，对实际的或潜在的问题制定共同的和重复使用的规则的活动。包括制定、发布及实施标准的过程。标准化的重要意义是改进产品、过程和服务的适用性，防止贸易壁垒，并促进技术合作"①。自改革开放后，尤其是在我国加入世界贸易组织后，标准的相关问题日益突出，对标准进行制定、发布及实施的标准化研究也逐步成为学术界关注的热点。

2. 殡葬标准化。我国现代殡葬的标准化建设始于1984年民政部委托沈阳火化设备研究所起草的《燃油式火化机通用技术条件》行业标准。经过三十多年的发展，我国至今已在殡葬管理标准、殡葬设备标准、殡葬建筑标准、殡葬环境标准、殡葬园林标准和殡葬服务标准等领域出台了四十多个标准。我国现有的殡葬行业相关标准主要涉及殡葬管理标准、殡葬设备标准、殡葬建筑标准、殡葬环境标准、殡葬园林标准和殡葬服务标准等领域，本书认为，可将其归纳为殡葬管理标准、殡葬技术标准、殡葬服务标准和殡葬设施标准四大类。殡葬管理标准是指对殡葬标准化领域中需要协调统一的管理事项、质量监督所制定的标准，它是正常生产经营活动，实现技术标准的重要措施。殡葬技术标准是指对殡葬标准化领域中需要协调统一的技术事项所制定的标准，它是殡葬标准化管理体系的核心，是提升殡葬服务质量的重要前提。殡葬服务标准是指对殡葬服务工作岗位所制定的标准，它是提高殡葬服务质量、提升殡葬工作效率的重要保证。殡葬设施标准是指对殡葬领域相关设施建设所制定的标准，它应沿着我国现代殡葬改革的发展方向，满足我国生态文明的建设要求，符合现代殡葬生命文化理论需求。

（二）现代殡葬标准化发展历程

殡葬业是一个既服务逝者也服务生者的特殊行业。按照《国民经济行业分类》（GB/T 4754—2011），殡葬服务属于"居民服务、修理和其他服务业"中的"殡葬服务"类（O7980），属于服务业。我国自20世纪50年代进行殡葬改革开始，已取得了一系列成绩，但同时

---

① 《中华人民共和国标准化和有关领域的通用术语》（国家标准GB/T 3935.1—1996"）第一部分：基本术语。

也出现了一些问题，如殡葬单位基础设施落后、殡葬市场运行不规范、殡葬从业人员整体素质仍有待提升、基本公共殡葬服务均等化进程较缓等，这些问题桎梏了人们对殡葬业的观念转变，影响了我国殡葬业由传统向现代的转型。为了进一步规范我国殡葬服务市场，加快我国殡葬改革的步伐，规范我国殡葬行业的相关标准开始制定出台。

我国现代殡葬的标准化建设，始于1984年民政部委托沈阳火化设备研究所起草的《燃油式火化机通用技术条件》行业标准，后于2003年由民政部人事教育司提出，民政部一零一研究所起草，由民政部社会福利和社会事务司归口，出台了国家标准《燃油式火化机通用技术条件（GB 19054—2003）》。1984年的《燃油式火化机通用技术条件》虽仅是行业标准，但它的提出标志着我国现代殡葬开始进入了标准化、规范化的时代。之后一系列与殡葬相关的《中小型殡仪车通用技术条件》《火葬场卫生防护距离标准》《火葬场大气污染物排放标准》等技术标准相继出台。

2006年，民政部与劳动和社会保障部发布了《殡仪服务员国家职业标准》《遗体接运工国家职业标准》《遗体防腐师国家职业标准》《遗体整容师国家职业标准》《遗体火化国家职业标准》《墓地管理员国家职业标准》这六个国家职业标准，对殡葬行业的从业人员进行了职业标准的认定和考核工作。

2008年11月，全国殡葬标准化技术委员会在北京成立，同时通过了《全国殡葬标准化技术委员会秘书处工作细则（第一届）》，其中对全国殡葬标准化技术委员会秘书处的机构设置、工作任务、工作要求进行了规定，全国殡葬标准化技术委员会的成立标志着我国殡葬标准化工作进入了有组织的、系统化的管理阶段。同年，开始了《殡葬标准体系框架》制定工作，计划制订标准数量247个，涉及技术标准、管理标准和工作标准三大类。

2010年国家标准（推荐性）《接运遗体服务》（GB/T 26374—2010）的发布标志着我国殡葬标准不再局限于技术、环保和安全，开始辐射到了殡葬服务领域。2011年民政部发布的《殡仪接待服务》

《殡葬服务术语》《遗体保存服务》《遗体告别服务》《遗体火化服务》《骨灰寄存服务》《骨灰撒海服务》等一系列殡葬服务标准，为保障我国殡葬服务业质量和水平提供了重要依据。截至2020年，我国殡葬领域现行标准已达75项。

（三）现代殡葬标准化建设现状

我国从1984年第一个殡葬标准出台，发展至今，已过去了三十多年，目前已出台的各类国家标准、民政行业标准、出入境检验检疫行业标准、殡葬行业标准、建设标准等殡葬标准共计已达75项，内容涉及技术标准、卫生标准、环保标准、安全标准、服务标准、管理标准、设备标准、建筑标准等方面。

在这75项殡葬标准中，按照标准级别不同进行划分，国家标准12个，其中强制标准2个，推荐性标准10个；建设标准2个；国家职业标准6个；行业标准41个；相关标准14个。

本书按照殡葬管理标准、殡葬技术标准、殡葬服务标准和殡葬设施标准四类，对我国现有的75个殡葬标准进行了分类，并在此基础上对我国殡葬标准现状进行研究：

1. 我国殡葬管理标准发展现状

殡葬管理标准是指对殡葬标准化领域中需要协调统一的管理事项、质量监督所制定的标准，它是正常生产经营活动，实现技术标准的重要措施。本书认为殡葬管理标准应包含我国现代殡葬业的工作范围、工作内容、工作要求、工作条件、从业人员的必备条件、考核评价以及与相关工作的关系。

从表10-1"我国殡葬管理标准分类"中可以看出，我国已出台的殡葬管理类标准共有19项，其中国家标准有4项，行业标准有9项，国家职业标准6项。四项国家标准分别是《GB/T 19632—2005 殡葬服务、设施、用品分类与代码》《GB/T 23287—2009 殡葬术语》《GB/T 24441—2009 殡葬服务从业人员资质条件》《GB/T 29356—2012 烈士纪念设施保护单位服务规范》，九项民政行业标准分别是

《MZ/T 017—2011 殡葬服务术语》《MZ/046—2013 殡葬服务项目分类》《MZ/T 048—2013 殡葬服务满意度评价》《MZ/T 098—2017 殡葬管理服务信息系统基本数据规范》《MZ/T 134—2019 节地生态安葬基本评价规范》《MZ/T 141—2019 殡葬管理服务信息系统数据共享和交换规范》《MZ/T 143—2019 殡葬服务公共平台基本要求》《MZ/T 144—2019 殡葬服务机构安全管理指南》《MZ/T 145—2019 殡葬服务机构业务档案管理规范》，六项国家职业标准分别是《殡仪服务员》《遗体接运工》《遗体防腐师》《遗体整容师》《遗体火化师》《墓地管理员》。

表 10 - 1　　　　我国殡葬管理标准分类

序号	标准级别	标准名称
1	国家标准	GB/T 19632—2005 殡葬服务、设施、用品分类与代码
2		GB/T 23287—2009 殡葬术语
3		GB/T 24441—2009 殡葬服务从业人员资质条件
4		GB/T 29356—2012 烈士纪念设施保护单位服务规范
5	国家职业标准	殡仪服务员
6		遗体接运工
7		遗体防腐师
8		遗体整容师
9		遗体火化师
10		墓地管理员
11	行业标准	MZ/T 017—2011 殡葬服务术语
12		MZ/046—2013 殡葬服务项目分类
13		MZ/T 048—2013 殡葬服务满意度评价
14		MZ/T 098—2017 殡葬管理服务信息系统基本数据规范
15		MZ/T 134—2019 节地生态安葬基本评价规范
16		MZ/T 141—2019 殡葬管理服务信息系统数据共享和交换规范
17		MZ/T 143—2019 殡葬服务公共平台基本要求
18		MZ/T 144—2019 殡葬服务机构安全管理指南
19		MZ/T 145—2019 殡葬服务机构业务档案管理规范

我国目前已出台的有关殡葬管理类的标准主要包括对殡葬服务的工作内容和工作范围的界定（《GB/T 19632—2005 殡葬服务、设施、用品分类与代码》《GB/T 23287—2009 殡葬术语》《MZ/T 017—2011 殡葬服务术语》《MZ/T 046—2013 殡葬服务项目分类》）、从业人员的资质（《GB/T 24441—2009 殡葬服务从业人员资质条件》）及其必备条件考核（《殡仪服务员》《遗体接运工》《遗体防腐师》《遗体整容师》《遗体火化师》《墓地管理员》）、烈士纪念设施保护单位的服务范围和工作要求（《GB/T 29356—2012 烈士纪念设施保护单位服务规范》）、殡葬服务的考核（《MZ/T 048—2013 殡葬服务满意度评价》《MZ/T 134—2019 节地生态安葬基本评价规范》）、殡葬服务平台规范（《MZ/T 098—2017 殡葬管理服务信息系统基本数据规范》《MZ/T 141—2019 殡葬管理服务信息系统数据共享和交换规范》《MZ/T 143—2019 殡葬服务公共平台基本要求》）以及殡葬服务机构管理（《MZ/T 144—2019 殡葬服务机构安全管理指南》《MZ/T 145—2019 殡葬服务机构业务档案管理规范》）。

2. 我国殡葬服务标准发展现状

殡葬服务标准是指殡葬单位所提供的殡葬服务基础标准、殡葬服务质量标准、殡葬服务资质标准等殡葬服务领域的相关标准，它是提高殡葬服务质量、提升殡葬工作效率的重要保证。

从表 10-2 "我国殡葬服务标准分类"中可以看出，我国已出台的殡葬服务类标准共有 17 项，其中行业标准有 16 项，国家标准仅有 1 项。十六项民政行业标准分别是《MZ/T 018—2011 殡仪接待服务》《MZ/T 019—2011 遗体保存服务》《MZ/T 020—2011 遗体告别服务》《MZ/T 021—2011 遗体火化服务》《MZ/T 022—2011 骨灰寄存服务》《MZ/T 023—2011 骨灰撒海服务》《MZ/T 034—2012 公墓业务接待》《MZ/T 035—2012 墓体制作服务》《MZ/T 036—2012 公墓安葬服务》《MZ/T 037—2012 公墓维护服务》《MZ/T 038—2012 公墓祭扫服务》《MZ/T 047—2013 殡葬代理机构服务规范》《MZ/T 102—2017 安葬随葬品使用要求》《MZ/T 105—2017 火化随葬品使用要求》《MZ/T

099—2017 平板火化机捡灰服务》《殡葬服务机构新型冠状病毒感染肺炎患者遗体处置及疫情防控工作指引（试行）》，一项国家标准为《GB/T 26374—2010 接运遗体服务》，出台的这十七项殡葬服务类标准已涵盖了接运服务、接待服务、骨灰及遗体保存服务、告别服务、火化服务、安葬服务、祭扫服务等基本公共殡葬服务涉及的大部分环节，从而有效保障了我国基本公共殡葬服务的顺利完成。

表 10-2　　　　　　　　我国殡葬服务标准分类

序号	标准级别	标准名称
1	国家标准	GB/T 26374—2010 接运遗体服务
2	行业标准	MZ/T 018—2011 殡仪接待服务
3		MZ/T 019—2011 遗体保存服务
4		MZ/T 020—2011 遗体告别服务
5		MZ/T 021—2011 遗体火化服务
6		MZ/T 022—2011 骨灰寄存服务
7		MZ/T 023—2011 骨灰撒海服务
8		MZ/T 034—2012 公墓业务接待
9		MZ/T 035—2012 墓体制作服务
10		MZ/T 036—2012 公墓安葬服务
11		MZ/T 037—2012 公墓维护服务
12		MZ/T 038—2012 公墓祭扫服务
13		MZ/T 047—2013 殡葬代理机构服务规范
14		MZ/T 102—2017 安葬随葬品使用要求
15		MZ/T 105—2017 火化随葬品使用要求
16		MZ/T 099—2017 平板火化机捡灰服务
17		殡葬服务机构新型冠状病毒感染肺炎患者遗体处置及疫情防控工作指引（试行）（民办发〔2020〕2号）

3. 我国殡葬技术标准发展现状

殡葬技术标准是指对殡葬标准化领域中需要协调统一的技术事项所制定的标准，它是殡葬标准化管理体系的核心，是提升殡葬服务质量的重要前提。本书认为殡葬技术标准不仅应包含各类殡葬单位中的硬件设施的生产、制造、环保、维护等相关标准，还应包含殡葬服务过程中各类应用技术的标准。

从表10-3"我国殡葬技术标准分类"中可以看出，我国已出台的殡葬技术类标准共有28项，其中国家标准4项，行业标准13项，相关标准11项。四项国家标准分别是《GB/T 19054—2003 燃油式火化机通用技术条件》《GB/T 23288—2009 木质骨灰盒通用技术条件》《GB/T 26342—2010 国际运尸木质棺柩》《GB/T 31182—2014 火化棺通用技术条件》。十三项行业标准分别是《MZ/T 103—2017 殡仪场所消毒技术规范》《MZ/T 104—2017 火化残余物处理处置要求》《MZ/T 106—2017 火葬场二噁英类污染物减排技术导则》《MZ/T 107—2017 遗体火化大气污染物监测技术规范》《MZ/T 135—2019 遗体收殓运输卫生技术规范》《MZ/T 136—2019 遗体整容操作技术规范》《MZ/T 137—2019 遗体冷冻柜通用技术条件》《MZ/T 138—2019 突发事件遇难人员遗体处置技术规范》《MZ/T 139—2019 遗体防腐操作规程》《MZ/T 140—2019 殡仪场所致病菌检测技术规范》《MZ/T 142—2019 燃气式火化机通用技术条件》《MZ/T 146—2019 殡葬场所烟气排放连续监测技术规范》《中小型殡仪车通用技术条件》，十一项相关标准分别是《GA/T 147—2019 法医学尸体检验技术总则》《GA/T 149—1996 法医学尸表检验》《GA/T 150—2019 法医学机械性窒息尸体检验规范》《GA/T 151—2019 法医学新生儿尸体检验规范》《GA/T 167—2019 法医学中毒尸体检验规范》《GA/T 170—2019 法医学猝死尸体检验规范》《GA/T 223—1999 尸体辨认照相、录像方法规则》《GA/T 268—2019 道路交通事故尸体检验》《SN/T 1212—2003 入出境棺柩消毒处理规程》《SN/T 1320—2010 入出境尸体、棺柩、骸骨卫生检疫查验规程》《SN/T 1334—2003 入出境尸体和骸骨卫生处理规程相关标准》。

10-3 　　　　　　　　我国殡葬技术标准分类

序号	标准级别	标准名称
1	国家标准	GB/T 19054—2003 燃油式火化机通用技术条件
2		GB/T 23288—2009 木质骨灰盒通用技术条件
3		GB/T 26342—2010 国际运尸木质棺柩
4		GB/T 31182—2014 火化棺通用技术条件
5	行业标准	MZ/T 103—2017 殡仪场所消毒技术规范
6		MZ/T 104—2017 火化残余物处理处置要求
7		MZ/T 106—2017 火葬场二噁英类污染物减排技术导则
8		MZ/T 107—2017 遗体火化大气污染物监测技术规范
9		MZ/T 135—2019 遗体收殓运输卫生技术规范
10		MZ/T 136—2019 遗体整容操作技术规范
11		MZ/T 137—2019 遗体冷冻柜通用技术条件
12		MZ/T 138—2019 突发事件遇难人员遗体处置技术规范
13		MZ/T 139—2019 遗体防腐操作规程
14		MZ/T 140—2019 殡仪场所致病菌检测技术规范
15		MZ/T 142—2019 燃气式火化机通用技术条件
16		MZ/T 146—2019 殡葬场所烟气排放连续监测技术规范
17		中小型殡仪车通用技术条件（民民函〔1987〕第87号）
18	相关标准	GA/T 147—2019 法医学尸体检验技术总则
19		GA/T 149—1996 法医学尸表检验
20		GA/T 150—2019 法医学机械性窒息尸体检验规范
21		GA/T 151—2019 法医学新生儿尸体检验规范
22		GA/T 167—2019 法医学中毒尸体检验规范
23		GA/T 170—2019 法医学猝死尸体检验规范
24		GA/T 223—1999 尸体辨认照相、录像方法规则
25		GA/T 268—2019 道路交通事故尸体检验
26		SN/T 1212—2003 入出境棺柩消毒处理规程
27		SN/T 1320—2010 入出境尸体、棺柩、骸骨卫生检疫查验规程
28		SN/T 1334—2003 入出境尸体和骸骨卫生处理规程相关标准

在这28项殡葬技术类标准中，殡葬硬件设施的相关标准有6项，分别是《GB/T 19054—2003 燃油式火化机通用技术条件》《GB/T 23288—2009 木质骨灰盒通用技术条件》《GB/T 26342—2010 国际运尸木质棺柩》《GB/T 31182—2014 火化棺通用技术条件》《MZ/T 142—2019 燃气式火化机通用技术条件》《中小型殡仪车通用技术条件》，殡葬服务过程中应用型技术类标准有15项，分别是《MZ/T 135—2019 遗体收殓运输卫生技术规范》《MZ/T 136—2019 遗体整容操作技术规范》《MZ/T 137—2019 遗体冷冻柜通用技术条件》《MZ/T 138—2019 突发事件遇难人员遗体处置技术规范》《MZ/T 139—2019 遗体防腐操作规程》《GA/T 147—2019 法医学尸体检验技术总则》《GA/T 149—1996 法医学尸表检验》《GA/T 150—2019 法医学机械性窒息尸体检验规范》《GA/T 151—2019 法医学新生儿尸体检验规范》《GA/T 167—2019 法医学中毒尸体检验规范》《GA/T 170—2019 法医学猝死尸体检验规范》《GA/T 223—1999 尸体辨认照相、录像方法规则》《GA/T 268—2019 道路交通事故尸体检验》《SN/T 1320—2010 入出境尸体、棺柩、骸骨卫生检疫查验规》《SN/T 1334—2003 入出境尸体和骸骨卫生处理规程相关标准》)，殡葬服务场所消毒、环境检测等相关技术类标准有7项，分别是《MZ/T 103—2017 殡仪场所消毒技术规范》《MZ/T 104—2017 火化残余物处理处置要求》《MZ/T 106—2017 火葬场二噁英类污染物减排技术导则》《MZ/T 107—2017 遗体火化大气污染物监测技术规范》《MZ/T 140—2019 殡仪场所致病菌检测技术规范》《MZ/T 146—2019 殡葬场所烟气排放连续监测技术规范》《SN/T 1212—2003 入出境棺柩消毒处理规程》。

4. 我国殡葬设施标准发展现状

殡葬设施标准是指对殡葬领域相关设施建设所制定的标准，它应沿着我国现代殡葬改革的发展方向，满足我国生态文明的建设要求，符合现代殡葬生命文化理论需求。

从表10-4"我国殡葬设施标准分类"中可以看出，我国已出台的殡葬设施类相关标准共有11项，其中国家标准有3项，建设标准有2项，行业标准有3项，相关标准3项。三项国家标准为《GB 13801—2015 火葬场大气污染物排放标准》《GB/T 18081—2000 火葬场卫生防护距离标准》《GB 19053—2003 殡仪场所致病菌安全限值》，两项建设标准为《建标 181—2017 殡仪馆建设标准》《建标 182—2017 城市公益性公墓建设标准》，三项行业标准为《MZ/T 100—2017 燃油式平板火化机及辅机运行规程》《MZ/T 101—2017 火化机烟气净化设备通用技术条件》《MZ/T 147—2019 火化机生产制造基本规范》，三项相关标准为《JC/T 972—2005 天然花岗石墓碑石》《JGJ 124—1999 殡仪馆建筑设计规范》《JGJ/T 397—2016 公墓和骨灰寄存建筑设计规范相关标准》。

表 10-4　　　　　　　　　我国殡葬设施标准分类

序号	标准级别	标准名称
1	国家标准	GB 13801—2015 火葬场大气污染物排放标准
2		GB/T 18081—2000 火葬场卫生防护距离标准
3		GB 19053—2003 殡仪场所致病菌安全限值
4	建设标准	建标 181—2017 殡仪馆建设标准
5		建标 182—2017 城市公益性公墓建设标准
6	行业标准	MZ/T 100—2017 燃油式平板火化机及辅机运行规程
7		MZ/T 101—2017 火化机烟气净化设备通用技术条件
8		MZ/T 147—2019 火化机生产制造基本规范
9	相关标准	JC/T 972—2005 天然花岗石墓碑石
10		JGJ 124—1999 殡仪馆建筑设计规范
11		JGJ/T 397—2016 公墓和骨灰寄存建筑设计规范相关标准

现行的十一项殡葬设施类标准中有四项为殡葬单位建设标准，包括《建标 181—2017 殡仪馆建设标准》《建标 182—2017 城市公益性公墓建设标准》《JGJ 124—1999 殡仪馆建筑设计规范》《JGJ/T 397—2016 公墓和骨灰寄存建筑设计规范相关标准》，三项为殡葬设施卫生

环保标准，包括《GB 13801—2015 火葬场大气污染物排放标准》《GB/T 18081—2000 火葬场卫生防护距离标准》《GB 19053—2003 殡仪场所致病菌安全限值》。三项为殡葬设备制造相关标准，包括《MZ/T 100—2017 燃油式平板火化机及辅机运行规程》《MZ/T 101—2017 火化机烟气净化设备通用技术条件》《MZ/T 147—2019 火化机生产制造基本规范》，一项为殡葬用品材料标准（《JC/T 972—2005 天然花岗石墓碑石》）。在这十一项殡葬设施类标准中，八项是围绕殡仪馆的建设制定的标准，三项是为公墓建设制定的标准，殡、葬建设相关标准的不均衡发展在一定程度上反映出了我国重殡轻葬的现实情况，也从侧面反映了我国公墓业发展仍处于管理失范的现状。

（四）加强现代殡葬标准化建设

我国自 1984 年第一个殡葬行业标准《燃油式火化机通用技术条件》出台至今，已出台了 75 项殡葬标准，内容覆盖了殡葬管理、殡葬技术、殡葬服务、殡葬设施建设四大类，这些标准的出台对提升殡葬技术、提高殡葬服务质量、控制殡葬单位环境污染、提升殡葬从业人员专业素质等起到了十分重要的推动作用，但仍存在殡葬标准化意识不强、殡葬标准数量少、殡葬标准内容缺失、部分标准存在重叠问题、监管机制缺失等很多问题亟待解决。本书认为，下一步可从以下几方面加强建设。

1. 修订《殡葬标准体系框架》

2008 年全国殡葬标准化技术委员会提出了初步的《殡葬标准体系框架》，距今已过去了近十年，原先计划制订的 247 个殡葬标准，至今并未完全实现。2020 年全国殡葬标准化技术委员会秘书处根据民政部政策法规司《关于开展民政领域标准清理和完善标准体系框架有关工作的通知》要求，开展《殡葬标准体系》的修订工作，整理了 109 项标准，其中现行运行的有效标准有 75 项，可以看出现行的殡葬标准体系虽已在不断完善，但仍未实现 2008 年《殡葬标准体系框架》

中提出的目标。因此本书认为，应结合我国殡葬行业发展实际，制订阶段性实施计划，按殡葬行业需求程度高低出台相应的殡葬标准。对标龄超过五年的殡葬标准进行修订。

2. 增加殡葬强制性国家标准

按照《中华人民共和国标准化法》第二章第七条规定："国家标准、行业标准分为强制性标准和推荐性标准。保障人体健康，人身、财产安全的标准和法律、行政法规规定强制执行的标准是强制性标准，其他标准是推荐性标准。省、自治区、直辖市标准化行政主管部门制定的工业产品的安全、卫生要求的地方标准，在本行政区域内是强制性标准。"我国目前75项殡葬标准中仅有五项为强制性标准，这五项殡葬强制性标准分别是《火葬场大气污染物排放标准》《殡仪场所致病菌安全限值》《殡仪馆建设标准》《城市公益性公墓建设标准》《殡仪馆建筑设计规范》。其中有四项是关于"殡"的强制性标准，有一项是关于"葬"的强制性标准；有二项是关于殡葬场所环境卫生安全的标准，有三项是关于殡葬单位的建设标准。"强制性标准要守住底线，保障人身健康和生命财产安全、国家安全、生态环境安全以及满足社会经济管理基本要求。"显而易见，现有的这五项强制性标准是无法保障我国殡葬业顺利运行中的"人身健康和生命财产安全、生态环境安全以及满足社会经济管理基本要求的"，因此，本书认为，应增加保底的基础性殡葬强制性标准，完善强制性标准管理制度，完成殡葬强制性标准目录，包含遗体接运、冷藏保存、防腐、整容、告别、火化、骨灰寄存、安葬、祭祀等一系列服务环节的基础性标准，以及殡葬设备的安全卫生标准和殡葬设施的建设标准。殡葬强制性国家标准的增多不仅可以推动我国殡葬业的发展，也能起到强化殡葬标准化意识的作用。

3. 完善殡葬推荐性标准

我国现有的七十项推荐性标准主要包含了管理、服务技能操作、产品技术、卫生安全、节能环保、设施设备建设等方面，覆盖了遗体接运、冷藏保存、防腐、整容、告别、火化、骨灰寄存、安葬、祭祀等服务流程，但仍存在部分推荐性标准脱离实际，部分殡葬领域存在标准缺失等问题。本书认为可从以下几方面完善殡葬推荐性标准：一是修订原有的推荐性标准。通过前期调研，修订已有的殡葬推荐性标准，尤其是对已出台超过五年的标准进行调研、修订，缓解标准滞后脱离实际的问题。厘清各类标准间的关系，明确各级推荐性标准的制定范围，对存在交叉、重复的标准进行修订。二是优化推荐性标准。推荐性标准与强制性标准不同，一方面，强制性标准主要围绕各类安全展开，而推荐性标准则涵盖面更广；另一方面，强制性标准具有保底色彩，而推荐性标准则应站在国际角度，具有一定的前瞻性。因此应删除不适应行业发展的推荐性标准，增加行业急需的推荐性标准。在殡葬推荐性标准中，增加行业标准和地方标准。

4. 加大管理监督力度

《中华人民共和国标准化法实施条例》中第二十三条规定："从事科研、生产、经营的单位和个人，必须严格执行强制性标准。"但多年来，我国并没有监管单位对殡葬单位执行强制性标准的情况进行监察，对于推荐性标准也缺少推广、激励的机制，这就直接导致了殡葬标准在殡葬业发展中的实际应用性较低。

本书认为要想真正让标准发挥实效，必须加大对殡葬标准的实施情况进行监督和管理。首先，应明确监督管理主体。按照《深化标准化改革方案》中的规定："在标准管理上，国务院标准化主管部门、国务院各有关部门和地方政府标准化主管部门分别负责统筹管理推荐性国家标准、行业标准和地方标准制修订工作。"作为殡葬标准管理部门的全国殡葬标准化委员会，应完善制定、管理、监督殡葬标准的制度规定。其次，建立健全殡葬标准信息反馈和评估机制，对各地殡葬单位对殡葬标准的执行情况进行考核考察，以保证殡葬标准的应用和推广。

四　现代殡葬专业化建设

中国的殡葬业正处于传统向现代转型的关键时期。随着党的十八大的胜利召开，2020年我国全面建成小康社会的宏伟蓝图已经清晰的展现在了我们面前，我国殡葬业也在2020年完成了传统向现代的转型。现代殡葬系统的建成需要优秀的现代殡葬人才队伍的支持。现代殡葬文化理论的发展需要一批高知的现代殡葬研究人员；现代殡葬技术的革新需要一批专业的现代殡葬技术研发人员；现代殡葬管理理念的提升需要一批优秀的现代殡葬管理人员；现代殡葬服务质量的提高需要一批优秀的现代殡仪服务人员；现代殡葬用品的设计与销售需要一批专业的殡葬用品设计人员和销售人员。现代殡葬的每一个环节的转型都离不开现代殡葬人才队伍的支撑。没有一支优秀的现代殡葬人才队伍，现代殡葬的建成将无以为继。加强并完善现代殡葬人才队伍的建设具有重要的现实意义。

（一）现代殡葬从业人员现状

中国的殡葬业在20世纪初开始形成，在此之前，丧者的殡殓厝葬一直都是由邻里乡亲或慈善群体等来帮助丧者的家属进行料理。20世纪初，一些沿海的城市开始出现公墓和殡仪馆。20世纪60年代，在政府政策的影响下，火葬场在全国各地开始兴建。20世纪80年代后，火葬场更名为"殡仪馆"，公墓在全国得到了迅猛发展。我国的殡葬业发展至今，已初具雏形，殡仪馆、公墓、各类殡仪服务公司等在全国各地已见规模。全国殡葬服务机构从1986年的1360个增至2016年年底的4166个，增长了三倍。其中，殡仪馆由1996年的1283个增至2016年年底的1775个，公墓由1997年的359个增至2016年年底的1386个，殡葬管理单位由2004年的633个增至2016年年底的1005个。殡葬服务机构职工由1996年的2.6万人增至2017

年年底的 8.1 万人。①

　　受封建的鬼神观、落后的生死观等观念的影响，殡葬行业从业人员的社会地位一直较低，人们大多不愿从事殡葬行业，也对殡葬行业的从业人员避之唯恐不及。不仅殡葬行业外的人对殡葬业存在偏见，殡葬行业从业人员本身对自己所从事的行业也缺乏认同感。尤其是在 20 世纪 80 年代以前，殡仪馆还叫作"火葬场"的年代，人们更是谈"火葬场"而色变，认为殡葬业是"下九流"的行业，是不吉利的工作。当时城市中的火葬场或公墓大多是由城市周边郊区或农村没有受过文化教育的人来工作，城市户口的人大多不愿从事殡葬行业。在火葬场工作的人，是被家人、亲戚、朋友所瞧不起、所排挤的，很多殡葬行业从业人员不愿对外提及自己的工作，甚至是隐瞒自己的工作内容。因此当时在火葬场工作的人大多不是出自自愿，而是由于没有受过教育或受教育程度较低、家庭情况较为贫困，没有其他工作出路而不得不去从事殡葬行业。受这些因素影响，致使现有的殡葬从业人员队伍呈现出以下特点。

　　一是殡葬从业人员学历层次较低。据《中国民政统计年鉴（2020）》统计数据显示，截至 2019 年年底，全国殡葬机构从业人员 79163 人中大学专科人数 21656 人，大学本科及以上人数 10662 人，即大专以上学历人数为 32318，占比仅为 40.8%。虽然随着我国改革开放的深入发展，人们生死观念的转变，人们对殡葬业的态度也发生了改变，殡葬业从业人员的社会地位得到了一定程度的提高。越来越多的人认识到殡葬业的前景广阔，大批高学历的从业者开始投身到殡葬行业，但殡葬业从业人员的总体素质仍然相较其他行业普遍偏低。

　　与此同时，在殡葬机构大专及以上学历从业人员占比差异方面，又呈现出殡葬管理机构中比例高于殡仪馆中比例而殡仪馆中比例高于公墓比例的特点。据《中国民政统计年鉴（2020）》统计数据显示，截至 2019 年年底，殡葬管理机构从业人员 7210 人，其中大专以上学

---

① 《中国民政统计年鉴中国社会服务统计资料（2017）》。

历人数为4037，占比56.0%。殡仪馆从业人员44978人，其中大专以上学历人数为20054，占比44.6%。公墓从业人员26618人，其中大专以上学历人数为8125，占比30.5%（见表10-5）。

表10-5　殡葬机构中大专及以上学历从业人员占比情况

殡葬机构	从业人数（人）	大专及以上学历人数（人）	大专及以上学历人数占比（%）
殡葬管理机构	7210	4037	56.0
殡仪馆	44978	20054	44.6
公墓	26618	8125	30.5

二是年龄断层问题较重。据《中国民政统计年鉴（2020）》统计数据显示，截至2019年年底，殡葬机构从业人员35岁及以下人员数量为21760人，占比27.5%。其中殡仪馆中35岁及以下人员数量为12679人，占比28.2%。公墓中35岁及以下人员数量为6922人，占比26.0%。殡葬管理机构中35岁及以下人员数量为2088人，占比29.0%。据调查，在殡葬机构从业人员35岁及以下人员中，25岁以下人员又占了60%多，即在殡葬管理机构、殡仪馆、公墓中，以25岁以下、40岁以上人群为主，而25岁至40岁之间则出现了较为严重的断层问题。

三是地区间差异较大。目前我国殡葬机构从业人员最多的省份是广东，从业人员有7341人，之后是河南、江苏，从业人员分别是5237人和4341人。从业人员在4000人至5000人之间的依次是四川、浙江、山东。从业人员在3000人至4000人之间的依次是吉林、贵州、上海、辽宁、湖北、河北。从业人员在2000人至3000人之间的依次是黑龙江、安徽、福建、陕西、湖南。从业人员在1000人至2000人之间的依次是广西、重庆、内蒙古、江西、云南、北京、新疆、甘肃、山西。从业人员不足1000人的依次是天津、宁夏、海南、青海、西藏。西藏仅有29人在登记的殡葬机构中工作。

四是专业技能人才较少。目前我国殡葬机构从业人员中殡葬专业的从业人员所占比例较小。这主要是由于我国殡葬专业教育开展较晚、发展较缓导致,同时受殡葬专业教育学历层次较低影响,殡葬专业人员主要工作在殡葬行业中的第一线,居于管理层的殡葬专业人员较少。在我国目前殡葬行业中,中高级以上的管理人员大多是其他专业跨行转到殡葬业中的高学历、高知人才,各殡仪馆或公墓的领导层中很多领导人员是部队转业的军官,或民政系统其他部门转调的领导干部,一直从事殡葬行业管理工作的领导人员较少。

(二) 现代殡葬专业教育建设

我国殡葬教育起步较晚,直到20世纪90年代才开始形成正式的教育体制。可以说虽然殡葬是人类社会活动自古有之的一项重要内容,但殡葬专业作为一门学科,在我国还是一门新兴学科,我国的殡葬教育仍处于起步和发展阶段。

自1995年殡葬技术与管理专业建立起,现代殡葬专业教育经历了专业从无到有、学历从中专到大专、学校数量从一家到七家、学生人数从年招生不到百人到现在年招生近千人的发展之路。现代殡葬专业教育已经为我国培养了近万人的专业人才,他们已经成为殡葬改革、殡葬服务、殡葬管理等领域的中坚力量和专业人才。

1993年年初,民政部人事教育司教育科技处召集原民政部济南民政学校孙树仁教授在原民政干部管理学院的校刊1993年第12期的《民政论坛》杂志上发表了《论建立现代殡仪技术与管理专业教育制度的必要性和可行性》一文,受到了民政部、教育部等部委领导的高度关注。1995年,经民政部人教司申报、教育部批准,殡仪技术与管理专业建立,原民政部济南民政学校开始面向全国招生殡葬管理班学生,这是我国殡葬管理专业教育实现零的突破。同年12月,中国第一部部颁教材《殡葬管理》开始编撰,并于1996年4月由中国社会出版社出版。

我国目前开设有现代殡葬技术与管理专业的专科学历层次的学校

有北京社会管理职业学院、长沙民政职业技术学院、武汉民政职业学院、重庆城市管理职业学院，中专学历层次的福建省民政学校、河南省民政学校、黑龙江省民政职业技术学校。长沙民政职业技术学院于1995年开设现代殡葬技术与管理专业中专学历教育，1998年长沙民政学校升格为长沙民政职业技术学院，现代殡葬专业教育也从中专学历提升到了大专学历。1999年重庆城市管理职业学院、武汉民政职业学院和福建省民政学校开设现代殡葬技术与管理专业。2000年河南省民政学校开设了现代殡葬技术与管理专业。2007年北京社会管理职业学院（原民政部管理干部学院）开设了现代殡仪技术与管理专业，2010年成立了殡仪系，2015年殡仪系更名为"生命文化学院"。2016年黑龙江省民政职业技术学校开始招收现代殡仪技术与管理专业学生。经过了二十多年的发展，现代殡葬专业教育成果显著。2014年北京社会管理职业学院生命文化学院（原殡仪系）"创建生命文化课程体系，提升殡葬专业人才培养质量的改革实践"教学成果荣获了"2014年职业教育国家级教学成果一等奖"。

虽然我国现代殡葬专业教育取得了很多成绩，但仍存在很多问题。一是我国开设殡葬专业的院校仍然较少，目前只有7所中专、大专院校。二是招生人数仍然相对较少。由于人们受中国的传统文化影响，认为"殡葬"行业不吉利，很多家庭不愿意子女报考殡葬专业。同时，我国的殡葬专业目前并没有开设本科课程，使得很多高考分数较高的考生不会报考大专学历的殡葬专业。三是殡葬专业毕业生流动性较大。很多殡葬专业毕业生迫于家庭、社会的压力等，毕业后并没有从事殡葬行业，或是在从事殡葬行业一段时间后，又转投其他行业。因此，虽然殡葬专业毕业生已近万人，但真正一直从事殡葬行业的人员仍相对较少。

（三）现代殡葬技能培训建设

我国现代殡葬技能培训主要通过开展殡葬职业技能培训、职业技能鉴定、职业技能竞赛等活动进行。

1989年全国工人技术等级标准将"尸体整容工、尸体防腐工、尸体火化工、殡仪服务员、墓地管理员、尸体接运工"这6个工种列入其内。1993年民政部和原劳动部联合颁发了含有上述6个特殊工种目录的《民政行业工人技术等级标准》。2004年起，民政部着手开展民政职业技能鉴定工作，成立了民政部职业技能鉴定指导中心，负责6个殡葬工种职业技能鉴定的日常管理工作。2007年，民政部人事司、民政部职业技能鉴定指导中心研究制定了《民政行业特有工种职业技能鉴定站管理办法（试行）》《民政行业特有工种职业技能鉴定考评人员管理办法（试行）》和《民政行业特有工种职业技能鉴定程序（试行）》等规章制度。同年10月，民政部下发了《关于在民政系统开展职业技能鉴定工作的通知》，明确提出在全国普遍开展职业技能鉴定。2008年11月，首次民政行业特有工种职业技能鉴定成功举办，北京、黑龙江等10个省（自治区、直辖市）殡葬行业共1000余人参加了鉴定，经考核，共有656人鉴定合格，取得相应的职业资格证书。从此，确立了职业技能鉴定在殡葬技能人才考核评价体系中的主导地位。2009年12月，民政部职业技能鉴定指导中心组织首次技师鉴定。但在2016在国家职业大典修订中，取消了6个殡葬工种，2017年12月最后一次殡葬类职业技能鉴定的举行为十年的殡葬类职业技能鉴定落下了帷幕。据不完全统计，十年间累计鉴定近两万人，为现代殡葬职业技能人才建设提供了重要支持。

　　与此同时，虽然殡葬类职业技能鉴定工作已取消，但在现代殡葬职业技能鉴定工作的实行，殡葬职业技能培训工作的队伍也取得了很大发展。一是鉴定专家人员不断增加，为鉴定工作提供了智力支持。为贯彻落实全国民政技能人才大会精神，为民政技能人才队伍建设提供智力支持，民政部成立了民政行业职业技能鉴定专家委员会，为民政职业技能鉴定工作提供决策咨询和技术支持。二是培训认证了一批考评员。职业技能鉴定考评人员是对职业技能鉴定对象的知识、技能水平和工作业绩等进行考核、评审的人员。按照国家有关规定，考评人员实行资格认证制度。考评人员分为考评员和高级考评员。民政部职业技能鉴定指导中心统一组织考评人员的资格培训和考核。截至2011年年底，全国具备民政相关职业考评资格的考评员总计637人。

（四）加强现代殡葬人才队伍建设的几点意见

2020年我国殡葬业将完成向现代殡葬的转型，如何有力推动现代殡葬的转型；如何在科学发展观的指导下，使我国的现代殡葬人才队伍建设呈现可持续发展的状态，适应现代殡葬的需要，是我们殡葬人迫切需要思考的问题。本书认为，可从以下几个方面加强我国现代殡葬人才队伍的建设。

1. 完善现代殡葬教育体系

我国现在的殡葬教育体系已不能满足现代殡葬对殡葬人才队伍的数量和质量的要求。正像朱金龙先生所说，现代殡葬缺少的不是工人，而是人才。完善我国殡葬教育体系，培养一支优秀的现代殡葬人才队伍迫在眉睫。我国内地目前只有七所殡葬专业专科院校，并没有开设本科课程。在与我们仅一海之隔的台湾地区不仅开设有专科教育，也开设有本科教育，更设立了殡葬方面的硕士研究所。台湾殡葬教育体系的完善不仅使学生有进一步深造的渠道，也使殡葬单位可以按需要选择不同学历的学生进行工作。因此应完善我国内地的殡葬教育体系，发展本科教育，增设殡葬专业院校，扩大招生规模，提高入学标准，加强校企合作，培养高素质、高技术、高知识的现代殡葬人才队伍，使我们殡葬专业院校的毕业生不仅成为一线工作人员中的骨干力量，也成为经营管理层中的精英。

2. 提升殡葬从业人员的专业素养

我国殡葬行业从业人员中科班出身的殡葬专业人员较少。非殡葬专业的殡葬从业人员仍占了主体，而且居于管理层和起到骨干作用的也大多是非殡葬专业殡葬从业人员。丰富非殡葬专业的殡葬从业人员的专业知识，对推动我国现代殡葬的发展具有重要意义。提升殡葬从业人员的专业素养，丰富非殡葬专业的殡葬从业人员的专业知识，增加非殡葬专业的殡葬从业人员的培训机会。如定期开展学习殡葬专业知识的交流会，前往专业院校进行学习、考核，增加行业间的交流学习机会、开展出国访学等。

3. 建立殡葬行业准入制度

随着我国现代殡葬的发展，根据现代殡葬的需要，在殡葬行业内部实行资格证书就业准入制度，新入职的殡葬从业人员必须取得相应的从业资格，具备相应的资格证书。细化殡葬行业从业岗位，可由行业协会或第三方组织开展准入资格制度考试。建立初级、中级、高级技能证书制度，培养高素质技能型人才。加大对高级技能人员的支持，提高他们工资和福利待遇。按照技能级别对工资进行调整。让技能证书与绩效考核等工资、评优制度挂钩，使拥有中、高级职业技能证书的殡葬从业人员将成为我国殡葬行业的中坚力量。

第十一章　殡葬事业改革发展展望

殡葬是民生大事，是基本民生保障、基层社会治理、基本社会服务的重要组成部分，事关精神和生态文明建设，事关党风社风民风。殡葬事业现代化是我国社会主义现代化建设的重要方面。当下，我国进入新的发展阶段，正在开启全面建设社会主义现代化建设的新征程，把殡葬事业改革发展融入党和国家工作大局、融入民政事业发展大局来统筹，加强前瞻性思考、全局性谋划、战略性布局、整体性推进，持续深化殡葬改革，健全服务体系，完善制度机制，提升治理能力，有效防范化解风险，不断满足人民群众对"逝有所安"的多层次多样化需求，是新时代殡葬事业健康发展的根本前提和保证。

一　培育殡葬新理念新文化

殡葬改革首先是观念革命。党的十九大提出要坚持创新、协调、绿色、开放、共享的新发展理念。习近平总书记指出，要完整把握、准确理解、全面落实，把新发展理念贯彻到经济社会发展全过程和各领域。新发展理念作为殡葬事业健康发展的根本指引，包括以创新为动力驱动管理和服务的创新，协调有关部门形成合力、协同殡、葬、祭各个环节，实现绿色、节约、生态，让人民群众共享公益惠民的成果等，是决定殡葬事业高质量发展的关键。

坚持以人民为中心，把解决人民群众"逝有所安"问题作为一项重大政治任务来认识和推进，对提升人民群众的获得感，巩固党的执政基础具有重要意义。以公益惠民、文明绿色为导向，培育文明节俭、节地生态的殡葬理念方式，持续推进殡葬移风易俗，推动"殡"文明节俭、"葬"节地生态、"祭"传承精神、"服"公益惠民、"管"规范有效，是中国特色殡葬事业发展新理念的有机组成部分。

现代殡葬事业也是深厚的文化事业，殡葬改革必然要求建立适应现代化殡葬事业的殡葬文化。既要尊重和传承殡葬文化中的优秀成分，也要注重探索建设现代殡葬文化。一方面，要注重"法古"，坚持简约庄重、适度保护、必要保留的原则，将殡葬文化传承纳入殡葬改革的政策目标，合理传承殡葬活动蕴含的敬、孝、和等人伦观、厚养薄葬的养葬观、尊重生命的生死观、保家卫国的家国观等道德理性和优秀文化，唤醒殡葬"慎终追远，民德归厚"的社会文化功能。另一方面，也要注重"开新"，运用公益、生态、文明现代化要素合理改良和再造乡村殡葬礼仪，创造性转换和创新性发展殡葬文化。探索总结推广现代化殡葬礼仪规范和治丧模式，巩固文化认同文化自信。充分发挥政治优势和制度优势，大力弘扬毛泽东等老一辈党和国家领导人签名倡议火葬的示范引领作用和传承我党一贯倡导通过婚丧嫁娶等社会习俗改革端正党风政风、净化社风民风的习惯做法，集中力量推进思想新革命。

培育新理念新文化需要在宣传引导、凝聚共识上积极作为。强化有效宣传，健全多方位、多层面、多角度政策解读方式，让殡葬理念和文化进入寻常百姓家、内化于心。宣传山东沂水、云南玉溪等地殡葬改革先进经验，宣传文明绿色、节俭生态的现代殡葬文化，旗帜鲜明抵制愚昧迷信、低俗扰民的落后文化。保护少数民族火化不掩埋骨灰、火化安葬不留坟头、土葬深埋不留坟头、天葬等环保节地生态葬式葬法。

培育新理念新文化需要在调查研究、比较借鉴上拓展深化。重视殡葬工作调查研究和国外经验研究。吸收国外先进殡葬理念文化和技术，如德英等国"绿色殡葬"推动墓地公园化、墓碑艺术化，打造城市"新景观";日本、俄罗斯兴起"人文殡葬"[①];英国的冰葬、瑞士的"骨灰钻石"和瑞典的"遗体冷冻液态氮脱水降解（尸体干化）"等所反映出"科技殡葬";德国《关于殡葬服务的要求》明确的行业标准所体现的"殡葬服务标准化"趋势等。倡导推广北京、上海、浙江等地骨灰制作饰品、晶石等新兴骨灰安置方式。

培育新理念新文化需要在战略推进、改革深化上久久为功。理念革新、文化重塑并非朝夕之功，需有大历史观，保持改革耐心，应坚持缓步慢行、强化战略研究和创新，总结半个世纪以来殡葬改革的经验教训，立足我国社会主要矛盾变化，站在全面建设社会主义现代化国家和推进基层治理体系和治理能力现代化的高度，前瞻近期目标远期目标，明确我国殡葬事业的历史坐标、发展方位和功能作用，推动从国家层面接续制定殡葬事业发展规划，以战略思维指导殡葬事业循序渐进改革和稳步发展。

二 完善法规政策和标准体系

坚持问题和需求导向，有效解决殡葬领域法规、政策、标准有效供给不足问题。及时修订出台《殡葬管理条例》，一体推进火葬与土葬改革，以及丧葬习俗改革。着力解决殡葬领域基本性问题，回应社会重大关切，推动殡葬事业规范化法治化发展。进一步细化明确殡葬领域基本概念、术语，做好新修订条例解释解读工作。做好配套法规政策的制定修订，为上位法的落实提供具体保障。加快修订公墓暂行管理办法、殡葬服务收费管理等政策，完善遗体管理、无人认领遗体（骨灰）管理、墓穴（格位）续用管理等配套法规政策，完善殡葬设施、服务、产品等方面标准，加强规范性文件出台的合法性审查，确

---

① 在俄罗斯，各种殡葬设施被认为是"带有历史文化意义的设施"，《联邦殡葬法》明确规定了其"不可侵犯性"；日本淡化大操大办的传统丧葬礼俗，将东方旧传统与西方新观念合理融合，形成了"人性化守灵""简化葬礼""盂兰盆节""入殓师（葬仪师）职业理念"等独具特色的丧葬文化。

保殡葬改革系统整体协同。鼓励各地出台地方性殡葬立法和政策标准研制。用好全国殡葬综合改革试点，围绕健全领导工作机制、强化公共服务、改革管理服务方式、加强监管执法和"互联网+殡葬"等创新创制，及时总结可复制可推广的经验做法。推动《殡葬管理条例》上升为法律，确保在法治化基础上深化殡葬改革、规范殡葬事业发展。

三 推动殡葬服务高质量供给

殡葬服务的提供包含政府提供的基本公共服务，市场和社会提供的非公共服务。准确把握和调整殡葬事业发展不同阶段的政府市场社会边界和服务供给内容，对于殡葬服务供给体系建设至关重要。对于基本公共服务，政府是责任主体。对于非基本公共服务，要充分发挥市场作用和社会力量作用。

对基本殡葬服务，政府要坚持保基本、兜底线、促公平，履行制政策、定标准、强监管等主体责任，健全殡葬服务体系，着力构建统筹城乡、设施完善、规范优质、方便可及的殡葬服务体系。要坚持基本殡葬服务公益导向，对遗体接运、暂存、火化、骨灰存放或生态安葬等基本殡葬服务项目实行政府定价，对特困人员、低保对象、生活困难的重点优抚对象和其他困难群众免费提供，基本殡葬服务保障经费由公共财政承担，坚决防止以基本殡葬服务项目高价养馆，坚决打击不法从业主体哄抬基本殡葬服务项目价格，确保基本殡葬服务惠民便民。鼓励和支持各地结合实际推动基本殡葬服务增加项目内容、扩大覆盖人群和提高保障标准，如探索将树葬、深埋、海撒等纳入基本殡葬服务，推动节地生态安葬普及化进而大众化。大力推广国内外惠民殡葬政策，如广东面向辖区居民免费提供基本殡葬服务，山东沂水推行"殡葬全免费"（有临沂户籍的逝者免费提供遗体接运、存放、环保炉火化、骨灰寄存及骨灰盒、公益性公墓安葬等殡葬服务），我国台湾地区"艰苦人条款"赋予低收入户免费使用火化场、纳骨塔等殡葬设施并免收其使用管理相关费用，法国摸索推广"殡葬补贴""殡葬保险"和"廉价殡葬"业务等。

要进一步健全殡葬服务体系链条，推动殡葬服务向前延伸衔接临终关怀服务，向后延伸至纪念缅怀。遗体接运环节要探索链接临终关怀服务，依托医疗卫生、养老、社区等平台，强化对逝者离世前的人文关怀，将临终关怀延伸至家庭。暂存和火化环节要完善火化和殡仪服务设施，既要填补火葬区地方殡仪馆建设空白，也要加快现有火化设施提档升级和环保设施设备改造。安葬环节要加快建设城乡公益性安葬设施，积极推行节地生态型安葬设施建设。政府要在组织保障上更好发挥作用，着力在领导机制、规划建设、土地供应、经费投入、税收优惠等方面发挥作用。特别要压实党委政府的责任，强化殡葬用地供给，落实对提供基本服务机构的经费投入和税费减免政策，推动对公墓的分类管理。

对非基本殡葬服务，要充分发挥市场配置资源的决定性作用，充分调动社会力量参与，同时政府要在规范管理和科学监管上发挥积极作用。深化"放管服"改革，完善殡葬行业市场准入机制，加大政府购买服务力度，推动社会组织和市场主体等服务方式、内容多元化，如湖北部分市县强化源头治理，禁止生产不符合环保要求的祭祀用品，推动企业转型生产可降解的殡葬用品和设施，并积极在祭扫环节推广鲜花置换纸钱等替换活动。着力规范市场服务，推动殡葬行业吸纳就业、促进经济发展，如日本殡葬业主要由民间负责，政府仅发挥指导作用，让市场保持充分竞争、适度干预避免垄断，形成规范的市场环境；辽宁沈阳"妈妈送你去天国"殡葬连锁门店吸纳了大量重刑刑释人员就业，成为中国首家重刑刑释人员创业基地。

无论是政府还是市场社会，殡葬服务质量是关键。要紧紧围绕提升殡葬服务质量，聚焦服务优质化、人性化、个性化，推动基本服务、选择性服务及其他服务努力提升质量，确保逝者体面有尊严地告别人世。

四 健全殡葬服务管理制度机制

建立健全殡葬服务管理领导体制和工作机制，坚持党委领导、政府主导、民政牵头、部门协同的领导体制，推动形成各级党委政府部门分工负责、齐抓共管的工作机制。加快推进殡葬服务机构管办分开，强化内部监督管理，推进行政管理、生产经营、监管执法分离，破解"角色一体化"难题。健全内部管控体系，明确基本服务和非基本服务规范、操作流程和从业操守，从严审批非基本服务外包或委托，分别实行政府定价和指导价。

推动日常监管和事中事后监管有效衔接，对殡葬服务机构和社会组织、企业等主体实行"双随机、一公开"监管。加强与市场监管、公安等部门的协同，健全殡葬市场服务监管体系，结合扫黑除恶专项斗争，严厉打击垄断经营、强迫消费、黑恶团伙等，铲除畸形殡葬产业链。合理运用价格手段，综合运用政府指导价和市场价格机制，如借鉴台湾"生前契约"做法，鼓励服务主体与客户签订服务合同，明确葬仪程序及费用。推广信用监管，用好殡葬领域不良主体黑名单制度，分别依托全国企业信用信息系统、社会组织信用信息系统等进行信用评价和管理。发挥殡葬行业协会服务、协调、管理等作用，配合政府部门在敏感节点管理、服务内容拓展、行业自律自治等方面加强对殡葬企业和组织的引导，做好社会化服务，协助政府做好殡葬惠民工作，推动殡葬行业逐渐发展为成熟的现代服务行业。

严循行政法治"帝王条款"比例原则，做到执法手段与目的相匹配。敢于运用殡葬管理条例执法条款，善于利用土地管理法、森林法、环境保护法[①]等法规做好"草船借箭"式执法。推动将执法情况纳入绩效考核，解冻殡葬执法。健全相关部门责任体系和协同机制，

[①] 《中华人民共和国环境保护法》第十条规定：县级以上人民政府有关部门和军队环境保护部门，依照有关法律的规定对资源保护和污染防治等环境保护工作实施监督管理。

探索国土、林业、城管、公安、环保、监察等部门联合执法。优化基层民政部门委托事业单位执法工作。落实中央《关于推进基层整合审批服务执法力量的实施意见》，积极推进基层综合行政执法改革，依法相对集中行使行政处罚权，着力破解殡葬领域行政执法主体不适格难题。推广北京市民政综合执法监察大队承担社会救助、社会组织、养老机构、殡葬服务、福利彩票等行政执法工作和湖北通城县从相关职能部门抽调人员组建殡葬改革执法专班等做法。此外，要进一步加强协同管理，探索将太平间纳入相应管理，确保太平间"太平"。

五 加强人才队伍建设

高度重视殡葬人才队伍建设对殡葬行业健康发展和殡葬改革深入推进的作用。积极利用国家放开殡仪服务员、遗体接运工、遗体整容师、遗体防腐师、遗体火化师、墓地管理员6类国家职业资格的契机，及时完善技能鉴定和培训体系、标准和规划，积极壮大人才队伍。健全报酬待遇稳定增长机制，落实和完善特殊岗位津贴政策；完善殡葬教育体系，支持有条件的高校增设殡葬服务管理相关本科专业及以上教育，引导支持技工院校开设殡葬及相关专业，壮大专业院校殡葬师资队伍；积极推动把殡葬专门人才培养列入急需紧缺人才培养目录；强化现代工作理念和技能武装，完善殡葬服务职业标准，建立殡葬职业能力水平评价制度，健全行业培训体系，提升殡葬从业人员专业化、职业化水平；提升职业社会美誉度，聚焦宣传殡葬工作社会作用和行业先进典型、优秀事迹，增进社会理解支持尊重的共识。

六 有效防范化解重大风险

殡葬领域风险隐患不容忽视，生态环境破坏、土地资源浪费、群众负担加重、腐败和作风等舆情和群体事件突发等时有发生，给党和政府形象带来负面影响，给人民群众合法权益造成损害。值得注意的是，殡葬改革容易出现偏移和反复的风险，一些"火葬土葬利弊相当论""火葬不如土葬论"论调又起，"土葬环保生态论"再回公众视野，对此应严加防范和纠正。要准确识别风险点，加强预期管理，在解决具体问题的同时，着力建立健全系统性的制度，防范风险串联、集聚、传导形成社会性政治性风险。要健全舆情应对机制，及时回应、权威回应，把应对重大舆情转变为政策宣传的有力契机，化危为机。推动优化安排祭扫时间和祭扫方式，疏解祭扫高峰中的交通、踩踏、火灾等风险。

七　充分发挥党员干部、基层组织等作用

党员干部带头是我们党治国理政的一条重要经验，应充分利用好这一法宝，发挥党员干部的带头示范作用。落实党员干部带头推动殡葬改革的意见，推动将殡葬改革纳入各级党委政府年度民生工程和议事日程。着力宣传党员干部带头推动殡葬改革的先进典型，推动省市县乡村各级党员干部做殡葬工作的宣传者、引领者和践行者。强化党纪法规刚性约束，对违反中央"八项规定"精神大操大办、借机敛财、违规土葬、超标建墓立碑等要曝光和追责。

还应注重发挥基层组织、村规民约的作用，让村规民约在殡葬改革中发挥建设性作用。合理界定公权力边界和介入自治领域方式，发挥基层组织和村规民约柔缓释放强制性行政力量作用，敦风化俗涵养文明乡风。既要培育发展红白理事会、老年人协会、文明理事会等填补一些地方没有组织的空白，也要通过给予补贴、设置项目、强化培训、购买服务等方式推动相关组织作用充分发挥，如河南省商水县村村成立红白理事会并定下时间、范围、礼金等方面的"铁规矩"（白事不超过3天，每桌酒席花费不超过500元，非亲人员份子钱为100元），湖南省岳阳市金鹗山街道通过社区红白理事会设立"移风易俗红黑榜"、党员干部签订承诺书等做到丧事简办。探索直接面向村民的奖补制度，如北京市通州区永顺镇对符合移风易俗标准的村民补助

1万元。落实《关于做好村规民约和居民公约工作的指导意见》，回应滥办酒席、薄养厚葬、攀比炫富、铺张浪费等殡葬领域社会关切，经民主程序一致同意后明确惩戒措施，让自治约定"长牙""带电"，有序引导民风民俗，切实保障群众殡葬权益。

殡葬改革是一场社会意识形态的改革，是功在当今、利在千秋的国家大计，是关系每一个生命个体的大事。当今及今后一个时期，必须以习近平新时代中国特色社会主义思想为指导，培育深植公益惠民、文明绿色现代殡葬理念，推动殡葬改革上升为基本国策、国家战略。有力发挥各级民政部门职能作用，坚持从实际出发，因地制宜，注重改革实效。不断完善殡葬管理服务执法制度，健全殡葬治理体系，通过提供高质量的殡葬服务，满足人民群众多层次多元化殡葬服务需求，真正实现"逝有所安"。

参考文献

《殡葬工作做什么？殡葬改革改什么？——中国殡葬协会公墓工作委员会主任王计生 2015 公墓年会演讲录》，《中国社会报》2015 年 10 月 20 日。

《建国以来毛泽东文稿》第 6 册，中央文献出版社 1992 年版。

《旧的殡葬习俗抬头》，《民政司简报》第十二期，1979 年 8 月 2 日。

《民政部副部长李金德在全国殡葬改革工作会议闭幕会上的讲话》，见民政部一零一研究所编《中华人民共和国殡葬工作文件汇编》，廊坊市新兴彩印厂 2001 年版。

《民政部副部长张邦英在全国殡葬改革工作会议上的报告》，见民政部一零一研究所编《中华人民共和国殡葬工作文件汇编》。

《上海民政志》编纂委员会：《上海民政志》第 17 章，"殡葬管理"，上海社会科学院 2000 年版。

安徽省地方志编委会：《安徽省志·民政志》，安徽人民出版社 1993 年版。

白伟、李杰华、齐向真：《绿色祭奠打造"低碳清明"》，《太原日报》2010 年 4 月 6 日第 1 版。

陈淑君、陈华文：《民间丧葬习俗》，中国社会出版社 2006 年版。

费孝通：《乡土中国剩余制度》，北京大学出版社 1998 年版。

傅伟勋：《死亡的尊严预备生命的尊严》，北京大学出版社 2006 年版。

高志勇：《改革开放后大名县卫东地区丧葬习俗的变迁》，《邯郸职业技术学院学报》2015 年第 2 期。

郭林：《从"死无所葬"到"葬有所安"：四维特性视域下中国殡葬服务制度的改革路径研究》，《浙江大学学报》（人文社会科学版）2013年第5期。

郭鹏：《汉中地区志》卷32，三秦出版社2005年版。

何晓明、曹流：《中国文化概论》，首都经济贸易大学出版社2019年版。

雷华东：《殡葬业职务犯罪研究——以殡仪馆为视角》，《湖南警察学院学报》2012年第4期。

林勇山：《殡葬礼俗大全》，黑龙江人民出版社1992年版。

刘恩初：《我国殡葬服务业垄断形式判断及其绩效分析》，《现代商贸工业》2012年第10期。

马金生：《追悼会在当代中国：一项丧葬制度的历史浮沉（1949—2013）》，"首届尼山礼乐文明论坛"参会论文，2017年11月25—26日。

马金生、冯志阳、姜海龙：《中国殡葬史》"民国卷"。

梅寒鹏：《殡葬暴利竞争与反垄断法关系探析》，《法治在线》2012年第24期。

民政部一零一研究所编：《殡葬工作文件汇编》（内部资料），2001年。

民政部一零一研究所编：《中华人民共和国殡葬工作文件汇编》（内部资料），2001年版。

民政部档案馆藏：《关于殡葬改革的工作意见》，1965年。

民政部一零一研究所编：《中国殡葬事业发展报告（2012—2013）》，社会科学文献出版社2013年版。

钮则城：《生命的学问》，杨智文化事业股份有限公司2010年版。

上海人民出版：《破除迷信问答》，上海人民出版社1964年版。

孙树仁主编：《殡葬管理》，中国社会出版社1996年版。

王敏：《殡葬改革要有新思路新方法——对话中国殡葬协会副会长、福寿园国际集团总经理王计生》，《中国改革报》2015年8月20日。

魏宏运、三谷孝主编:《二十世纪华北农村调查记录》第 3 卷,社会科学文献出版社 2012 年版。

魏佳登:《我国殡葬管理体制改革探析》,《中国经贸导刊》2010 年第 19 期。

杨宝祥等:《殡葬园林文化学》,河北科技出版社 2001 年版。

杨根来:《殡仪服务体系和殡葬事业单位改革刍议》,《社会福利》2005 年第 3 期。

杨根来主编:《殡葬管理教程》,中国三峡出版社 2001 年版。

张震:《政府与市场相结合的国外殡葬管理体制》,《中国社会报》2014 年 5 月 13 日。

郑晓江:《生命与死亡》,北京大学出版社 2011 年版。

钟敬文:《民俗学》,载《白山黑水》创刊号,东北师范大学中文系民俗学社编印 1984 年版。

钟敬文:《民俗学概论》,上海文艺出版社 2009 年版。

周苏平:《中国古代丧葬习俗》,陕西人民出版社 1990 年版。

朱金龙编著:《殡葬学导论》,中国社会出版社 2008 年版。